Z głowy

W serii ukazały się:

Jerzy Pilch
Miasto utrapienia

Mariusz Maślanka
Bidul

Eustachy Rylski
Człowiek w cieniu

w przygotowaniu:

Bronisław Wildstein
Mistrz

Z głowy
JaNUsz
GŁoWACki

Świat Książki

Projekt graficzny serii
Małgorzata Karkowska

Zdjęcie na okładce
Czesław Czapliński

Redaktor serii
Paweł Szwed

Redaktor prowadzący
Ewa Niepokólczycka

*Redakcja techniczna
Lidia Lamparska*

Korekta
Jolanta Rososińska

Wydanie II poprawione i rozszerzone

Świat Książki
Warszawa 2004

Bertelsmann Media Sp. z o.o.
ul. Rosoła 10, 02-786 Warszawa

Skład i łamanie
Joanna Duchnowska

Druk i oprawa
GGP Media GmbH, Pößneck

ISBN 83-7391-830-2
Nr 5111

One way ticket

Osiemnastego grudnia 1981 roku wieczorem przepychałem się przez tłum grzybków, aniołków, świętych Mikołajów i krasnoludków, żeby wystąpić w najbardziej oglądanym świątecznym show telewizji angielskiej. Brzmi to dobrze i wszystko byłoby jak się należy, gdyby nie okoliczności.

Otóż dziesięć dni wcześniej w moim mieszkaniu na ulicy Bednarskiej w Warszawie ściągnąłem ozdobnym paskiem ze świńskiej skóry wyjściowe czarne spodnie z najdelikatniejszego sztruksu, wyglansowałem buty, żeby nabrały wyglądu, i poganiany żądzą zysku i sławy wybrałem się do Londynu na premierę mojej sztuki *Cinders*, czyli *Kopciuch*, w Royal Court Theatre. Za sobą zostawiłem strajki, negocjacje, pałowania i na oko mocno się już chwiejącą władzę komunistów. A także moją matkę, dwuipółletnią córeczkę Zuzię, której obiecałem przywieźć lalkę, oraz ówczesną narzeczoną, a późniejszą żonę Ewę Zadrzyńską, która nie mając złudzeń co do moralnego poziomu tej opowieści, zażądała, żeby jej imię się w niej ani razu nie pojawiło; co obiecałem, ale słowa nie dotrzymałem, podobnie zresztą jak większości obietnic składanych jej oraz innym kobietom.

Oczywiście żaden z moich warszawskich przyjaciół, których z pychy zawiadamiałem, że jeden z najlepszych teatrów w Londynie wystawia moją sztukę, ani przez chwilę nie wierzył. Owszem, potakiwali uprzejmie i gratulowali, na boku wymieniając porozumiewawcze mrugnięcia. Ponieważ bilet powrotny miałem na 22 grudnia, zabrałem ze sobą tylko pustą walizkę na prezenty, rezerwowe dżinsy, dwie koszule i dwadzieścia funtów gotówką. Z początku wydawało się, że to jest akurat.

Zamieszkałem za darmo w hotelu Holiday Inn, bogacąc się dodatkowo, bo za udział w próbach, w przeciwieństwie do Polski, gdzie autora do teatru wpuszcza się niechętnie – płacono. Aktorzy byli bez zarzutu, reżyser Danny Boyle, ten od filmu *Trainspotting*, też. I już po pierwszej próbie się upewniłem, że *Cinders* w przeciwieństwie do *Kopciucha*, po obejrzeniu którego w Polsce obiecałem sobie nie pisać więcej dla teatru, jest sztuką jak się należy. A trzej konsulowie polscy w Londynie, panowie Kopa, Słomka i Mucha, zadzwonili do teatru, że przyjdą celebrować. Miło mnie to połechtało, bo do tej pory osobiście znałem tylko jednego polskiego dyplomatę (i to na dodatek byłego), mianowicie konsula w Glasgow. Słabym jego punktem był brak znajomości języków obcych. Mocnym – posiadanie ładnej żony, aktorki. Z tego powodu konsul spędzał wakacje w warszawskim SPATiF-ie i po kilku setach chętnie dzielił się ze słuchaczami doświadczeniami z pracy dyplomatycznej. Robota – mówił – jest w zasadzie przyjemna, tyle że od czasu do czasu do gabinetu wpieprzy ci się Anglik i on coś chce. To by też nie było najgorsze, gdyby nie to, że go nic a nic nie można zrozumieć.

Wieczorami po próbach chodziłem z aktorami na guinnessa do któregoś z pubów przy Sloane Square, coraz dalej był Jaruzelski i Breżniew, Wałęsa, Kuroń i Michnik, rozpierała mnie duma i czekałem spokojnie na premierę.

Ale trzynastego grudnia, właśnie w dniu, w którym moja ówczesna narzeczona Ewa miała wsiąść o ósmej do samolotu, odwiedzić Londyn, kupić sobie coś z ubrania i wziąć udział w uroczystościach, o siódmej rano obudził mnie telefon. Dzwoniła zaprzyjaźniona Nina Smolar z informacją, że generał Jaruzelski rozpoczął dobrze znaną polskim czytelnikom akcję. Dodała, że być może pierwszy samolot wypuszczą, a jeśli tak, mam błyskawicznie przyprowadzić Ewę do BBC, gdzie szefem polskiej sekcji był mąż Niny, Gienio Smolar.

– Dobrze, dobrze – odpowiedziałem, mając reakcję spowolnioną przez nocnego guinnessa. Odłożyłem słuchawkę i dopiero wtedy, jak wampir w filmie Herzoga, sztywno usiadłem na łóżku.

Pierwszego samolotu nie wypuszczono. Ale ja, dzięki akcji generała Jaruzelskiego i krzywdzie narodu polskiego, w jednej chwili zamieniłem się z nikomu nieznanego prowincjonalnego pisarza w zupełną znakomitość.

Wprawdzie konsulowie Słomka, Kopa i Mucha na premierę nie przyszli, za to przed teatrem kłębiły się tłumy. Dziennikarze ustawiali się w kolejce, a recenzje zgodnie podkreślały antytotalitarny charakter i ponury kafkowski humor *Kopciucha*.

No i właśnie w związku z tym osiemnastego grudnia szedłem długim i szerokim, wyłożonym dywanami i obwieszonym obrazami korytarzem, przeciskając się przez tłum grzybków, aniołków, krasnoludków i świętych Mikołajów, żeby wystąpić w najbardziej oglądanym show telewizji angielskiej. W klapę marynarki z kolekcji Barbary Hoff w Juniorze wpiąłem znaczek „Solidarności". Szedłem raz wolniej, raz szybciej i okropnie się wstydziłem myśli, które akurat telepały mi się po głowie. A były one mniej albo więcej takie: Na cholerę ja się zgodziłem w tym wystąpić. Niby płacą w funtach, ale nie aż tak dużo i sława z tego krótkotrwała. A jak powiem, co myślę o stanie wojennym, to już moja córeczka tej obiecanej lalki w życiu na oczy nie zobaczy. Niby owszem, można by się przed kamerami przysiąc, że nie polityka mnie interesuje, tylko sztuka czysta. Ale to jednak wstyd straszny. I jak ja potem spojrzę w oczy temu patriocie, co mnie namawiał, żebym ciężarówkę z bronią dla „Solidarności" przeprowadził przez granicę. Przecież on, chociaż agent bezpieki, w twarz mi publicznie napluje. A w ogóle kto tym z telewizji dał mój telefon. Jakiś Polak pewnie zawistny, co mnie chciał wykończyć. I jeszcze jedna sprawa delikatna: jak tu mówić o tragedii narodu z kiepskim akcentem. A jeszcze nie daj Boże jakiś gramatyczny błąd mi się przytrafi.

Tak myśląc, szedłem korytarzem, popychany przez śliczną angielską aktorkę, a ostatnio tłumaczkę, o której w tej chwili też myślałem bez sympatii, bo przez nią te wszystkie kłopoty. Kilkanaście miesięcy temu przyjechała do Warszawy. A mnie się akurat powodziło całkiem nieźle. Wprawdzie scenariusz dla Himilsbacha i Maklakiewicza, który kiedyś wymyślałem z Markiem Piwowskim, a który miał być polską wersją filmu *Easy Rider*, szans nie miał, ale moja zatrzymana przez cenzurę książka o strajku w Stoczni Gdańskiej akurat się ukazała w podziemiu. A Szwecja i Niemcy Zachodnie nadały przez radio parę moich słuchowisk. Tyle że jak się tylko człowiekowi trochę lepiej powodzi, to zaczyna myśleć o świństwach.

Nagadałem aktorce różnych głupot. Zaprowadziłem ją do Ścieku, SPATiF-u, a na koniec na Bednarską. Przyłożyłem się, pamiętając o świętych prawach gościnności, a ona z wdzięczności z miejsca zaczęła tłumaczyć. I do tego tak skołowała producentów w Londynie, że jeden się rozwiódł, a drugi wystawił moją sztukę.

Tak bijąc się z myślami, doszedłem do charakteryzatorni, gdzie mnie odmalowali, przypudrowali, przyczesali na mokro i kazali czekać. A przed kamerami sławny prezenter zaśmiewał się, klepiąc po plecach z Paulem McCartneyem. Obaj byli dużo lepiej ubrani, więc od razu zacząłem się pocieszać, że nieważne, w co się człowiek przyodziewa, i że ostatni będą pierwszymi. Wtedy ktoś mnie popchnął i znalazłem się w pełnym blasku. Chyba mimo odmalowania wyglądałem tak, jak się czułem, bo mój widok zgasił uśmiech prezentera. Twarz wykrzywił mu grymas bólu, a w oczach błysnęły łzy. Troskliwie posadził mnie na fotelu, przez chwilę tylko kręcił głową, aż dopiero przemówił.

– Ale nie dla wszystkich święta Bożego Narodzenia oznaczają szczęście i spokój. Jest tu dziś z nami Polish playwright Dżanus Glowaki, wszyscy wiemy, co się stało kilka dni temu w jego nieszczęśliwej ojczyźnie. Opowiedz, Dżanus, o czym teraz myślisz.

No to wygłosiłem ponurym głosem kilka zdań o nocy nad Polską, starając się nie mylić czasu teraźniejszego z przeszłym i she z he. Prezenter zastygł na chwilę w bólu, a kiedy wrócił do siebie, mocno, po męsku uścisnął mi rękę, życząc, żebym nie stracił odwagi, co mi akurat nie groziło, bo jej w ogóle nie miałem. Znów mu uśmiech twarz rozjaśnił i wykrzyknął:

– A teraz sylwestrowe propozycje Gianniego Versace!

Chciałem zostać i popatrzeć, ale ktoś mnie pociągnął z tyłu za marynarkę, ktoś inny popchnął w stronę kasy. Wypłacono mi dwieście pięćdziesiąt funtów i wyrzucono na ulicę. Zamierzałem pojechać na Portobello Road, żeby kupić tłumaczce obiecane złote kolczyki, ale właśnie przechodziła ulicą całkiem spora demonstracja rodaków, nad którą kołysała się na pomniejszonej szubienicy naturalnej wielkości kukła generała Jaruzelskiego, a anarchiści, na których zawsze można liczyć w potrzebie, podłączyli się, waląc w bębny. No to też się przyłączyłem.

Pod konsulatem czekał już na nas spory oddział angielskiej policji. Ustawiliśmy się naprzeciwko, wznosząc stosowne okrzyki do czasu, kiedy firanki zafalowały i wyjrzały zza nich najpierw złowróżbne twarze moich niedoszłych widzów, konsulów Kopy, Słomki i Muchy, a następnie oko filmowej kamery. W odpowiedzi posiadacze polskich paszportów, narzekając na chłód, rozpoczęli natychmiastową akcję podnoszenia kołnierzy i naciągania czapek na oczy. Boją się, pomyślałem z pogardą i wtedy zauważyłem, że mam podniesiony kołnierz i naciągniętą na oczy czapkę.

Święta już były na całego. Tymczasem wiadomości z Polski przychodziły albo ponure, albo ich wcale nie było. A i moja sytuacja też się pogorszyła.

Wprawdzie recenzje były entuzjastyczne, ale skończył się hotel, a dodatkowo do mojej tłumaczki przyjechał mąż, który okazując typowy brytyjski egoizm i brak wrażliwości na los Polaka, zabronił jej ze mną sypiać.

Na moje szczęście Adam Zamoyski, pisarz i historyk, któremu *Cinders* się podobał, przygotowywał do wynajęcia czy sprzedaży jedno ze swoich mieszkań z widokiem na Hyde Park i póki co mogłem tam sobie nocować. Tak więc co rano budziłem się w panice, że coś jest źle, potem sobie przypominałem, o co chodzi, a następnie przychodził Adam. Wchodził na drabinę i osobiście odmalowując ozdobny sufit, udzielał mi rad. Głównie chodziło o to, czy mam wracać, czy wprost przeciwnie.

A ja drżącymi rękami zaparzając kawę i uważając, żeby nie rozlać, bo w kuchni rozłożony już był nowy dywan, słuchałem i nie słuchałem. Potem pałętałem się po świątecznym Londynie zastawionym choinkami, obwieszonym bombkami i zapchanym świętymi Mikołajami.

Gdyby samoloty do Polski latały, pewnie bym jednak w któryś wsiadł. Bo co spotka mnie w Warszawie poza zaspokojeniem tęsknoty, to sobie mniej więcej wyobrażałem, przyjemne to nie było, ale oswojone. Co będzie tutaj, to mniej wyraźnie widziałem. Sztuka, owszem, szła dobrze, tyle że z tego się nie wyżyje. Jerzy Giedroyć odszukał mnie osobiście, wydrukował fragment *Moc truchleje*, czyli książki o strajku w Stoczni Gdańskiej, i nawet wysłał ją do eleganckiego wydawnictwa paryskiego Flammarion. Niestety, odesłali ją z listem od pracującej tam nad polską literaturą redaktorki, że niech się pan Głowacki najpierw nauczy pisać po polsku. To mi zabrzmiało całkiem groźnie, bo ta cienka książeczka była monologiem małego, zabiedzonego robotnika ze Stoczni Gdańskiej, który przestał odróżniać dobro od zła i został konfidentem bezpieki, wcale o tym nie wiedząc. A do strajku się przyłącza, też nie bardzo wiedząc, że to robi i po co, czyli wspaniałego patriotycznego zrywu nie było w tej opowieści za grosz. Tylko smutne ulice, bida z nędzą i rozpaczą, restauracje, w których nie ma co zjeść, ulice zapchane tajniakami, konfidenci w kierownictwie strajku i to się wszystko wydaje bohaterowi książki całkiem normalne. Co gorsza, i to właśnie tak wyprowadziło z równowagi redaktorkę z Flammariona, on opowiada o tym językiem, który przestał być tradycyjnie rozumianym narzędziem komunikacji. Zamiast tego zamienił się w mieszaninę socjalistycznych sloganów z lumpenproletariacką nowomową, czyli w ogóle nie wiadomo w co. *Moc truchleje* już się w Polsce krytykom nie podobała, to co się właściwie dziwić, że w normalnym kraju nikt się na niej nie poznał, czyli moje możliwości i szanse wyglądają blado.

Więc łaziłem po Londynie, czasem się spotykałem z agentami wydawniczymi, każdemu udzielałem wywiadu i się coraz bardziej martwiłem. Bo z kraju wiadomości w prasie tutejszej dość okropne, a plotki jeszcze gorsze: o zalewaniu kopalni ze strajkującymi górnikami, rozstrzeliwaniu zbuntowanych żołnierzy. A znów w radio polskim oficjalnym spokój, radość i rozmowy z producentami pączków. A gdzieś tam, w tym wszystkim, moja córeczka z mateczką i narzeczona. To jak, wracać, nie wracać?

Muszę przyznać, że poza względami rodzinno-patriotycznymi za tym, żeby wracać, przemawiała także pewna zawodowa kalkulacja. Bo ten stan wojenny to był jak dla mnie. Całe życie narzekałem, że Norman Mailer albo Joseph Heller, Hemingway albo Babel to mieli co zapisywać. A teraz proszę, jak temat do mnie do domu przyszedł, to mnie tam nie ma. I całe życie będę żałował. Czyli wracać.

A znowuż Adam z drabiny odradza. „Nie wiem, jaką masz pozycję w Polsce. Ale oni teraz wszyscy są przytrzaśnięci, a ty możesz pisać bez cenzury, całą prawdę, i ci każdy wydrukuje".

Czyli za radą Adama przysiadłem w irlandzkim pubie i zacząłem pisać jako pisarz mało że wyzwolony, to na całego, co się okazało od regularnego pisania sztuką dużo trudniejszą.

Zagryzałem wargi, popijałem guinnessa, mięśnie mi grały i pisałem jeden tydzień, a potem drugi. W trzeci to przepisałem na czysto i się zawstydziłem. Gniew był w tym opowiadaniu słuszny, oburzenie jak złoto. Zomowcy mieli zimne oczy i okrutne uśmiechy, prześladowani działacze „Solidarności" – wprost przeciwnie. Jednym słowem wyrzuciłem i się jeszcze bardziej zacząłem denerwować, że może za późno mnie wyzwolono, że może już jestem beznadziejnym kaleką, co to bez cenzury ani rusz, i w ogóle się nie nadaję. Bo ja się przez kilkadziesiąt lat męczyłem, kombinując, jak by coś prawdziwego napisać, ale tak subtelnie, żeby puścili. Jak by też tę cenzurę obejść i przechytrzyć? Gdzie na przykład akcję sztuki albo książki przenieść, do jakiego kraju czy w jaki wiek, żeby się kojarzyło, ale nie do końca? Jaką parabolą uśpić czujność cenzora? Rzymskie imperium się na przykład do tego celu nadawało, inkwizycja hiszpańska też nie najgorzej. Z prostszych zabiegów – więzienie albo zakład poprawczy dla nieletnich dziewcząt, jak u mnie w *Kopciuchu*. I tu lojalnie trzeba przyznać, że czytelników i widzów mieliśmy w Polsce Ludowej wyjątkowo wdzięcznych w wychwytywaniu aluzji, nawet tam, gdzie jej nie było.

Wystarczyło napisać, że bohater jest alkoholikiem albo garbatym, czy na przykład zdradza żonę, a już nikt nie miał wątpliwości, że to komunizm jest winien, i autora nagradzano owacją na stojąco.

Chyba dwudziestego grudnia ogłoszono, że Warszawa pierwszy samolot wypuści i pierwszy wpuści. Na próbę pojechałem na lotnisko Heathrow. Samolot LOT-u się spóźniał, a ja wmieszałem się w smutny milczący tłumek szykujących się do powrotu Polaków. Wszyscy przyglądali się sobie podejrzliwie, znaczki „Solidarności", które przed trzynastym obowiązywały do każdego garnituru, były pochowane.

W końcu samolot z Warszawy wylądował i zaczęli wysiadać głównie cudzoziemcy, których stan wojenny przyłapał, a za plastikową ścianą przemykali tranzytowcy. Między nimi zobaczyłem profesora Jana Kotta. Wracał do Ameryki z przerwanego przez stan wojenny Kongresu Kultury. Szedł przejściem tranzytowym, oddzielony ode mnie plastikową szybą. Waliłem w nią, ale profesor nie słyszał. Za to dwa dni później ja go usłyszałem w Wolnej Europie. Opowiadał o nocy nad Polską, a marznący przy koksownikach żołnierze skojarzyli mu się z prostytutkami ogrzewającymi się przy ogniu w Rzymie. W tej króciutkiej relacji, która doprowadziła do szału generała Jaruzelskiego, był cały Jan Kott. Jego czytanie literatury i świata. Skundlona tragedia i uwznioślona farsa.

Na razie wziąłem głęboki oddech, wróciłem do miasta i znów plątałem się po Londynie. Troszeczkę mi dodało otuchy to, że bardzo dobre wydawnictwo londyńskie Andre Deutsch jakoś się zorientowało, o co chodzi w mojej książce, i podpisało umowę na *Moc truchleje*.

Wieczorami, po przedstawieniu, chodziłem z aktorami z *Kopciucha* do jednego albo drugiego pubu i przy piwie rozczulałem ich i siebie opowieściami o przemierzających pokryty śniegiem kraj Chopina hordach Jaruzelskiego.

Raz po zamknięciu pubu, kiedy wracałem pieszo do prawie już wyszykowanego na sprzedaż mieszkania Adama na Knightsbridge, zatętniły za mną po bruku wysokie obcasy i dogoniła mnie grająca w *Kopciuchu* Złą Siostrę aktorka. Ze łzami w oczach przyznała, że kiedy tak szedłem samotnie przez uśpiony Londyn, przypomniałem jej bohatera filmu Andrzeja Wajdy *Człowiek z żelaza* i postanowiła zrobić wszystko, co może zrobić młoda aktorka, żeby podnieść mnie na duchu. I teraz chciałem ostrzec, że jeżeli ktokolwiek w mojej obecności ośmieli się nazwać *Człowieka z żelaza* naiwnym socrealistycznym kiczem, będzie miał we mnie śmiertelnego wroga.

Bardzo wielu Polaków przytrzaśniętych w Londynie przez stan wojenny narzekało, że nie zajęła się nimi tak zwana stara emigracja. Ja, podobnie jak Blanche, bohaterka sztuki Tennessee Williamsa *Tramwaj zwany pożądaniem*, byłem w tej sprawie dobrej myśli; Blanche mianowicie, kiedy zawiedli ją wszyscy, z ufnością bierze pod rękę psychiatrę, który na polecenie rodziny przyjechał, żeby zamknąć ją w domu wariatów, i wypowiada przy tej okazji moją ulubioną kwestię: „Zawsze wiedziałam, że w każdej sytuacji można polegać na uprzejmości obcych".

I proszę bardzo, już dwudziestego dziewiątego grudnia, a więc zaraz po świętach, właściciel bardzo przyzwoitej polskiej restauracji, patriota i miłośnik literatury, zaproponował mi pracę kelnera na całkiem przyzwoitych warunkach. Zaraz potem utalentowana młoda aktorka, która wyjechała rok wcześniej i wyszła za mąż za stolarza, ale nie była szczęśliwa, bo ciągnęło ją do sztuki, zaproponowała mi wspólne, wysoko płatne występy erotyczne dla angielskiej arystokracji. Mój znajomy z dawnych lat, Władek Aspiryn, energiczny handlarz dostarczanymi do Polski przeterminowanymi lekarstwami, który zrobił karierę polityczną, demaskując już w wolnym kraju nieuczciwych przedsiębiorców, namawiał mnie na całkiem dobrze zaplanowany skok na jubilera.

Z propozycją współpracy wystąpił też Tadek Długie Ręce. Tadek w latach pięćdziesiątych miał inną ksywkę – Rybak. To były czasy, kiedy ludzie nie mieli lodówek i przed Wielkanocą wywieszali za okno na sznurku zakupione wcześniej zające. Tadek posiadał NRD-owską wędkę rozsuwaną na wysokość drugiego piętra. Na końcu umieszczał żyletkę marki Gerlach i zające spadały prosto do podstawionej torby. W Londynie Tadek się przekwalifikował i międzynarodowo przemycał zegarki. Czyli że musiał z dwiema walizkami wypchanymi zegarkami przebiec tanecznym krokiem, uśmiechając się do celników, przejściem zielonym. To było tylko pięćdziesiąt sześć kroków, ale te zegarki wyciągnęły mu ręce. Stąd ksywka i propozycja dla mnie.

W związku z londyńskim sukcesem *Kopciucha* dostałem z Ameryki propozycję, żeby poprowadzić kursy o Kafce, Czechowie i Dostojewskim w wyjątkowo ekskluzywnym Bennington College w stanie Vermont, gdzie uczył kiedyś Erich Fromm, a aktualnie literaturę i teatr wykładali Bernard Malamud i Bob Wilson.

Po długim namyśle i walce wewnętrznej wybrałem tę ostatnią propozycję, chociaż była najmniej atrakcyjna finansowo.

Trzy tygodnie później, przyciskając do serca oficjalnie potwierdzone przez Departament Stanu na różowym blankiecie zaproszenie, przecisnąłem się przez tłum katolików i muzułmanów i z bolesnym uśmiechem politycznej ofiary rozłożyłem je na biurku konsula. Byłem pewien, że ludzie Ronalda Reagana, który z takim obrzydzeniem odniósł się do stanu wojennego, nazywając Jaruzelskiego rosyjskim generałem w polskim mundurze, a jego najbliższych bandą wszawych gnojków, przyjmą mnie z otwartymi ramionami. Tymczasem konsul ze sceptycznym uśmiechem wysłuchiwał moich zapewnień, że powodem wyjazdu do Ameryki nie jest chęć zamordowania prezydenta ani nawet roznoszenia chorób wenerycznych, a jedynie uzupełnienia wiedzy studentów w stanie Vermont, a w dalszej kolejności zrealizowanie mojego młodzieńczego marzenia, czyli wystawienie sztuki na Broadwayu. Po dwugodzinnym przesłuchaniu, gdybym miał choć odrobinę godności, powinienem się obrazić i wyjść. Ale przypomniałem sobie radę Janusza Wilhelmiego, redaktora naczelnego warszawskiego tygodnika „Kultura", gdzie przepracowałem kilkanaście lat: „Januszku, unikaj zawsze pierwszych reakcji, mogą być uczciwe". Uśmiechając się fałszywie, przełknąłem upokorzenie, wbito mi do paszportu kolorową przepustkę i drzwi do demokracji uchyliły się przede mną. Parę miesięcy później dowiedziałem się, że oburzona wprowadzeniem stanu wojennego administracja Ronalda Reagana wydała polecenie, żeby utrudniać jak się da wydawanie wiz Polakom i Afgańczykom, bo jedni i drudzy mogą prosić o azyl.

Kiedy znów się pojawiłem na lotnisku Heathrow, miałem tę samą polską walizkę, ale teraz była cięższa. Wiozłem ze sobą zestaw najniezbędniejszych rzeczy, które powinien mieć każdy szanujący się profesor ze Wschodu, przystępujący do objęcia katedry na ekskluzywnej amerykańskiej uczelni, a mianowicie: kiepską znajomość angielskiego, dwie pary dżinsów zakupionych okazyjnie na Portobello Road, podarowane przez aktorkę-tłumaczkę ozdobne wydanie tragedii Szekspira, dwie lniane koszule w czarno-białe pasy, czyli hinduskie barachło z wyprzedaży, ukradzioną z biblioteki książkę Mackiewicza o Dostojewskim, dwie półlitrówki wyborowej z niebieską kartką, głęboki kompleks prowincji maskowany pychą i poczuciem wyższości oraz plik recenzji z Londynu.

A także duży zapas bezinteresownej polskiej zawiści, którą potem, żeby sobie ulżyć, zacząłem przerzucać na bohaterów moich sztuk, zwłaszcza na Pchełkę, bohatera *Antygony w Nowym Jorku*. Z tym drobnym cwaniaczkiem, traktowanym przez wielu krytyków nad Wisłą jako tania i łatwa karykatura Polaka, miałem niestety trochę wspólnego. Zupełnie nie wiem, jak i kiedy się tą zawiścią zaraziłem. Bo moi rodzice na to nie chorowali.

Zająłem miejsce przy oknie, obok usiadła śliczna Angielka, też jakby zatopiona w myślach, tak że, póki co, nie nawiązaliśmy kontaktu. Samolot Pan American trochę się pokręcił po lotnisku, wyminął Concorde'a, hiszpańską Iberię, ustawił się w kolejce tuż za Lufthansą, a dużo przed China Air, i pięć minut później zaczął się na dobre wznosić, czyli oddalać. A ja zacząłem się na dobre bać. Bo co, jeżeli rację miała ta pani z Flammariona albo polscy krytycy, którzy już zadecydowali, że jestem kawiarnianym pisarzem lokalnym, specjalistą od złotej młodzieży i playboyów, czyli że za granicą nie mam w ogóle czego szukać.

A w Polsce jednak miałem swoją popularność i przyjemności. Spod lady, po cichu, ekspedientki sprzedawały mi bułkę paryską, na Bednarskiej i Krakowskim znałem każdy schodek i każdą bramę, a językiem umiałem zakręcić jak mało kto. Im dalej leciałem, tym nabierałem większych wątpliwości, czy lecę w dobrą stronę i czy się do demokracji i Ameryki słusznie wpycham.

Na brak własnych pisarzy oni tam nie cierpią, a jeszcze po Nowym Jorku i okolicach tłucze się tłum zawodowych ofiar ze skrzywdzonych przez dyktatury krajów. Nie mówiąc o rosyjskich pisarzach dysydentach, takich, że aż strach. No bo jednak Dostojewski czy Tołstoj, Czechow czy Gogol – było po kim dziedziczyć. I czy po Sołżenicynie, Brodskim albo i Aksjonowie w ogóle ktoś na moje cierpienia nadstawi ucho? A niech się jeszcze coś poruszy w Czechach? Albo i na Węgrzech? Takie to myśli przepełnione patriotyczną egzaltacją latały mi po głowie. Ale tak czy inaczej, było już za późno. Na wszelki wypadek

17

zacząłem sobie powtarzać przykazania dla świeżego emigranta, które ktoś życzliwy zapisał mi na karteczce.

1. Jeżeli jesteś w nędzy albo rozpaczy, nigdy, ale to nigdy nie przyznawaj się do tego rodakom. Nikt ci nie pomoże, tylko cię dobiją.

2. W żadnym wypadku nie pozwalaj sobie na szczerość wobec bogatszych od siebie. Jeżeli będą ci pokazywać swoje ohydne żony, domy, filmy albo książki, chwal. Nie stać cię na wrogów.

3. Jeżeli ktoś cię obrazi – uśmiechaj się – zemścisz się później.

4. Kłamiąc na temat swojego sukcesu, staraj się uwierzyć w to, co mówisz. To daje komfort psychiczny i nic ci nie zaszkodzi. Najwyżej zaczną cię uważać za mitomana. Ale parę osób zawsze uwierzy i wtedy będziesz mógł od nich coś wyciągnąć.

5. Jeżeli ktoś poprosi cię o pomoc, nie pomagaj, nawet gdybyś mógł, bo po co. Może ci wyrosnąć konkurent. Ale nie odmawiaj z góry – oczywiście poza pożyczeniem pieniędzy. Obiecaj pomoc, udawaj zainteresowanie, na jakiś czas zyskasz przyjaciela. A nuż ci się przyda…

6. Wyznać miłość wolno tylko kobiecie, której się nie kocha. Nie stać cię na uzależnienie się.

Pozostałych czterech nie przeleciałem, bo przemówiła moja sąsiadka, i to zupełnie niespodziewanie po polsku:

– Sądząc po zamówieniu, pan z Warszawy. – Chodziło jej o to, że przed chwilą zamówiłem po raz trzeci podwójny dżin bez toniku. – Wie pan, o co się mnie zapytali w amerykańskiej ambasadzie?

– Czy pani chce zabić prezydenta – podpowiedziałem – i co pani odpowiedziała…?

Pokiwała głową.

– Jak pan myśli, czy oni przypuszczają, że jak ktoś naprawdę jedzie, żeby zabić prezydenta, to da im uczciwą odpowiedź?

– Dziwny kraj – przyznałem.

– Zapytali się mnie też, czy jadę do Ameryki, żeby zajmować się prostytucją.

– Niech pani to potraktuje jako komplement – pocieszyłem ją.

– Myśli pan?

Zamówiliśmy oboje dżin bez toniku i wymieniliśmy adresy. Ja przypomniałem sobie słowa, jakimi dodawał ducha trener naszej piłkarskiej reprezentacji przed meczem: „Biało-czerwona na maszcie, pierwszy sekretarz na trybunie, kiełbasy do góry i golimy frajerów". A od siebie dodałem: Janek, co się przejmujesz. Jedziesz do dzikiego kraju, w którym nikt nawet nie wie, kto to jest Himilsbach; i poczułem się lepiej.

Jak postanowiłem zostać aktorem

Pierwszym pisarzem, którego spotkałem w życiu, był autor powieści kryminalnych. Mieszkałem wtedy z rodzicami na Żoliborzu przy ulicy Czarnieckiego i chodziłem do postępowej szkoły TPD 1 na Felińskiego, w której nauka rozpoczynała się od odśpiewania *Międzynarodówki*, a wizytowali ją nawet goście ze Związku Radzieckiego. Do ZMP akurat nigdy nie należałem, już kiedyś pisałem, że w całej czterdziestopięcioosobowej klasie do ZMP nie należał tylko Tomek Łubieński i ja. Z tym, że on był synem posła katolickiego na sejm, a na pierwszej stronie wszystkich zeszytów pisał „W imię Ojca i Syna i Ducha Świętego". Tomek był klasowym geniuszem, miał ksywkę Filek (skrót od filozof) i w dziesiątej klasie bardzo ładnie tłumaczył Horacego. U siebie w bloku nie był zbyt popularny. Przezywano go Zeus, że niby zadziera nosa, i na klatce schodowej dzieci sąsiadów pisały kredą: „Zeus idiota piorunami miota". Na lekcjach wychowawczych komenderowano: „Niezorganizowani wychodzą", i my dwaj szliśmy na korytarz. Nikt nie naciskał, żeby się do ZMP zapisywać. Wszyscy się sami garnęli; było fajnie, można było śpiewać, nosić czerwony krawat, stonkę zbierać.

Trochę podejrzewam, że z podobnych powodów tak ogromną popularnością cieszył się wśród Niemców faszyzm. Bo każdy mężczyzna wolał wyjść sobie wieczorem w krótkich spodenkach z pochodnią i rozbić jakiś sklep albo w najgorszym razie pośpiewać, zamiast siedzieć z żoną w ciasnym mieszkanku.

To, że ja do niczego nie należałem, to był pewnie wpływ rodziny reakcyjnej, co też do partii się nigdy nie zapisała. Ani ojciec, ani matka jakoś nie mieli złudzeń co do komunizmu. Dlatego ja się później troszkę dziwiłem tym, co ich tyle mieli. To nie znaczy, że rodzice wychowywali mnie na reformatora, dysydenta. Absolutnie nie. Uważali, że sprawa jest beznadziejna. Matka recytowała mi Rilkego: „Kto mówi o zwycięstwie? Przetrwać, oto wszystko". A ojciec uzupełniał słowami anonimowego poety, że skoro już nie chcesz uciekać za granicę, to przynajmniej:

> Nie krytykuj, nie podskakuj,
> Siedź na dupie i przytakuj.
> Nie przejmuj się swoją dolą,
> Bo i tak ci przypierdolą.
> Nie przejmuj się swoją pracą,
> Bo i tak ci gówno płacą.
> Za pięć czwarta kończ robotę,
> Sraj na szefa, kładź kapotę.
> Tak dożyjesz starczej renty
> Nawet w dupę nie kopnięty.

Mojemu ojcu się to zresztą udało. Pamiętam, jaka była w domu radość, kiedy dwadzieścia lat później przyznano mu legitymację upoważniającą starych i chorych ludzi do wsiadania przednim pomostem do straszliwie wtedy zapchanych autobusów.

Co do pochodów pierwszomajowych, to chodziłem. Tyle że obwiązywałem sobie rękę bandażem, żeby nie nieść transparentów. I to też nie z ideologicznych przyczyn, tylko z lenistwa. Tak już zupełnie szczerze mówiąc, to ja miałem wtedy inny problem. Były w klasie dwie dziewczyny z wielkim biustem: Elżbieta i Sara. Nie byłem pewien, która ma większy, i w związku z tym kochałem się w obu. Trochę też się bałem, bo mówiono, że jak się nie należy do ZMP, to nie przyjmą na studia. Ale przyjęli.

Moja matka była redaktorką najpierw w Czytelniku, potem w Iskrach, a autor powieści kryminalnych odwiedzał nas w związku z miłosnym opętaniem. Otóż, mimo że miał już żonę i kilkoro córek i synów, pokochał śliczną i młodszą o kilkadziesiąt lat najbliższą koleżankę matki, czarnowłosą korektorkę, która często wpadała do nas po pracy. Co gorsza, mój ojciec, który do tej pory uczciwie pracował w branży księgarskiej, sprowadzając dla Polskiej Akademii Nauk książki z zagranicy, też okazał się mało odporny na urodę pani Krystyny. Kupił sobie brązowe dziurkowane buty, marynarkę w pepitę i również wziął się za pisanie kryminałów. Słowem, zaczął się zachowywać podejrzanie. Matka, kiedy zwróciłem jej na to uwagę, machnęła tylko ręką, mówiąc: „Niech sobie Jerzy pomarzy".

I kiedy mój ojciec i pisarz parzyli herbatkę dla pani Krystyny i układali ciastka na ozdobnych talerzykach, matka wpadała do sąsiadki, pani Bądkowskiej, i zadręczała ją i siebie pytaniami, co ze mnie wyrośnie. Matka kochała literaturę tak, jak się ją kiedyś kochało. Jej niepokój brał się z tego, że kiedy miałem dziesięć lat i zachorowałem na zapalenie płuc, siadała przy łóżku i czytała mi *W poszukiwaniu straconego czasu*, a ponieważ zasypiałem, uznała mnie za idiotę i zaczęła namawiać, żebym został sprawozdawcą sportowym. Sąsiadka, pani Stefania Bądkowska, była tak zwaną reakcjonistką, nienawidziła komunizmu, słuchała po nocach Wolnej Europy i doradzała matce, żeby oddała mnie do wojska na zawodowego, ponieważ jestem wysoki i w mundurze będzie mi do twarzy. Przy tym jej ulubioną sztuką była *Noc listopadowa* Wyspiańskiego i po cichu liczyła, że gdyby się coś w Polsce ruszyło, to młodzi oficerowie pomogą.

Ojciec uważał, że nic się nie da zrobić, komunizm jest wieczny, a ja powinienem jak najszybciej uciec za granicę. Był marzycielem i ufał wszystkim. Ludzie nie mogli mu tego wybaczyć i oszukiwali go bezlitośnie. W czasie mojego zapalenia płuc obmyślał różne sposoby ucieczki. Uważał, że najlepiej byłoby, gdybym został sławnym sportowcem i przy okazji pierwszych zawodów na Zachodzie poprosił o azyl. Brał też pod uwagę skok do wody ze statku wycieczkowego. Statki takie krążyły po Bałtyku, w okolicach Szwecji trzeba było tylko przepłynąć kilometr i już się było na wolności. Miałem w klasie garbatego kolegę, któremu ojciec radził: „Dał ci, synku, Bóg garb, to się chociaż zapisz do partii". W porównaniu z tym rady moich rodziców nie były najgorsze.

Żeby sprawić ojcu przyjemność, zacząłem trenować pływanie w Kolejarzu – obecnie Polonii. Szło mi całkiem dobrze i na mistrzostwach szkół w Poznaniu byłem na 200 metrów stylem klasycznym zdecydowanym faworytem. Po stu metrach prowadziłem o całą długość, no i wtedy się zaczęło. Płynąłem, płynąłem, pchałem łeb pod wodę i nagle pomyślałem sobie, co ja właściwie robię. Naszły mnie wątpliwości, przypłynąłem ósmy, i to był koniec pływania. Wątpliwości nachodziły mnie jeszcze kilkaset razy w życiu i zawsze to się źle kończyło.

Wracając do życia uczuciowego, czasami pisarz doprowadzony do rozpaczy obojętnością pani Krystyny i licząc, że wywoła zazdrość albo choćby litość, nie przychodził. Wtedy mój ojciec z rozjaśnioną twarzą proponował, że sam ją odprowadzi. Pani Krystyna zgadzała się pod warunkiem, że pójdę z nimi. Ojciec dawał mi rozpaczliwe znaki, żebym się nie zgadzał, a raz nawet próbował mnie przekupić, wtykając dyskretnie dziesięć złotych. Były to zresztą pierwsze pieniądze, które samodzielnie zarobiłem. Ale nie ustąpiłem. Trzymałem z matką, a dziesięć złotych to było śmiesznie mało. Zwykle po odprowadzeniu pani

Krystyny ojciec, rzucając mi nienawistne spojrzenie, wracał do domu. A ja zostawałem jeszcze chwilę, aby upewnić się, że z krzaków wynurzy się autor kryminałów i czy będzie próbował zmiękczyć serce pięknej korektorki, grożąc, że jeżeli go nie wpuści, to natychmiast pod jej drzwiami dostanie zawału.

Po godzinie, przeklinając oziębłość kobiet, pisarz oddalał się do domu na kolację, a ja siadałem na ławeczce i czekałem do dziewiątej. Wtedy kończył się spektakl w Teatrze Komedia i do mieszkania 4A kierował się, pogwizdując, gruby aktor charakterystyczny, który na scenie smarował sobie przeświecającą łysinę czarną pastą do butów. A pani Krystyna bezzwłocznie otwierała przed nim swój raj. Wtedy postanowiłem, że zostanę aktorem.

Jak postanowiłem zostać pisarzem

Drugim pisarzem, którego spotkałem w moim życiu, był Marek Hłasko. Po maturze, mimo protestów mojego wuja, znanego aktora, który nie bez racji twierdził, że jestem beztalenciem, razem z tłumem niezdolnych kandydatów zostałem przyjęty do Szkoły Teatralnej na Miodowej. Uczono nas uproszczoną metodą Stanisławskiego, to znaczy kazano nam się do wyboru albo utożsamiać, albo identyfikować. Więc się razem z wszystkimi koleżankami i kolegami raz utożsamiałem, a kiedy indziej identyfikowałem. Toczyłem po podłodze jako jajko albo szumiałem jako drzewo w *Nocy listopadowej*, przy czym mnie to gorzej niż innym wychodziło. Powiem prawdę: ja w ogóle odmówiłem bycia jajkiem. Pani profesor Maria Wiercińska spytała:

– Dlaczego, Januszu, nie chcesz się tak jak wszyscy toczyć?

– Bo ja się, pani profesor, wstydzę – odpowiedziałem szczerze. I wtedy zostałem po raz pierwszy w życiu oskarżony o cynizm.

Z tamtych czasów została mi pewna nieufność co do Wyspiańskiego. Wiem, że się muszę mylić, ale wszystkie jego dramaty, może poza *Weselem*, wydają mi się dziką grafomanią, a uproszczona metoda Stanisławskiego mocno podejrzana. W muzeum Stanisławskiego, upamiętnia-

25

jącym jego metodę, byłem kiedyś w Moskwie. Stał tam rozłożysty fotel, a naprzeciwko dwa wykładane pluszem krzesełka, na których siadali goście. Fotel był wytarty na całości, a krzesełka tylko na brzeżkach, bo goście bali się usiąść wygodnie, taką był Stanisławski potęgą.

Ja bym się już w połowie roku z tej szkoły wycofał, gdyby nie doświadczenie z panią Krystyną. Przecież mnie wcale nie chodziło o to, żeby łazić po scenie i grać, tylko o to, co po teatrze. Tamten aktor z Teatru Komedia też wcale nie grywał Hamleta.

Do tego miałem bolesną pewność, że jeżeli odejdę w połowie roku, to mnie wezmą do armii. Jeden wyrzucony po pół roku kolega już miał w ręku wezwanie i w ostatniej chwili załapał się do seminarium. Błagał potem, żebym przyniósł flaszeczkę do Świętej Anny, a on po mszy spróbuje się urwać.

Raz w szkole na wykładzie trzeba było udawać, że się coś wącha, a profesor miał zgadnąć, o co chodzi. Ja się już przy jajku mocno naraziłem. Więc przy wąchaniu pomyślałem, że się odkuję, nie będę wąchał żadnego zdechłego szczura, tylko proch i krew po przegranej bitwie w Olszynce Grochowskiej. Przybrałem dziki, ale i uduchowiony wyraz twarzy i znowu dostałem dwóję. Jeszcze gorzej wyszło pod koniec roku. Profesorowie dawali temat i trzeba było coś bez dialogu zainscenizować. Ja dostałem hasło „szach królowi", więc posadziłem faceta w koronie, a naprzeciwko dziewczynę bez majtek z rozłożonymi nogami. Mnie się to wydawało logiczne i biegło w kierunku moich zainteresowań. Ale okazało się, że prawidłowa odpowiedź to Kordian wchodzący do sypialni cara, i profesorowie się obrazili. Zresztą jestem pewien, że i tak ukończyłbym Szkołę Teatralną z wyróżnieniem, a polskie sceny by się wzbogaciły o jeszcze jednego niezdolnego aktora, gdyby znów nie dopadły mnie wątpliwości.

Poszło o uczucie. Otóż dwa czy trzy lata wyżej w szkole, co teraz słusznie się nazywa Akademią Teatralną, studiowała Teresa, w której się rozpaczliwie kochałem.

Teresa przyjechała spoza Warszawy, ale nie mieszkała w żadnym akademiku na Kickiego czy w Dziekance, tylko elegancko, w pokoju sublokatorskim na Woli. Była piękna, utalentowana i już na studiach zagrała w filmie. I chociaż nie dawała mi żadnych przekonywających dowodów sympatii, to jednak przez cały rok pozwalała odprowadzać się po wieczornych zajęciach i delikatnie całować na dobranoc. Następnie spisywał nas ze studenckich legitymacji zawsze ten sam milicjant. Potem w jej pokoiku na pierwszym piętrze zapalała się rzucająca nastrojowe światło różowa lampa, a ja, szczęśliwy, wracałem na Bednarską. Nie chciałbym być uważany za naiwniaka. Nie byłem żadną dziewicą i miałem już za sobą sukcesy z kobietami.

Kiedy miałem osiem lat, mieszkałem z rodzicami w Łodzi na ulicy Piotrkowskiej 73, prawie naprzeciwko Grand Hotelu. U mnie w bramie pracowała kobieta oddająca się prostytucji. W poniedziałki ja, paru kolegów i dwie koleżanki dostawaliśmy od rodziców pieniądze na landrynki. Natychmiast biegliśmy do bramy i pani Ala, o ile akurat nie miała powodzenia, przeliczała pieniądze, śliniła palce, wykręcała żarówkę umieszczoną nad figurką Matki Boskiej, a następnie podnosiła spódnicę, pokazując nam na pięć sekund porośnięte gęstym, rudym włosem podbrzusze. Trwało to tyle co przelot samolotu i potem czekał nas smutny tydzień bez landrynek. Ale było warto. To piękne przeżycie opisałem w opowiadaniu *My sweet Raskolnikow*.

A kiedy miałem dwanaście lat, rodzice wysłali mnie na obóz harcerski w Spale. Tak jak wszyscy, kochałem się w obozowej kucharce. Pani Mariola miała nogi pięknie wygięte jak dwie stalowe obręcze, chwaliła się, że kiedyś udusiła nimi psa. Jednej nocy zajrzała do namiotu, w którym spałem razem z całym zastępem Koniczynek, wzięła mnie pod pachę, wyniosła na łąkę, upuściła na trawę, a potem niebo otworzyło się nade mną. Tak więc całowałem Teresę delikatnie i spokojnie czekałem, kiedy mnie weźmie na ręce. Ale raz, kiedy zatrzymałem się pod jej oknem dłużej, bo milicjant postanowił na nowo mnie spisać, do klatki schodowej zbliżył się lekkim skosem autor *Pierwszego kroku w chmurach*.

Przez chwilę miałem jeszcze odrobinę nadziei. Potem w świetle różowej lampy w pokoiku, do którego nigdy nie zostałem wpuszczony, pojawiła się postać Hłaski i lampa zgasła. Spociłem się, mrówki rozbiegły mi się po plecach i chyba zbladłem, bo milicjant przerwał spisywanie, spojrzał na mnie z zainteresowaniem i powiedział:

– Za dużo, Głowacki, walicie konia. Szkoda młodego życia.

A ja postanowiłem, że jednak zostanę pisarzem.

W Trójkącie Bermudzkim

Zanim to jednak postanowiłem, wykonałem jedyną rzecz, która mi się wydawała mądra. Poszedłem na ulicę Mokotowską do baru Przechodniego. Bar Przechodni był położony mniej więcej naprzeciwko Hybryd, nocnego klubu studenckiego, ale tylko teoretycznie. Na bramce stali tam obecnie znany filmowy producent, który wpuszczał za dychę wszystkich: uczennice, badylarzy, cinkciarzy, aktorki, piosenkarzy, tajniaków i czternastoletnią Ewunię, która na pytanie ojca: „Czy ty aby, córeczko, za wcześnie nie zaczynasz?", odpowiadała: „Tatusiu, ja już zaczynam wychodzić z obiegu". A kiedy ojciec postanowił zamykać ją na klucz, żeby odrabiała lekcje, po jego zawiązanych w linę krawatach spuszczała się przez okno na ulicę. Bez problemu uchodził też za studenta pięćdziesięcioletni utracjusz, rotmistrz Andrzej Rzeszotarski, przepuszczający tajemniczego pochodzenia pieniądze i zajmujący pierwsze miejsce na nieoficjalnej wtedy liście najbogatszych Polaków. Za rotmistrzem snuł się jak cień eseista i aktor Adam Pawlikowski, nazywany Dudusiem, którego szlachetny profil, znany z filmu *Popiół i diament*, przyciągał dziewczyny i uświetniał zabawy Rzeszotarskiego w jego wytapetowanym pięćsetkami mieszkaniu. Rotmistrz miał czerwonego długiego forda z odkrywanym dachem i olbrzymiego kierowcę o ksywce Cegła. Jak duch z lepszego świata przesuwał się tym fordem po Nowym

Świecie, wzbudzając rozpaczliwą tęsknotę i zazdrość nas, studiujących nędzarzy.

W Hybrydach rozpoczynał długą noc opętany jak gracz Dostojewskiego manią hazardu kapitan Służby Bezpieczeństwa, postrach pokerzystów, bo kiedy przegrywał, wyciągał rewolwer i zabierał się całkiem konkretnie do popełniania samobójstwa. Natychmiast pocieszano go i wręczano przegraną kwotę. Nie trzeba było wiele wyobraźni, żeby przewidzieć, czym by się skończyło dla grających znalezienie w mieszkaniu ciała oficera służb specjalnych. Jednym słowem, w Hybrydach było interesująco.

Naprzeciwko Hybryd był bar Przechodni, w którym nabierało się sił do tańca. Po tej samej co bar stronie Mokotowskiej, pięćdziesiąt kroków w lewo, w stronę placu Zbawiciela, znajdowała się przychodnia skórno-weneryczna. W Hybrydach się piło, ale tylko piwo i wino, oraz tańczyło najpierw rock and rolla, a potem twista. Na ścianach solidarnie wypisywano kopiowymi ołówkami spostrzeżenia o prowadzeniu się i aktualnym stanie zdrowia koleżanek ze studiów, młodziutkich gwiazdek teatru, filmu i estrady, a także panienek z miasta. Z informacjami tymi rozsądek nakazywał się zapoznać przed wyznaniem swojej wybrance miłości. Na przykład ostrzeżenie: „Paszcza – dodatnia" czy „Dolores – niepewna" powinno dawać do myślenia. Oczywiście wiadomo, że zawsze znajdą się ludzie głusi na wszystkie przestrogi, jakie daje nauka, zwłaszcza po wizycie w barze Przechodnim, gdzie piwo łamało się czystą wyborową. W takim wypadku jedynym wybawieniem okazywała się przychodnia. Trójkąt Hybrydy – bar Przechodni – przychodnia nazywany był przez bywalców Trójkątem Bermudzkim. Zdarzało się, i to często, że ludzie tam wpadali i znikali na całe lata. To właśnie po opisanym wcześniej gwałtownym zawodzie miłosnym stało się moim udziałem.

W przychodni zanikały podziały klasowe i zawierało się ciekawe znajomości. Obok młodych, zranionych w uczuciach romantyków, a także mężczyzn bez zasad i kobiet bez złudzeń z tak zwanej inteligencji, stałymi gośćmi byli przedstawiciele środowisk robotniczych, którzy namowy przepracowanej lekarki zachęcającej do używania prezerwatyw zbywali argumentami ekonomicznymi: „Prezerwatywy kosztują, a wy leczycie za darmo". Tam też poznałem Jana Himilsbacha. Jeszcze nie grał i nie pisał, tylko opowiadał. Akurat wtedy o tym, jak pewna panienka odradzała mu, po koleżeńsku, posunięcie się z nią za daleko, informując, że ma syfa.

– Odpowiedziałem jej – stwierdził Janek – nic nie szkodzi. Jestem mężczyzną.

– I co, złapałeś? – zainteresował się któryś z pacjentów.

– A jak! – odpowiedział z dumą.

Kiedy odzyskałem przytomność, okazało się, że w międzyczasie wyrzucono mnie ze Szkoły Teatralnej, biegałem na wiece w 1956 roku, studiowałem historię, a potem przeniosłem się na polonistykę, napisałem u Jana Kotta pracę o dramatach Przybyszewskiego, zacząłem trenować boks, najpierw w Gwardii, a potem w Kolejarzu, czyli Polonii, w hali przylegającej do wydawnictwa PIW na Foksal. A także zostałem krytykiem teatralnym.

Mój bohater z czasów Trójkąta, rotmistrz Rzeszotarski, skończył jeszcze gorzej. Zmienił się jakiś chroniący go układ milicyjno-polityczny i władza wzięła się za niego. Stracił wszystko. Jeszcze przez parę lat w starej marynareczce i wytartych spodniach uczył w szkole geografii. Potem wyskoczył przez okno z piątego piętra. W ten sam sposób pożegnał się z życiem Adam Pawlikowski, zaplątany w jakieś afery ze służbami specjalnymi i doprowadzony do obłędu. O tym sobie przypominam, kiedy ogarnia mnie nostalgia za PRL-em, czyli młodością.

A w Przybyszewskim podobało mi się, że póki był

zdrowy, silny i wykańczał swoją pierwszą żonę Dagny, kobiety w jego sztukach to były potwory i siła fatalna. Później zestarzał się, rozpił, ożenił z Jadwigą Kasprowiczową, której się bał, bo go biła. I od tej pory kobiety w jego sztukach zaczęły symbolizować szczęście, radość i wyzwolenie. Ta ludzka strona jego pisarstwa bardzo mnie ujęła.

Noc ciemna i głucha

Kiedy po raz pierwszy powiedziałem matce, że chcę pisać opowiadania, najpierw mnie przytuliła, potem gwałtownie odepchnęła i wyszła, trzaskając drzwiami. Wydawała okropne książki i bała się, że będzie musiała mnie wydawać. Oczywiście wiedziałem, że pisarzem można zostać bez studiowania. Ale chodziło o wspomnianą wcześniej armię. Osobiście nie mam nic przeciwko wojsku, ale ja już wtedy byłem zdecydowany kariery w wojsku nie robić.

Z całą pewnością to właśnie w związku z obowiązkową służbą wojskową młodzież męska z miast i wsi odczuwała silną potrzebę poszerzenia swej wiedzy i się garnęła na studia. Dla tych, którzy się nie dostali, ostatnią szansą była wojskowa komisja lekarska. Oczywiście śmiertelnie chorzy nie mieli żadnych szans na uzyskanie zwolnienia od wypełnienia patriotycznego obowiązku.

Utalentowanym symulantom czasem się to udawało. Łykano na przykład kawałek ołowiu na długiej, zaczepionej o ząb nitce, co dawało przy prześwietleniu piękną czarną plamę. Miesiącami przygotowywano się do udawania schizofrenii, depresji endogennej, głuchoty i ślepoty. Mój jeden znajomy na przykład, żeby osłabić pracę serca przed wejściem na komisję, dwadzieścia razy zbił konia. Dostał kategorię A, zemdlał za późno, dopiero po wyjściu na korytarz.

Kursuje bardzo wiele krzywdzących opinii o dwu- czy

trzyletniej obowiązkowej służbie wojskowej. Ale wiadomo przecież, że nie da się wszystkim dogodzić. Poborowi wykrzywiają się na tak zwaną falę, czyli bandytyzm, sadyzm kolegów, a zwłaszcza podoficerów zmuszających do usług erotycznych, a co gorsza, do czołgania się godzinami w trzydziestostopniowe upały w maskach gazowych, z których potem wylewa się krew. Ale przecież ujawniona liczba samobójstw w armii wcale nie jest taka znów duża. Poza tym zawsze pozostaje możliwość nieszczęśliwego wypadku na strzelnicy, w którym kapral zawodowy będzie przypadkiem trafiony. A takiej możliwości osoby gwałcone czy upokarzane na rozmaite sposoby poza wojskiem są z powodu trudności z nabyciem broni często pozbawione. Zawsze można też wejść w układ z sierżantami z zaopatrzenia i zająć się sprzedawaniem bardziej potrzebującym rozmaitych wojskowych, często atrakcyjnych towarów. Rosyjscy dowódcy, na przykład, chętnie przegrywali w Groznym bitwy czołgów, dodatkowo zawyżając straty. A uzyskane w ten sposób nadwyżki były natychmiast sprzedawane do Iranu. Nie słyszałem też nigdy, żeby zagłodzeni szeregowcy rosyjscy czekający całymi nocami pod kantynami na napitych oficerów po to, by na barana odnieść ich do koszar, narzekali na złe traktowanie. Trochę mi przykro to pisać, ale polscy żołnierze są po prostu rozpieszczeni.

Jak wiadomo, studia ograniczały możliwości kontaktu z wojskiem. W latach sześćdziesiątych raz na tydzień brało się udział w tak zwanym studium wojskowym. A pod koniec jechało się na dwumiesięczny obóz w jednostce pancernej stacjonującej w Szczecinie, po czym dostawało się stopień podchorążego rezerwy. Niektórzy studenci mieli do tego obozu stosunek nieprzychylny, skandując po każdym wieczornym apelu: „Pierwszy dzień szkolenia minął. Chuj z nim. Zostało jeszcze pięćdziesiąt dziewięć dni, o kurwa jego mać!" Ja wspominam obóz jak najlepiej.

Maszerowaliśmy i śpiewaliśmy „Kabewiaka", najbardziej hitową piosenkę poświęconą miłosnym niepokojom żołnierzy KBW, czyli Korpusu Bezpieczeństwa Wewnętrznego utworzonego w 1945 roku w celu walk z podziemiem AK-owskim, NSZ-owskim i innymi, głównie ukraińskimi. Szło to tak:

Noc ciemna i głucha i zimny wiater dmie,
A nasza kompania do boju aż się rwie.
Wiwat, niech żyje kobieta, wino, śpiew
I młodzi kabewiacy, co rozpalają krew.

On oczy miał niebieskie i włosy jasnoblond,
Ach, gdzieś go zapoznała, dziewczyno, powiedz skąd?
Tamuj na zabawie zapoznaliśmy się,
do niego, ach, do niego me serce aż się rwie.

Kapralem jego ojciec, kapralem jego brat,
A on szeregowy, co serce moje skradł...

i tak dalej, a kończyło się smutno:

Widziałem, jak bandyci kopali jemu w twarz,
Ach, dzielny kabewiaku, gdzie ty liworwer masz.
Krew zaliwała zielony jego szat
i zginął kabewiak jak polnej róży kwiat.

Z miejsca zaprzyjaźniłem się z dowódcą kompanii, majorem, który był zainteresowany objęciem stanowiska szatniarza w restauracji hotelu Bristol, o którym sporo wiedziałem. Obiecałem mu poparcie i zostałem jego ulubieńcem. Opowiedział mi parę ciekawych rzeczy o masakrze polskich pułków pod Lenino, nazywanej umownie zwycięską bitwą. Za udział w tej bitwie major został odznaczony Krzyżem Walecznych, chociaż nie brał w niej udziału. A co najważniejsze, powierzył mi pozycję dowódcy drużyny nakrywającej, dającą nieograniczoną władzę w plutonie. Tylko ode mnie zależało, komu na talerz zostanie rzucony z kotła ochłap tłuszczu, a komu kawałek mięsa. Kto zagryza połówką kartofla, a kto czterema. Major zawiadamiał mnie też lojalnie o nadchodzących alarmach.

– O trzeciej w nocy, Głowacki, macie być na zbiórce – mówił – wymyci i wyonanizowani.

W ogóle można się z nim było dogadać. Kiedyś na zajęciach powiedział:

– Woda, jak wiadomo, wrze w temperaturze dziewięćdziesięciu stopni.

Większość studentów przyjęła tę wiadomość obojętnie. Ale znalazł się jakiś kutafon, który zaprotestował, że dziewięćdziesiąt to za mało. Major, wbrew wszelkim oczekiwaniom, nie kazał go ukarać aresztem czy choćby odebraniem przepustki, tylko spokojnie powiedział:

– Chwileczkę, zaraz sprawdzimy. – Otworzył notes i przyznał: – Rzeczywiście, woda wrze w temperaturze stu stopni. Dziewięćdziesiąt stopni – to kąt prosty.

Nie ukrywał przed nami pewnych niedogodności, jakie mogą wyniknąć w czasie wojny.

– Dziś będziemy ćwiczyć jako załoga cekaemu – informował. – Załoga cekaemu w czasie bitwy żyje przeciętnie dziesięć minut.

Ja nie mówię, że wszyscy oficerowie mieli tak życzliwe i ludzkie podejście do przyszłych podoficerów. Ale też zwykła uczciwość nie pozwala mi na przypisywanie wojsku samych cech negatywnych. Chciałbym się podeprzeć opinią zaprzyjaźnionego znakomitego pisarza Juliana Stryjkowskiego, który był bardzo wysokiego zdania o morale naszej armii. Kilka lat później opowiedział mi, że spędził kiedyś godzinę w swoim mieszkaniu z kapitanem Wojska Polskiego, brunetem. Umowa była, że Julek odwdzięczy mu się sumą trzystu złotych. Ale kiedy przyszło do regulowania należności, pisarz z przerażeniem stwierdził, że ma jedynie banknot pięćsetzłotowy. Z rezygnacją wręczył go kapitanowi, który twierdził, że nie ma drobnych. Pół godziny później, kiedy Julek w ponurym nastroju wrócił do pisania powieści o Michale Aniele, w drzwiach pojawił się kapitan, wręczając mu dwieście złotych reszty. I na tym polega – powiedział mi głęboko wzruszony Julek – honor polskiego oficera.

Nie mam też wątpliwości, że kontakt z armią, umiejętność udzielenia na pytanie egzaminacyjne: „Co żołnierz je?", prawidłowej odpowiedzi: „Żołnierz je obrońcą ojczyzny", czy poprawne rozwiązanie kwestii: „Ile żołnierz ma par butów i z czego" – „Żołnierz ma dwie pary butów i z czego jedną w magazynie", albo: „Co żołnierz ma pod łóżkiem?" – „Żołnierz pod łóżkiem ma porządek", wywarło oczyszczający wpływ na mój język kształtowany przez romantyków i pozytywistów, i w domu, i na uniwersytecie.

Podobnie jak okresowe badania lekarskie, kiedy to lekarz w stopniu majora, sprawdzając, czy mam na stanie hemoroidy, komenderował: „Rozdziawcie się".

Jest jeszcze ostatnia zwrotka „Kabewiaka", która mi się właśnie przypomniała:

Dziewczęta wiły wianki z zielonej olszyny,
Koledzy wygarnęli po dwa magazyny.
Piękne miał wesele, piękny miał ślub,
Gdy go kabewiacy spuszczali w zimny grób.

Mimo tak wielu pokus postanowiłem nie wiązać się z wojskiem na dłużej. Wszystkie wezwania na kolejne obozy wyrzucałem do kosza. Kiedyś patrol przyszedł do mnie o piątej rano, ale powiedziałem: „Brat wyjechał z namiotem nad morze". Potem wyreklamował mnie tygodnik „Kultura", a potem zwolnienie lekarskie. I jakoś się odczepili.

37

Trochę boksu

Drugim sportem, który zacząłem uprawiać w czasie studiów, też z wyrachowania, był boks w klubie sportowym Gwardia. Trener Patora, mistrz czy wicemistrz Polski w wadze średniej, uznał, że mam dobry refleks i jeżeli myślę o boksie poważnie, to mogę do czegoś w życiu dojść. Myślałem poważnie, bo o ile same studia nie były trudne, to kłopoty zaczynały się wieczorem. Otóż w soboty w sali kolumnowej na wydziale historii odbywały się zabawy taneczne, do których czasem przygrywał znany mi dobrze z Hybryd zespół Melomani z legendarnym Dudusiem Matuszkiewiczem. O wdzięku zabawy decydowało to, że od czasu do czasu salę elektryzowała wiadomość: „przyjechała Wola" albo „przyjechała Praga", bo takie delegacje w liczbie mniej więcej dwudziestu zakapiorów przyjeżdżały, żeby się rozerwać. Każda grupa starała się mieć w składzie jednego karła albo garbusa. I kiedy przyciskałem w tańcu koleżankę z roku, a ona ujęta argumentacją zaczerpniętą z francuskiego filmu *Przed potopem*, w którym debiutowała Marina Vlady, o zbliżającej się zagładzie atomowej, była o krok od decyzji udania się za budynek rektoratu, gdzie pod kasztanem czekało kilka ławeczek, podbiegał karzeł, czyli leputa – jak wymawiano na Pradze liliput, i z rozbiegu kopał mnie w dupę. To w poważnym stopniu osłabiało siłę argumentacji tragicznej. Kiedy człowiek się odwracał, żeby łagodnie zwrócić uwagę karłowi na niestosowność jego zachowania, natychmiast otaczała go grupa mieszkańców Pragi i z okrzykiem „kalekie bijesz!" ujmowała się za krzywdą upośledzonego przez naturę kolegi. Mój trener, pan Patora, kładł nacisk na taktykę. Były to czasy, kiedy polska szkoła boksu, kłucie lewym prostym i szermierka na pięści, święciła triumfy na mistrzostwach Europy i olimpiadach. Patora miał krótkie ręce i na dystans był bez szans. Musiał walczyć z bliska, a kiedy już doszedł do zwarcia, precyzyjnie strzykał śliną w oko przeciwnika, a kiedy ten, nieprzyzwyczajony, zaczynał mrugać, wyprowadzał prawy sierpowy i było po walce. Kiedy po nauce dialektologii, staro-cerkiewno-słowiańskiego, gramatyki opisowej, historycznej i seminarium u Patory przychodziłem na zajęcia do sali kolumnowej, miałem tak obitą twarz, że przyjazd Pragi nie robił na mnie żadnego wrażenia. Tak zwana żulia biła nie tylko studentów. Biła każdego, kto był trochę inny albo inaczej wyglądał. Co się tak znów bardzo nie zmieniło.

W okropnie sfrustrowanym narodzie każda próba wybicia się, wychylenia, zrobienia takiej czy innej kariery budziła podejrzliwość. Kiedy piosenkarz Bohdan Łazuka w okresie swojej olbrzymiej popularności wchodził do nocnej knajpy, orkiestra zaczynała natychmiast grać jego przebój „Bogdan, trzymaj się" i wiedziała, co robi. Łazuka musiał się zaprzyjaźnić z Jerzym Kulejem, mistrzem olimpijskim w boksie, bo zawsze ktoś chciał go bić. Kuleja zresztą też. Kiedy w wypadku samochodowym zginął świetny aktor Bobek Kobiela, jakaś babina na przystanku zauważyła, że „na biednego nie trafiło". Gwiazdy filmowe też budziły głównie agresję. Może poza bohaterami *Rejsu*, Maklakiewiczem i Himilsbachem, bo wiadomo było, że są bez grosza, a Himilsbach, idąc do knajpy, wkładał każdą ze sztucznych szczęk, które nazywał klawiszami, do innej kieszeni, żeby nie zgubić obu naraz. Łagodniej traktowano też gwiazdy sportu, bo naród wiedział, że to nędzarze szmuglujący dolary w paście do zębów, a zegarki w majtkach i biustonoszach. Olbrzymi kulomiot Władysław Komar przewoził pod płaszczem na piersiach po dwie maszyny do pisania marki Olivetti, spięte na szyi skórzanym paskiem.

Oczywiście marzyło się o szczęściu, bo marzy się zawsze i wszędzie, podobnie jak nienawidzi, o czym po latach przekonałem się, spędzając dni i noce z nowojorskimi bezdomnymi. Wtedy nad Wisłą naród nienawidził głównie Rosjan, komuchów i oczywiście, co jest naturalne, Żydów, a marzył o wygranej w totka, a także o odzyskaniu wolności. No żeby się raz w życiu upić, ale tak na fest, zapomnieć o strachu przed milicją i wywrócić wszystkie pojemniki na śmiecie.

Z tych, którym się powodziło, z szacunkiem traktowano tylko i wyłącznie złodziei tak zwanego publicznego mienia, cinkciarzy przekręcających cudzoziemców na „przechód", „wajchę", „straszałkę" czy na „tomorrow", a zwłaszcza dewizowe kurwy. Bo ludzie nie mogli uwierzyć, że za takie nic płaci się w dolarach. I uważali to za dowód niższości umysłowej cudzoziemców.

W tym wszystkim, co piszę, mogę się mylić. Zaginąłem w Trójkącie Bermudzkim, miałem ograniczone spojrzenie i może nasz naród był i jest jak lawa. Ale, jak powiedział jeden producent w Paramouncie, odrzucając mi scenariusz: „Mogę się mylić, ale wolałbym mieć rację".

Historia żółwia Guru

Mój ojciec, zanim z powodów osobistych wziął się za kryminały, pisał bajki. Kilka zostało wydrukowanych, a jedna – O Warszu z Dębicy i wiślanej rusałce – miała ze cztery wydania. Najważniejszej nie skończył: historia powstania warszawskiego oglądana oczami afrykańskiego żółwia była zresztą bajką o tyle, o ile. Otóż na krótko przed powstaniem AK-owcy zdobyli niemiecki transport, który jechał sobie na wschodni front. Miała w nim być broń do zabijania Rosjan, ale kiedy zabrali się do rozsuwania drzwi, to z wagonów zamiast pancerfaustów, którym chcieli zmienić przeznaczenie i zastosować do zabijania Niemców, sypnęło się parenaście tysięcy żółwi.

Dużo później profesor Jan Kott na polonistyce uczył mnie, że groteska bierze się z zakłócenia związku między przyczyną i skutkiem. Że na przykład ktoś w czasie wojny siedzi na klozecie, pociąga za sznurek i w tym momencie w dom trafia bomba. A facet razem z klozetem i całym piętrem ląduje na parterze i patrzy na sznurek z niedowierzaniem.

W związku z tym transportem Warszawę zalała fala żółwi, a jednego ojciec przyniósł do domu i nazwał Guru. To właśnie o nim miała być ta nieskończona smutna półbajka. W czasie powstania, kiedy błyskało, huczało i się waliło, żółw właził pod łóżko, a ja za nim. Tego akurat nie pamiętam, ale tak opowiadała mama.

Za to pamiętam, że przed samym powstaniem byliśmy z matką, nianią i żółwiem na wakacjach w Chylicach. Wieczorami panie i panowie ubierali się elegancko, puszczali gramofon, tańczyli, śpiewali: „Nie lubię, nie lubię, nie lubię, nie, kto się o walcu wyraża źle...", i mówili, że się lada chwila zacznie. A ja uczyłem się jeździć na rowerze i wywracałem, bo wszędzie był piasek. Ale też nie jestem pewien, czy to pamiętam, czy tylko matka mi o tym później opowiedziała. Za to pamiętam, jak ostatniego dnia lipca powiedziała: „Wracamy do ojca", i do Warszawy podrzucili nas ciężarówką bardzo uprzejmi niemieccy żołnierze. Po drodze matka nuciła: „Bo walec to taniec taki niewinny, taki spokojny, melancholijny" – chyba ze strachu, podczas gdy niania się modliła, a Niemcy śpiewali coś innego. Ojca w domu nie było i nie wrócił na noc, więc matka była wściekła. Ale już rok później ojciec się wytłumaczył, że nie miał złych intencji, tylko był na powstańczej zbiórce.

Samo powstanie się dla mnie zaczęło tak, że następnego dnia usłyszeliśmy strzały. Mieszkaliśmy na Mokotowie i pamiętam, jak niania Todzia mnie podniosła do okna, które wychodziło na skwerek, a po skwerku biegali powstańcy, chowali się za kolumienki i strzelali w okna koszar naprzeciwko. A Niemcy walili do nich z tych okien. To byli wtedy wszystko Niemcy; dopiero kiedy już byłem w szkole, Niemcy zniknęli zupełnie, a powstał tajemniczy naród – naziści. Z niego potem powstali neonaziści, neohitlerowcy i odwetowcy, którzy sąsiadowali z naszymi przyjaciółmi zza rzeki Odry. Jedni i drudzy mówili po niemiecku.

Nie pamiętam, czy ci powstańcy koszary zdobyli, czy nie. Jeżeli tak, to nie wiem, jakim cudem, bo to na pewno pamiętam, że mieli głównie rewolwery. A zobaczyć mi się nie udało, bo matka wpadła do pokoju i kazała niani odstawić mnie na podłogę, niby że to nie jest do oglądania dla dzieci. I byłem zazdrosny, że to jest tylko dla dorosłych.

A potem albo pamiętam, albo wiem, że zaczęliśmy przegrywać, powstańcy się cofali, a Niemcy palili dom po domu i rozstrzeliwali tych, co nie uciekli. A część z tych uciekających uciekła właśnie do naszego domu, który stał przy ulicy Madalińskiego, w dużym ogrodzie. Głównie to były samotne kobiety i jedna pani z psem. Pamiętam, że pies był kudłaty. Bardzo chciał się bawić z żółwiem, który go nie lubił, bo pies odwracał go do góry brzuchem. Więc Guru leżał na plecach i tylko przebierał łapami, a gdyby nie ja, toby się w ogóle nie podniósł. Ale pies miał jeszcze gorzej. Chodziło o to, że jak każdy pies chciał szczekać. A to mogło przyciągnąć Niemców, którzy zabijali i palili coraz bliżej. Podobno wszyscy wiedzieli, że z naszego domu już dawno trzeba było uciec, ale się przegapiło moment i teraz Niemcy byli już nie tylko z przodu, ale z tyłu i po bokach. Dlatego jedyna nadzieja była w tym, że oni nasz dom, który stał w dużym ogrodzie, jako pusty ominą. I stąd się wzięła sprawa psa. Bez pytania zawijano mu pysk szmatami i on o mało nie zwariował, a jego pani też. Wynikały z tego straszne awantury szeptem, także o to, czy można go w nocy wyrzucać z parteru przez okno, żeby chwilę pobiegał i się poza domem załatwił, czy to za duże ryzyko.

Jednego dnia, kiedy już Niemców było z daleka widać, cztery osoby nagle zaczęły biec przez ogród w stronę naszego domu. Z przodu biegły trzy panie, a na końcu wysoki pan. Machaliśmy do nich z okien, żeby nie biegli, bo ściągną Niemców. Ale gdzie tam, te trzy pierwsze panie dobiegły, tylko ten czwarty pan nie, bo go Niemcy trafili serią. I to pamiętam bez żadnej pomocy, jak on rozkrzyżował ręce i upadł twarzą do przodu. Zapanowała ogólna radość, bo to, że Niemcy zastrzelili wyłącznie tego pana, uznano za dobry znak. Bo kto wie, czy to by nie mogło oznaczać, że Niemcy do pań nie strzelają. Ale radość trwała krótko. Bo trzy panie, które dobiegły, czyli bardziej doświadczone, także i ta, której męża właśnie zastrzelili, rozwiały te nadzieje, mówiąc, że na własne oczy widziały, jak strzelają też i do kobiet, a co do dzieci, to raz tak, raz nie. Moja matka uwierzyła, bo na boku zaczęła mi tłumaczyć, gdzie mam iść i jak szukać tatusia, który gdzieś tam walczył, po tym, jak ją już rozstrzelają.

I to pamiętam bez pomocy, że zacząłem ją prosić, żeby się nie dała zastrzelić. A podobno cieszył się już tylko pies, któremu dali spokój. Nie pamiętam też i tego, jak w nocy, po ciemku, przyszedł do nas oficer z AK, którego żona się z nami chowała, i powiedział, że jest możliwość przez ten skwerek się przekraść na polską stronę, która jeszcze wtedy była. I że on zabierze żonę, a kto chce, może z nim iść i też spróbować. Tylko żadnych walizek. I matka jako jedyna powiedziała: idziemy. Pobiegła tylko na górę zabrać jakieś pieniądze albo biżuterię. Ale nic nie znalazła.

To się wyjaśniło potem w nieskończonej bajce ojca. Bo on, spodziewając się powstania, wszystko co cenne schował w malutkiej walizeczce, potem schował tę walizeczkę tak dobrze, jak umiał. Nie zdążył powiedzieć gdzie, i mama, mimo że w pokoju było jasno, bo niedaleko paliły się domy, nic nie znalazła. Więc wzięła tylko torebkę, a ja żółwia i po kryjomu wyszliśmy, i do tej pory nie wiem, co się stało z paniami i z psem. Ale pamiętam, jak przeczołgaliśmy się najpierw koło tego zastrzelonego, a potem koło zupełnie spalonego na czarny kolor. Potem się rozstaliśmy z oficerem i czołgali na własną rękę przez Królikarnię, gdzie nas jakiś zdenerwowany powstaniec chciał rozstrzelać jako niemieckich szpiegów i już ustawił pod ścianą, ale potem zmienił zdanie. I też pamiętam, że leżeliśmy z mamą na polu łubinu koło szosy, po której jeździł czołg i strzelał, a my czekaliśmy, aż się zrobi dla czołgu za późno.

Słońce paliło, a zapach łubinu nas tak długo dusił, że ja go do tej pory unikam. I wtedy moja mama pierwszy raz zaczęła żałować. Chodziło jej o to, że ponieważ mój tata był blisko spokrewniony z mocno arystokratyczną rodziną węgierską i jego matka się z domu nazywała Berta Lechoczky de Kilary Lechota, można było w czasie okupacji dostać węgierskie paszporty. A w takim wypadku i my oboje, i mój tata, i nawet mamy tata, którego już Niemcy rozstrzelali, mógłby sobie żyć a żyć, a tak to go nigdy w życiu nie zobaczyłem. I tylko się potem dowiedziałem, że to był Bronisław Rudzki. Miał przedstawicielstwo firmy płytowej Columbia na Polskę, sklep z instrumentami muzycznymi na Marszałkowskiej i się snobował na artystów oraz polityków. Matka była z niego dumna, bo miał jak na tamte czasy pomysły całkiem rewolucyjne. Kilku sławnych pisarzy, chociażby Stefan Żeromski, nagrało u niego na płyty swoje opowiadania. Ale wszystko spłonęło w powstaniu. Przy pomocy pułkownika Sławka namówił też marszałka Piłsudskiego, żeby nagrał u niego swoje dwa przemówienia: o śmiechu i do dzieci. Te płyty cudem ocalały i są w bibliotece w Yale, i ja się o tym, jak w Yale szła moja sztuka, pięćdziesiąt lat później osobiście przekonałem. Ten dziadek w czasie okupacji wpadł w łapankę i go jako zakładnika zamknęli na Pawiaku. Matka świetnie znała niemiecki, więc najpierw chodziła na gestapo, błagając, żeby go zwolnili; a kiedy gestapo się nie dało wzruszyć, to próbowała go wykupić przez polskiego pośrednika, człowieka z tak zwanego towarzystwa. Ciągle płaciła i płaciła, aż zaprzyjaźniony jasnowidz Ossowiecki powiedział, żeby przestała, bo jej ojciec już dawno jest rozstrzelany.

Ten człowiek z towarzystwa został potem funkcjonariuszem wysokim w ZBoWiD-zie, bo udowodnił, że był czystą jak łza konspiracyjną wtyczką. Matka chciała nawet na niego naskarżyć, ale potem machnęła ręką, że co to ma za znaczenie, jeżeli jest tyle nieszczęść dookoła. Ojciec niby przyznał jej rację, ale jednak nigdy się do ZBoWiD-u nie zgłosił, nawet kiedy już tych z AK przyjmowali. A co do rodziny węgierskiej, to sobie spokojnie przeżyła. Jej część sprowadziła się nawet do Polski i mamy wspólny grobowiec na cmentarzu ewangelicko-augsburskim. Ja akurat za tą rodziną nie przepadałem. Napisałem o niej coś złośliwego w opowiadaniu *Kongo na Kubusia Puchatka*, w związku z czym zostałem karnie z grobowca usunięty i po śmierci będę bezdomny.

Ale wracając do tego, czego nie pamiętam, to ten czołg ciągle jeździł i strzelał, a my oboje zasnęliśmy. I obudziła nas już po ciemku krzątanina. Okazało się, że poza nami w łubinie leżało i czekało pełno ludzi, którzy teraz, kiedy czołg odjechał, biegli w stronę szosy.

Najgorsze było, że żółw wyraźnie się obudził przed nami; gdzieś sobie poszedł i się zgubił. Ja bez żółwia nie chciałem iść, więc go szukaliśmy i nawet wypytywaliśmy ludzi, ale nikt nie miał do niego głowy. I tak go na zawsze straciłem z oczu, bo matka złapała mnie za rękę i pociągnęła na szosę. Szliśmy i szliśmy w stronę Piaseczna, w całym tłumie ludzi zapłakanych, zakurzonych albo pokrwawionych.

I to sobie dokładnie przypomniałem jedenastego września 2001 roku, kiedy w Nowym Jorku patrzyłem na taki sam tłum, który uciekał z Manhattanu przez Brooklyn Bridge i się oglądał na płonące wieże, tak jak my wszyscy wtedy na Warszawę. Ale to już jest z innej opowieści. Bo ta niedokończona przez ojca miała się skończyć na polu łubinu, kiedy żółw Guru na dobre zaginął.

N.Y.C.

W rok po przyjeździe do Ameryki ustawiłem się w kolejce po zniżkowe bilety do teatrów na Broadwayu. Trochę mnie dziwiło, że na afiszach nie widzę nazwisk wielkich amerykańskich dramaturgów. Ale się pocieszyłem, że świat poszedł naprzód, a teatr razem z nim. Obejrzałem kilkanaście sztuk z należytym szacunkiem, pomyślałem, że Amerykanie na pewno wiedzą, co robią, tyle że jak na razie Broadway jest nie dla mnie, i zacząłem szukać kontaktu z teatrami na off. Wysyłałem do agentów i producentów kopie entuzjastycznych recenzji z Londynu i tekst *Kopciucha*. I się zaczęło.

Mam taką ulubioną scenę w *Sobowtórze* Dostojewskiego, w której radca tytularny Goladkin przeżywa piekło upokorzeń, zastanawiając się, czy próbować się wkraść przez kuchnię na przyjęcie, na które nie chcą go wpuścić od frontu. No to tak wyglądał mój dzień w Nowym Jorku przez pierwszych parę lat. Kiedy się skarżyłem nowojorczykom, nie wiedzieli, o co chodzi. Wiadomo, jest ciężko, tłok i trzeba włazić za wszelką cenę. Wyrzucą cię drzwiami, wracasz oknem. Wlazłeś, znaczy wygrałeś. No to zacząłem włazić.

W tydzień po wysłaniu sztuki i recenzji dzwoniłem do producentów. Sekretarki prosiły, żebym przeliterował nazwisko, więc literowałem: G-L-O-W-A… itd. Dobrze, szef zaraz do pana oddzwoni, zapewniały. Czekałem godzinę, dwie, trzy, bojąc się iść do ubikacji. I gdzieś tak po dwóch, trzech dniach czekania, bo nie chciałem się wydać nachalny, znów dzwoniłem. Rozmowa była taka sama: „Proszę przeliterować... zaraz oddzwoni". I znów czekałem przy telefonie głodny, bo bałem się wyjść, żeby nie przegapić.

Wiedziałem, że gdzieś całkiem niedaleko są te wszystkie teatry, domy wydawnicze, studia filmowe, ale nic mi to nie pomagało. A przez okno słyszałem bezlitosną sambę, bo górny koniec Manhattanu to dzielnica mocno portorykańska.

W tym czasie miałem pełno telefonów. Dzwonili głównie polscy artyści z Nowego Jorku, przede wszystkim malarze i graficy, i opowiadali mi o swoich sukcesach, a ja opowiadałem im o swoich. Że mają wyjątkowe szczęście, że mnie akurat zastali, bo ja się po całych dniach spotykam z agentami literackimi i producentami. Że w świetnym teatrze chcą mi wystawić *Kopciucha*. A oni opowiadali o przygotowywanej wystawie w Museum of Modern Art. I że ktoś chce kupić ich obrazy, ale wszystkie, i zastanawiają się, czy sprzedać, bo po wystawie i świetnych recenzjach wiadomo, że pójdą w górę. Radziłem, żeby nie sprzedawali, a oni radzili, żebym był ostrożny i sobie zastrzegł w kontrakcie prawo wybrania reżysera i aktorów. Obiecywałem, że będę twardy w negocjacjach, a oni obiecywali, że nie sprzedadzą. I wracaliśmy do czekania.

Rzecz jasna nie wierzyliśmy sobie ani przez chwilę, ale jakoś to nas na duchu podnosiło. Bo nie jest łatwo się przyznać do klęski i do tego, że nikt nas nie chce. Oczywiście nie przesadzajmy, zawsze mogłem za resztę pieniędzy kupić bilet, wsiąść w samolot i wrócić. PRL to nie Związek Radziecki, a ja to nie Adam Michnik, takiej znów wielkiej krzywdy by mi nie zrobili. Ale przez cały czas w „Trybunie Ludu" i innych takich samych gazetach szły artykuły, że już zaraz współczucie świata dla nas się skończy, stypendia też – jak na razie poza trzema setkami od

Giedroycia to ja nic nie dostałem – i się wrócimy „jak żurawie", napisała pani docent Krzywobłocka w „Walce Młodych". Wrócimy i się będziemy prosić i przepraszać.

Poza tym wrócić to by znaczyło sprawić przyjemność przyjaciołom, którzy z politowaniem wzruszali ramionami i mówili po kawiarniach – a takie słowa zawsze za ocean docierają – że czego takie zera jak Olbiński czy Dudziński, Czeczot albo Głowacki szukają w Ameryce. I tym krytykom, którzy zdecydowali, że ja tylko i wyłącznie o bananowcach umiem napisać. A ostatnio mieli żal, że zamieniłem gorzki chleb polski na łatwy amerykański. Z takich to przygnębiająco niskich pobudek postanowiłem zostać i się męczyć, po cichu licząc, że a nuż który moralista ulegnie za moim przykładem pokusie. Przyjedzie i ten łatwy chleb spróbuje ugryźć. Chociaż się bałem, że moralistom lepiej pójdzie, bo Dostojewski napisał, że jeszcze nie spotkał moralisty, któremu by się źle powodziło.

Tych ostatnich parę zdań przepisałem z dziennika, co to go prowadziłem w końcu 1983 roku, kiedy byłem człowiekiem i zgorzkniałym, i rozczarowanym. Ale wtedy musiałem pisanie przerwać, bo akurat zadzwonił malarz Jan Sawka, że zaproponowano mu wystawę w Muzeum Guggenheima, a ja odpowiedziałem, że zaniosłem opowiadanie do „New Yorkera", Norman Mailer je przeczytał i się zachwycił. Odłożyliśmy słuchawki, obaj się uśmieliśmy do łez ze swoich kłamstw i wróciliśmy do czekania.

Tak naprawdę – to ja żadnego dziennika nigdy nie prowadziłem i piszę wszystko teraz, kiedy piszę. Tak jak każdy poważny pisarz, który się przysięga, że wydaje dzienniki niepoprawione. Chyba że umrze nagle i niespodziewanie tak jak wiele lat później mój biedny kolega Krzysztof Mętrak, któremu wydano te jego zapiski naprawdę nietknięte. A w nich parę uwag takich, że jak je czytałem, to wytrzeszczałem oczy. Bo ścigaliśmy wspólnie reżysera Porębę, aktora Filipskiego i innych aberracyjnych narodowców. Ale nigdy przez te wszystkie lata bliskiej znajomości przez jego teksty nie przemknął nawet cień niechęci do osób nie do końca z narodem polskim związanych, jak często pisano w PRL-u, żeby ominąć nieprzyjemne słowo – Żyd.

To mi znów przypomniało, że pierwszym rosyjskim pisarzem, jakiego poznałem osobiście w barku hotelu Bristol, był nominowany do Nagrody Leninowskiej Gieorgij Gulia. Z miejsca się przyznał, że go bardzo interesuje literatura polska, a w niej problem, kto jest Żydem, a kto tylko pedałem.

– Brandys – powiedział – to na przykład jewrej.

– Nie – dezinformowałem – on homoseksualist.

Zdziwił się, ale pytał dalej:

– A Andrzejewski eto homoseksualist?

– Nie, on jewrej – kłamałem dalej. Nominowany pisarz popatrzył na mnie podejrzliwie, ale po następnej secie nabrał zaufania, posmutniał i poprosił, żebym mu pomógł kupić prezerwatywy.

– Dla mienia i dla towariszczej, bo prezerwatywy u nas w Moskwie są jak opony ciężarówek.

Wtedy sobie pomyślałem, że to może jednak jest i pisarz.

Natomiast z Normanem Mailerem to oczywiście, że było kłamstwo, ale nie do końca. Bo raz zebrałem się na odwagę i z przetłumaczonym krótkim opowiadaniem wybrałem się do „New Yorkera", którego redakcja zajmuje jedno piętro w średnim wieżowcu na Czterdziestej Trzeciej ulicy zaraz koło Broadwayu. Kiedy na parterze się rozglądałem, do której wsiąść windy, zobaczyłem właśnie Mailera, domyśliłem się, skąd idzie, i podszedłem, żeby się spytać. Powiedziałem:

– Bardzo przepraszam, czy pan mógłby…

A on mi w tym miejscu przerwał i powiedział:

– Nie ma problemu – i złożył autograf na maszynopisie, który trzymałem w ręku.

Trochę o upokorzeniach

Kiedyś napisałem, że nic tak dobrze nie robi pisarzowi jak upokorzenie. Oczywiście są tego samego upokorzenia rozmaite odcienie, w których też trzeba się umieć połapać. Zaraz po przyjeździe znajomy operator zaprosił mnie na premierę filmu. Przed wejściem do kina Ziegfeld w Nowym Jorku rozłożony był czerwony dywan i kamerzyści z dziesięciu telewizji czekali na gwiazdy. Paręnaście kroków wcześniej jakiś facet przyglądał się wchodzącym i kiedy go mijali, krzyczał: „Nobody, nobody!". Chodziło o to, żeby przypadkiem ci z telewizji nie zmarnowali taśmy na nieważnych ludzi. Otóż zauważyłem, że wszyscy fakt, że są nikim, przyjmowali z pełnym zrozumienia życzliwym uśmiechem. Czyli że to w ogóle nie była żadna przykrość, a już w żadnym wypadku upokorzenie.

Szybko też przyuważyłem, że Amerykanie bardzo lubią kogoś wynieść w górę, a później zepchnąć z powrotem. Przekonało się o tym wielu artystów, a wśród nich paru Polaków. Nad Wisłą zresztą tę pierwszą fazę wynoszenia zwykle się pomija.

Ostatnie sztuki Tennessee Williamsa zostały przez krytyków w Nowym Jorku zmasakrowane. I raz pod koniec lat sześćdziesiątych, kiedy homoseksualizm był jeszcze źle w Ameryce widziany, Williams spacerował sobie z kochankiem na Key West, czyli samym końcu cypelka Florydy. Nagle z krzaków wyskoczyło kilku facetów i ich pobiło.

– Jak myślisz, co to byli za ludzie? – zapytał kochanek dramaturga.

– Oczywiście, że nowojorscy krytycy teatralni – odpowiedział Williams.

Francisa Scotta Fitzgeralda obwołano w końcu lat dwudziestych cudownym dzieckiem literatury amerykańskiej. Za opowiadania płacono mu tysiące dolarów, a fotografie jego i jego pięknej żony Zeldy, uznanych jeżeli nie za pierwszą, to drugą parę Ameryki, ozdabiały okładki najbardziej eleganckich magazynów. W kilkanaście lat później zapity i ogólnie lekceważony Fitzgerald znalazł się w biedzie i mając czterdzieści cztery lata, umarł – jak wynika z jego notatek – z dużą ulgą, że już nie musi się martwić o pieniądze.

Cztery lata później w pożarze szpitala psychiatrycznego spłonęła piękna Zelda. Przed śmiercią, żeby coś zarobić, próbowała sprzedać listy i rękopisy męża Uniwersytetowi w Princeton. Odpowiedziano jej, że biblioteka nie jest zainteresowana twórczością trzeciorzędnego pisarza, chociaż miał szczęście studiować przez rok na eleganckim uniwersytecie.

A tu proszę. W 2002 roku grupa najwybitniejszych amerykańskich ekspertów od literatury wytypowała dla magazynu „Book" sto najwspanialszych postaci literackich w amerykańskiej literaturze XX wieku. No i pierwsze miejsce zdecydowanie zajął biedny chłopak zakochany w bogatej dziewczynie, czyli wielki Gatsby. Gatsby nie ma złudzeń. Wie, że może zdobyć miłość bogaczki tylko za pomocą wielkich pieniędzy, i wie, że takich pieniędzy nie da się zarobić uczciwie. A więc z najczystszych, romantycznych pobudek rzuca się w wir brudnych interesów. Zostaje bogaczem, ale kończy tragicznie. W całej książce kolorem głównym jest zieleń. Ze swojej wspaniałej rezydencji nad zatoką Gatsby obserwuje przebłyskujące przez mgłę zielone światła na przystani eleganckiego domu ukochanej, która w tym czasie bogato wyszła za mąż. Ta zieleń to dolary oczywiście. I czy to nie wzruszające, że w epoce wielkich oszustw i przekrętów Amerykanie potraktowali ze zrozumieniem romantycznego marzyciela, który teraz byłby zapewne specjalizującym się w przekrętach wiceprezydentem Enronu, WorldComu czy Tyco International?

Dla porządku informuję, że drugie miejsce na liście zajął chłopiec-uciekinier z *Buszującego w zbożu*. Upokorzenia są małe, większe i nie do zniesienia. Najbardziej upokorzonym z upokorzonych bohaterów literackich wydaje mi się wymyślony przez Henryka Manna profesor Unrat. Z książki zrobił się później sławny film *Błękitny anioł* z Marleną Dietrich i Emilem Janningsem. Oglądając go, warto wiedzieć, że pozycja profesora w niemieckim gimnazjum to było naprawdę coś. I nie należy jej mylić z sytuacją polskich nauczycieli, zwłaszcza w małych miasteczkach czy wioskach, w których profesorowie po zakończeniu lekcji dorabiają malowaniem płotów u rodziców co bogatszych uczniów.

Zwykle w literaturze gorszej, a i czasem lepszej, to kobieta z tak zwanego dobrego domu zakochuje się w poruczniku huzarów, malarzu, oszuście albo cyrkowcu i się marnuje. W *Błękitnym aniele* to pedantyczny, nieśmiały i dziewiczy starszy profesor porażony miłością do szansonistki decyduje się na krok szaleńczy, rzuca gimnazjum i przyłącza do mocno podejrzanej wędrownej trupy.

Oczywiście nie można tak sobie bezkarnie ulegać namiętnościom. I my, twardziele, im nie ulegamy. Tyle że jeżeli mamy siłę im nie ulec, to można podejrzewać, że nie mieliśmy do czynienia z namiętnością. Profesor uległ. Poślubia szansonistkę i za chwilę jako żałosny strzęp człowieka jest zmuszony do występowania na scenie w roli klowna-koguta. Dyrektor trupy – iluzjonista, rozbija mu na łysej głowie wyczarowane skądś tam jajko, a profesor wywija rękami jak skrzydłami i pieje jak kogut.

A potem przychodzi upokorzenie najstraszniejsze. Trupa przyjeżdża do miasta, w którym w czasach świetności profesor uczył. I oczywiście salę wypełniają jego koledzy i uczniowie. Wypchnięty siłą na scenę profesor-klown widzi jeszcze, jak za kulisami tandetny aktorzyna obmacuje jego żonę. I tu granica upokorzenia jest już przekroczona. Profesor wariuje i rzuca się za kulisy, żeby zabić. Tej samej nocy resztką sił dowleka się do swojego dawnego gimnazjum i umiera. A Marlena śpiewa dalej: „Ja jestem tylko po to, żebyś kochał mnie".

Sukces *Błękitnego anioła* w czasie wielkiej ucieczki niemieckich pisarzy przed nazizmem zaprowadził Henryka Manna do Los Angeles. Pisarz zresztą nie miał wątpliwości, że ten okrutny film o upokorzeniach zawdzięcza swój sukces nogom Marleny Dietrich.

No i jeszcze troszkę o upokorzeniach malutkich, takich jak to moje czekanie na telefony dużych i wielkich, wymyślonych i rzeczywistych. No więc tragiczna maska profesora Unrata wczepionego po śmierci w pulpit katedry, straszna, nabiegła krwią twarz upokarzanego na oczach całego świata jednego z najlepszych prezydentów amerykańskich, Billa Clintona. Pokazywana w telewizji w takim zbliżeniu, w jakim oglądaliśmy na wielkim ekranie Hamleta granego przez Oliviera. Oczywiście żeby upokorzenie nabrało odpowiedniego smaku, powinno być poprzedzone wzlotem w górę, szczęściem albo sukcesem. Ktoś upokorzony tak jak Łagodna Dostojewskiego od dziecka może się nawet w tym nie zorientować. Ale Dostojewski to już dobrze wiedział, o czym pisze.

Po oszałamiającym sukcesie *Biednych ludzi*, kiedy to Panajew i Turgieniew budzą go w nocy, żeby pogratulować, a sam Bieliński, wyrocznia w dziedzinie literatury, ściska mu rękę, nazywając nowym Gogolem – cios. „Nabraliśmy się na tego Dostojewskiego", orzeka w rok później Bieliński, „to zupełne zero". Inni pisarze posłusznie opinię powtarzają.

Dostojewski po nocnej wizycie, kiedy mu gratulowano, już się nie położył. Do rana chodził po pokoju. Można przypuszczać, że później, kiedy okazano mu lekceważenie, też nie spał i też chodził. Tak jak bohater jego *Notatek z podziemia*, który chodzeniem od ściany do ściany zasłania się przed okazywaną mu w restauracji pogardą. Tak samo przed klęską na balu w Buenos Aires broni się niezależnym chodzeniem Gombrowicz w *Trans-Atlantyku*.

Gombrowicz o upokorzeniach wiedział niewiele mniej niż Dostojewski. Wielki pisarz zanurzony jest w nich po szyję i zazdrości innym nie tylko młodości. I niewiele pomaga mu wyszukiwanie arystokratycznych przodków. Piekło, które przeżywa, kiedy w Argentynie nie zaproszono go na międzynarodową sesję Pen Clubu. Panika, kiedy Marek Hłasko ucieka za granicę. Bo a nuż młody gniewny odciągnie od niego tę odrobinę uwagi, którą wreszcie świat zaczął mu poświęcać. Tryskające czystą jak łza zawiścią szyderstwa z prawie ślepego Borgesa, który pod opieką starej matki wyrusza w podróż po europejskich sympozjach. Bo a nuż przyniesie mu to Nagrodę Nobla.

Bohater *Notatek z podziemia*, człowieczek malutki i brzydki, zapłonął dziką miłością do przystojnego oficera, który raz w restauracji odstawił go na bok jak stojące na drodze krzesło. Ach, gdyby jeszcze wyrzucił przez okno…

Przesunięty pod kinem na koniec kolejki przez przystojnego mecenasa Kraykowskiego bohater Gombrowicza też odpowiada na upokorzenie wybuchem masochistycznej miłości. Na koniec wydaje polecenie, aby po śmierci odesłano jego ciało na adres mecenasa.

Trudno sobie wyobrazić dwóch bardziej różnych pisarzy niż Gombrowicz ze swoim pustym niebem i Dostojewski z niebem zatłoczonym nie do wytrzymania. A tu proszę, upokorzeni trzymają się razem. Ja się nie upieram, że polski geniusz był z początku lekuchno pod wpływem rosyjskiego. Chociaż wpływ Dostojewskiego nie jest najgorszy. Każdy jest pod czyimś wpływem. Dostojewski był na początku pod wpływem Gogola. Ja ostatnio przeczytałem, że jestem pod wpływem Antoniego Libery.

Upokarzający i upokorzeni. Co czuł Bułhakow, kiedy załamany i chory napisał *Batumi*, słodką sztukę o Stalinie? A Stalin tej sztuki nie pozwolił wystawić, mrucząc podobno pogardliwie: „Nie wiedziałem, że to taka swołocz".

Domyślam się, co czuli członkowie politbiura na jednej z pijatyk, które Chruszczow uświetniał popisami choreograficznymi; kiedy Stalin polecił im rozebrać się do naga, a potem powiedział: „Takie paskudztwo rządzi światem".

Myślę, że wiem, o czym myśleli rzymscy senatorowie, kiedy Tyberiusz rzucił im pamiętne zdanie: „Mali ludzie głowy pod jarzmo nieść gotowi". I co czuli, obradując wspólnie z koniem Kaliguli w senacie. Podejrzewam, że cesarz niemiecki klęczący pod Canossą z najwyższym trudem tłumił nienawiść, pocieszając się, że jeszcze się odwinie i papieżowi przyłoży. Zresztą o mało mu się to nie udało. Jeżeli jest szansa na rewanż, odwet, zemstę, to wiele można znieść.

Wolę nie myśleć, co czuł Henryk Mann, kiedy dogonił go los jego bohatera. I kiedy krążył po Los Angeles taksówką, próbując uratować swoją młodą, piękną, ciągle zdradzającą go żonę, która w końcu po pijanemu połknęła parę fiolek proszków nasennych. I wszystkie szpitale odmawiały przyjęcia zarzyganej, umierającej kobiety nieznanego starego człowieka mówiącego po angielsku z akcentem. Bo Henryk Mann nie miał gotówki, a w wiarygodność jego czeków nikt nie wierzył. I w końcu ona umarła w taksówce hollywoodzkiej, tak jak w nowojorskiej umarł wynędzniały i zagłodzony Bartók.

Ale to jest ta chwila, kiedy upokorzenie nasiąka rozpaczą, a potem zostaje już sama rozpacz.

Ermenegildo Zegna

Dostojewski napisał, że marzenia się zawsze spełniają, ale często w zdeformowanej postaci i się je niekoniecznie rozpoznaje. Moja matka od wybuchu powstania marzyła, żeby ojciec się znalazł. Więc on się po wojnie znalazł, i to nie tylko sam, ale także z panią Jadzią i zupełnie nowym moim przyrodnim bratem Krzysiem. Ojciec jako okoliczności łagodzące wymienił wojnę, zbrodnie niemieckie i obozy koncentracyjne, ale matka zażądała rozwodu. Na to znów ojciec się nie zgodził, pani Jadzia wyjechała z Krzysiem do Paryża, a ja o tym, że mam półbrata, dowiedziałem się piętnaście lat później, bo była to pilnie strzeżona tajemnica rodzinna.

Na razie matka, a ja z nią, pojechaliśmy do Warszawy na Madalińskiego kopać w gruzach naszego spalonego domu. Chodziło o walizeczkę z biżuterią. Ojciec też przyjechał i kopali razem, ale osobno, a ja zapamiętałem pomalowaną na niebiesko ścianę w moim dawnym pokoju na pierwszym piętrze, która sterczała z kupy gruzów, po których sobie biegałem. Dookoła kopali sąsiedzi, ci co ocaleli, na zmianę z ocalałymi złodziejami. Złodzieje kopali też na cmentarzach, rozwalając co lepsze grobowce, wyciągając szkielety i pozbawiając je złotych zębów oraz innych zbędnych ozdób. Nasz grób na cmentarzu ewangelicko-augsburskim też był rozbity i dzięki temu zobaczyłem pierwszy raz swojego dziadka, Walerego Głowackiego. Przenocowaliśmy u znajomych na Pradze, a kiedy wróciliśmy następnego dnia, w naszych ruinach kopali już inni ludzie. Ojciec chciał się z nimi bić, ale matka uznała, że to wszystko nie ma sensu, i wróciliśmy do Łodzi, to znaczy ja z matką, bo w Łodzi matka wykombinowała jakieś stare mieszkanie do spółki z jeszcze jedną rodziną. Wieczorami wstawialiśmy wszystkie cztery nogi łóżka do osobnych garnków z wodą, żeby się odciąć od pluskiew, ale one i tak nocą wyłaziły spod tapet i wymyśliły to tak, że na nas z sufitu spadały.

Matka ciągle chciała się rozwieść, a ojciec dalej nie rezygnował. Przyjechał za nami i wynajął mieszkanie obok. Matka miała świat uporządkowany i żadna wojna ani pluskwy nie mogły tego zmienić. Zupełnie nie do pojęcia była dla niej czyjaś nieuczciwość albo nielojalność. Nie miała nigdy też problemów z podejmowaniem właściwych decyzji, a ja, niestety, odziedziczyłem charakter po ojcu.

W końcu dała się jednak przebłagać i zamieszkaliśmy wspólnie w tej Łodzi na ulicy Piotrkowskiej 73, też z pluskwami, ale za to niedaleko Grand Hotelu i razem z gosposią Martą. Bo zaraz po wojnie panowały jeszcze przedwojenne zwyczaje i mimo że byliśmy w biedzie, jednak obowiązkowo trzeba było mieć kogoś, kto i sprząta, i gotuje. Pani Marta nie szanowała nas w ogóle. Zresztą jak nas miała szanować, kiedy matka zawsze przed pierwszym pożyczała od niej pieniądze. Ile razy wchodziłem do kuchni, żeby coś zjeść, Marta krzyczała: „Tylko by żarły i żarły, a pieniędzy nie dają!". A kiedyś nawet rzuciła we mnie nożem. Ojciec zaczął na razie pracować jako dyrektor w jakiejś odzieżowej fabryce i pisał tę swoją półbajkę o żółwiu Guru, a matka ze znajomą sprzed wojny otworzyła sklepik z ciastkami i owocami. Matka bajek nie znosiła, ale raz zakupiła ze wspólniczką za dużo owoców. Porzeczki i wiśnie zaczęły się psuć, więc rozłożyły je na podłodze w sklepie i klęcząc przez całą noc, przebierały, wyrzucając zgniłe, tak że *Kopciuszek* ją jednak dogonił. Długo ten sklepik nie przetrwał, bo państwo przyłożyło im jakiś domiar jako prywatnej inicjatywie i się skończyły dla mnie darmowe eklerki.

Potem matka otworzyła z inną znajomą sprzed wojny, też na Piotrkowskiej, bliziutko placu Wolności, sklepik z damskimi ciuchami i wymyśliła nazwę Telimena. Sklepik szedł dobrze, ale matka okropnie się wstydziła, że handluje ciuchami. Owszem, w czasie wojny jeździła na szmugiel, żeby przeżyć tak jak wszyscy, ale teraz... W końcu kończyła filozofię i polonistykę, zdawała egzaminy u profesorów Kleinera i Kriedla. Padła ofiarą literatury francuskiej i wykazała zupełny brak wyczucia, jeśli idzie o kierunek, w którym będzie się rozwijać ludzkość, a z nią kultura.

W ogóle, na przykład, nie mogło jej przyjść do głowy, że Salvador Dali za największego artystę XX wieku uzna Yves'a Saint-Laurenta. Albo że nad głównym wejściem do Metropolitan Museum w Nowym Jorku zawiśnie ogromny billboard reklamujący wystawę Gianniego Versace, a po bokach dużo mniejsze – Degasa i Filippina Lippi, i zupełnie malutki – z Picassem, oraz że tylko na Versacego ustawi się ogromna kolejka, a kobiety i mężczyźni będą płakać przed szklanymi gablotami, bo wystawiano w nich suknie, które nosiła lady Diana. Albo że na przykład nowojorski krytyk mody nazwie nową Kaplicą Sykstyńską gigantyczny billboard, na którym sławny model Antonio Sabato Jr., piękny i nagi poza obcisłymi majtkami Calvina Kleina, będzie z zadumą spoglądał na Times Square. I że kiedy tenże Sabato będzie składał na majtkach autografy, na godzinę zamrze ruch na Manhattanie. Ale trudno, sławna wróżka powiedziała mi, że każdy człowiek ma w życiu parę szans i albo je wykorzysta, albo nie. Matka wybrała bez sensu, wycofała się z biznesu. I co najgorsze, nigdy tego nie żałowała.

Myślałem o tym z żalem całkiem niedawno, kiedy na placu Trzech Krzyży otworzył swój elegancki butik designer Ermenegildo Zegna. A na wystawie kusiło do zakupów wielkie czarno-białe zdjęcie Brody'ego ubranego znacznie lepiej niż w filmie Polańskiego *Pianista* o ukrywającym się w Warszawie w czasie niemieckiej okupacji Żydzie. Brody'ego w kolorze widziałem trochę wcześniej, zanim po zdobyciu przez niego Oscara zatrudnił go jako modela Ermenegildo, a mianowicie na warszawskiej premierze *Pianisty* w Filharmonii Narodowej.

Była to premiera i specjalna, i historyczna, bo tylko i wyłącznie dla VIP-ów, zresztą ubranych tak, jakby zeszli z wystawy Zegny. Byli wszyscy liczący się, a więc nasi książęta biznesu, a poza nimi prezydent, premier, minister kultury, Adam Michnik, Andrzej Wajda, Lew Rywin, Władek Aspiryn, Tadek Długie Ręce i jeszcze trochę mniej ważnych osób. Ponieważ w Polsce jest najwięcej VIP-ów na świecie i wszyscy się nie mogli upchać w Filharmonii, równocześnie się odbyła premiera w Sali Kongresowej, też dla VIP-ów, ale już gorszych. I Polański też im się na pociechę ukazał. Po projekcji w sali ważniejszej nastąpiła dwudziestominutowa owacja na stojąco. Prezydent Kwaśniewski całował premiera Millera, Wajda – Olbrychskiego, Michnik – Polańskiego, Morgenstern – żonę, Niemczycki – Staraka, Kulczyk – Urbana, Rywin próbował utulić zapłakanego ze wzruszenia Brody'ego. Wszystko wyglądało jak w ostatniej księdze *Pana Tadeusza*. Klaszcząc z całą salą, zastanawiałem się, co wywołało u mnie i u innych VIP-ów aż taką falę entuzjazmu. Możliwości było kilka. Pierwsza, najnaturalniejsza, to oczywiście zachwyt samym dziełem sztuki, druga – to znana w świecie sympatia Polaków dla cierpień narodu żydowskiego, a trzecia – to satysfakcja z uczestniczenia w wydarzeniu światowym. Polański to wiadomo, Brody, nawet zanim zatrudnił go Ermenegildo, był już aktorem znanym. Troszeczkę podejrzewałem, że może biliśmy też brawo sami sobie za to, że jesteśmy tacy, jacy jesteśmy, ogólnie zamożni i eleganccy, a w szczególe tolerancyjni i otwarci. Potrafimy się i litować, i wybaczać, i robić dobre filmy.

Ja się muszę przyznać, że osobiście bardzo słabiutko i z najwyższym wysiłkiem wzruszam się przy czytaniu książek, a z jeszcze większym przy oglądaniu filmów. Owszem, kiedyś, w szkole podstawowej, ogromnie mnie poruszały piękne sceny z rosyjskich lektur obowiązkowych. Kiedy na przykład krążownik „Wariag" wypływał w swój ostatni śmiertelny rejs, a przyszłe wdowy powiewały na wybrzeżu chustkami. Wtedy oczy mi się szkliły nie tak, jak Szwejkowi, kiedy słuchał kazania oberfeldkurata Otto Katza, tylko naprawdę. Ale niestety z wiekiem zrobiłem się bardziej podejrzliwy. I stworzona dla wygody widzów i czytelników możliwość uczestniczenia za niewielką opłatą w najpotworniejszych zbrodniach przy zachowaniu całkowitej niewinności bierze mnie bardzo malutko. A już w teatrze na sztukach brutalistów podcinających sobie żyły wśród okrzyków „fuck me" na zmianę z „love me" – bawię się po prostu znakomicie.

Tematy holokaustu budzą moją dodatkową ostrożność, bo z pewnością bezpodstawnie, z powodu wrednego charakteru, podejrzewam autorów i reżyserów o pewną kalkulację. Jeden survivor powiedział, że jest przeciwny ciągłemu przypominaniu holokaustu, bo nie mając zbyt wielu złudzeń do natury ludzkiej, uważa, że się nie powinno przypominać, że jest w ogóle taka możliwość.

Oczywiście jestem przekonany, że kiedy Steven Spielberg szczęśliwy z lawiny Oscarów powiedział, że żałuje tylko jednego: że *Listy Schindlera* nie mogło obejrzeć sześć milionów Żydów, którzy zginęli w czasie holokaustu, nie miał na myśli – jak ktoś złośliwie sugerował – tylko ewentualnych dodatkowych zysków z biletów. Jestem też pewien, że gdyby nawet, jak plotkowano, jeden z jego

61

współpracowników miał oświadczyć, że jeśli *Lista Schindlera* nie dostałaby Oscara, to by oznaczało, że holokaust nie miał w ogóle żadnego sensu – to powiedział to pod wpływem przedoscarowej gorączki.

Tak czy inaczej, jak już dałem do zrozumienia, dostać się na premierę *Pianisty* w Filharmonii było piekielnie trudno. Ja się dostałem tylko dzięki łaskawości wszechwładnej Krysi Morgenstern. Natomiast z dostaniem się na wcześniejsze, a odrobinę jakby związane z *Pianistą* tematycznie uroczyści odsłonięcia w Jedwabnem pomnika pomordowanych przez Polaków Żydów, przy mniej lub bardziej zachęcającej asyście Niemców, były znacznie mniejsze trudności. Przygotowane na Powiślu stado autokarów w żaden sposób nie chciało się zapełnić poza jednym, którym wybierali się oddelegowani przedstawiciele ambasad. W moim sześćdziesięcioosobowym autokarze jechało się bardzo wygodnie, bo w osób siedem, a na miejscu nie było ani książąt biznesu, ani sławnych reżyserów, ani aktorów. Był oczywiście prezydent i premier, który podobno powiedział, że zdaje sobie sprawę, iż jego przyjazd może kosztować SLD 20 procent głosów wyborców w zbliżających się wyborach, ale SLD na to stać. Teraz by już nikogo na taką ekstrawagancję stać nie było.

Wiał silny wiatr, miasteczko rozpływało się we mgle i deszczu. Ksiądz zabarykadował się w kościele. Najpierw na rynku, gdzie kilkadziesiąt lat temu wszystko się zaczęło, prezydent przeprosił Żydów za to, co się w Jedwabnem stało. Te przeprosiny wywołały później zastrzeżenia części społeczeństwa i polityków, ale chyba bezzasadne, jako że prezydent przeprosił wyłącznie w imieniu tych Polaków, którymi wydarzenia w Jedwabnem wstrząsnęły. Tak że ci wszyscy, których one nie obeszły albo którym sprawiły przyjemność, nie powinni się czuć urażeni.

Potem poszliśmy tam, gdzie się wszystko skończyło. Długim szpalerem ochroniarzy, za którymi przed biedniutkimi domkami ustawił się szpaler mieszkańców, nieufnych, patrzących wrogo, znieczulonych przez alkohol. Kobiety bez wieku trzymały na rękach małe dzieci. Później tam, gdzie była kiedyś stodoła, zaśpiewał kantor Malowany. I słuchając tego bardziej jęku czy płaczu niż śpiewu, który odbijał się od lasów i pagórków i powracał echem – a który tylko przez chwilę próbowali zagłuszyć miejscowi, puszczając disco polo, wyobraziłem sobie, jak potężnym echem musiał powracać przedśmiertny krzyk palonych żywcem setek kobiet, mężczyzn i dzieci, i się na chwilę zawstydziłem, że jestem człowiekiem.

A to wszystko przypomniałem sobie na placu Trzech Krzyży w upalny dzień lipcowy, kiedy złote słonko wolniutko toczyło się po niebie. A ja, czekając na swoją partnerkę seksualną, która jak zawsze się spóźniała, oglądałem wystawę, z której patrzył na mnie czarno-biały Brody w pięknym garniturze od Ermenegilda Zegny. I pomyślałem o matce, której zawrócili w głowie Proust, Flaubert i Stendhal, więc rzuciła Telimenę i wyjechaliśmy do Warszawy, gdzie dwie cudem ocalałe kamienice po dziadku ludowe państwo wymieniło jej wspaniałomyślnie na dwupokojowe mieszkanie na Czarnieckiego 40 m. 3.

Jak zostałem profesorem

Zanim się ustawiłem we wspomnianej wcześniej kolejce po bilety zniżkowe na Broadway, udałem się do Bennington College pouczyć. Bennington jest w stanie Vermont, przyjechałem tam w marcu i wszystko wyglądało mniej albo i więcej jak w Zakopanem, czyli wysokie góry, zimno i śnieg pada. Z Warszawy nic ciepłego nie wziąłem, bo to miał być tylko Londyn i parę dni. Poza długim płaszczem z miękkiej, brązowej skóry bez podszewki, który kiedyś ozdabiał jakiegoś oficera KGB, a ja kupiłem go za pół litra soplicy od ekipy polskiej kręcącej film o Dzierżyńskim. Jeden kolega mnie zapytał, czy się nie boję w nim chodzić, że niby ktoś płaszcz rozpozna. Ale pomyślałem, że ci, co go mogą skojarzyć i się oburzyć, raczej nie żyją. A Josif Brodski, z którym się później spotkałem – rozpoznał, ale się tylko wzruszył, pozazdrościł i chciał odkupić. Nie sprzedałem ani jemu, ani jeszcze później dwóm Murzynom w Nowym Jorku, chociaż dawali dwieście dolarów, bo płaszcz wprawdzie grzał słabo, był za to mocno dekoracyjny.

Ja już przedtem byłem w Stanach dwa razy. Najpierw na Międzynarodowym Programie Pisarzy na uniwersytecie w Iowa, a zaraz potem na stypendium Departamentu Stanu. Zwłaszcza na tym drugim rozpieszczano mnie, podejmowano i obwożono. A ja, nie będąc pewien, jak ma się zachowywać pisarz ze Wschodu, na wszelki wypadek wzorowałem się z lekka na wspomnianym już nominowanym do Leninowskiej Nagrody Gieorgiju Gulii, który sobie cały świat na stypendiach amerykańskich, francuskich i niemieckich zwiedził. I muszę powiedzieć, że to zapewniło mi z miejsca szacunek urzędników z Departamentu Stanu.

Kiedy nieśmiało namawiali mnie, żebym się spotkał z Saulem Bellowem, Kurtem Vonnegutem czy chociaż Philipem Rothem albo zwiedził Statuę Wolności, odpowiadałem, że nie mam czasu, bo w barze irlandzkim jestem umówiony z zaprzyjaźnionym transwestytą z Warszawy, który jako pierwszy Polak zmienił sobie płeć. Na spotkanie z Williamem Styronem, z czego już się nie mogłem wykręcić, pojechał jako ja Wiktor Osiatyński, który akurat przebywał w Nowym Jorku. A że wtedy nie był jeszcze dogłębnie zreformowanym działaczem antyalkoholowym, tylko wprost przeciwnie, wiedziałem, że w trudnej sytuacji mogę na niego liczyć. Tyle że nie było pewności, czy wiedział, z kim się spotyka. A z kolei Styronowi to na pewno nie robiło różnicy.

Szczerze mówiąc, wydawało mi się, że niekoniecznie muszę osobiście spotykać pisarzy, bo wystarczy, że przeczytałem ich książki. Trochę wstyd się przyznać, ale bardziej niż Statuą Wolności, duchem demokracji i Jeffersonem byłem wtedy zainteresowany pornografią i Murzynkami z wystającymi tyłkami. A na genialnych pisarzy napatrzyłem się dosyć w stołówce Związku Literatów Polskich na Krakowskim Przedmieściu, gdzie znów w żaden sposób nie udawało się zobaczyć nie tylko San Francisco, Wielkiego Kanionu czy Las Vegas, ale nawet najmarniejszego transwestyty.

No i do głowy mi nie przychodziło, że Ameryka to się zrobi mój kraj. A ci pisarze, których skutecznie omijałem, zrobią się bezcenni, bo z ich podpisu mogło wyniknąć jedno albo drugie stypendium, poparcie prośby o przedłużenie wizy i takie tam różne. Trochę mi przykro, bo czytając to w tej chwili, można odnieść wrażenie, że ma się do czynienia z prostakiem, do tego wyrachowanym, ale co robić, kiedy się taki właśnie po rozpoczęciu emigracji zrobiłem. Bo kiedy w 1983 roku przyjechałem do Nowego Jorku, to już wszystko było odwrócone. Departament Stanu milczał, a wśród Polaków w Nowym Jorku szybko się rozniosło, że krążę po mieście w poszukiwaniu wyższych uczuć, czyli mieszkania i pieniędzy. Rodacy się solidarnie poostrzegali i włączyli automatyczne sekretarki.

Ale na ludzką obojętność będę narzekał trochę później. Na razie wylądowałem w tym amerykańskim Zakopanem, gdzie wszystko było w porządku.

Przydzielono mi cały domek, też trochę jakby góralski. Łóżko było posłane, meble jakby antyczne i lodówka pełna. Na długim maszcie powiewała ogromna gwiaździsta flaga. A na parkingu stały zaparkowane równym rzędem porsche, maserati i ferrari. Wszystko wskazywało na to, że mam nauczać ich właścicieli moim kulejącym angielskim o Dostojewskim, Kafce albo Czechowie.

Trochę mnie pokrzepiał przykład wspomnianego konsula z Glasgow, który sobie bez angielskiego radził. Opracował taki system, że jak już mu się do gabinetu ten Anglik wpierdolił, to konsul nic nie mówił, tylko się na niego z wyrzutem patrzył. I ten Anglik albo Szkot coś tam pieprzył, pieprzył, przeciętnie trzy minuty, a jak był bezczelny, to cztery. Potem przerywał i jakby na coś czekał, ale konsul też czekał. I tak sobie siedzieli cicho znów różnie – czasem minutę, a czasem i dwie. I potem ten Anglik wstawał i wychodził. Bo jak z godnością wyjaśniał w SPATiF-ie konsul: „On mnie w chuja nie będzie robił".

Ja miałem sytuację o tyle gorszą, że bez mówienia się nie dało.

Ale tu znów dodawał mi odwagi nauczający na uniwersytecie w Stony Brook Jan Kott, uspokajając, że o ile w Polsce studenci potrzebują pół roku, żeby uwierzyć, że profesor nie jest idiotą, co wiąże się z jednej strony z doświadczeniem, a z drugiej z naturalną nad Wisłą podejrzliwością, to w Ameryce jest wprost przeciwnie. I najwcześniej za pół roku moi studenci zaczną nabierać podejrzeń, że coś jest nie tak.

No więc otworzyłem konto w miejscowym oddziale banku Chase Manhattan i zacząłem przybliżać kłopoty Raskolnikowa, Józefa K. oraz Olgi, Maszy i Iriny wnuczce Rothschilda, córce szacha Iranu oraz osiemnastu dziedziczkom pomniejszych fortun dla picu i ze strachu przed poprawnością polityczną poprzetykanych paroma stypendystkami z Kenii, Litwy albo Chin.

Bennington College i tak nie należał do grupy najbardziej postępowych uczelni, takich jak chociażby bardzo prestiżowy Georgetown w Waszyngtonie, na którym słuchaczy kursów literatury angielskiej uwolniono od obowiązku czytania Szekspira, Miltona czy Chaucera – ponieważ wymieniona trójka, a zwłaszcza autor *Króla Leara*, w niesprawiedliwym świetle ukazywała postacie kobiet. Zamiast lektury seksistów studentom zapewniono kursy z zakresu „Historii i teorii seksualności" oraz cieszące się ogromnym powodzeniem seminarium „Kobiety, rewolucja i media". Jeszcze bardziej elegancki Uniwersytet Stanforda w Kalifornii, żeby nie uchodzić za wstecznika, wymienił wykłady o poetach europejskich na rzecz afrykańskich.

Do tego strachu, żeby nie być zacofańcem, dochodzi jeszcze i poczucie winy za krzywdę Indian oraz całą aferę z niewolnictwem, w związku z czym Amerykanie czarni, a także inne mniejszości, zasypywani są stypendiami, nagrodami oraz punktami za pochodzenie przy przyjmowaniu na wszystkie uczelnie. Jednym słowem, traktowani są jak osoby skrzywdzone i upośledzone, coś tak jak polscy pisarze w Niemczech. Przy czym, żeby nie było niepotrzebnych złudzeń, w Ameryce, co sprawdziłem osobiście, Polacy się do mniejszości nie zaliczają.

Ale znów część czarnych Amerykanów jest tym specjalnym traktowaniem urażona i uważa je właśnie za coś upokarzająco rasistowskiego. Wszystko to mocno jest skomplikowane i zaplątane. Jakiś czas temu na przykład komisarz policji nowojorskiej stracił głowę i poinformował oficjalnie, że 96 procent przestępstw w Nowym Jorku popełniają kolorowi. No i został natychmiast i przez czarnych, i przez białych uznany za rasistę, chociaż był czystej krwi Murzynem. Przez ten desperacki akt szczerości dostało się od razu białym bezdomnym w parku. Mój przyjaciel Bizon, nazywany tak z powodu długiej do pasa brody i czasowo zamieszkujący w Tompkins Square Park, narzekał, że i on, i jego najbliżsi koledzy: Kijanka, Pchełka oraz Jasio Wędrowniczek z Zakopanego, stali się rodzynkami. I że policja, żeby poprawić statystykę, co parę godzin wyaresztowuje polsko-ukraińską część parku.

A znów mój inny czarny znajomy w ramach rekompensaty za lata dyskryminacji został wiceprezydentem wielkiego koncernu. W biurze dostępu do niego broni parenaście białych asystentek, które ukończyły business school na Harvardzie. Ale kiedy wyszliśmy razem na ulicę, a on akurat odesłał gdzieś szofera, poprosił, żebym może ja złapał taksówkę, bo na machanie czarnego niekoniecznie się zatrzyma.

Za to w metrze z każdym przystankiem w stronę Brooklynu czy Bronksu robią się w tej poprawności coraz większe zakłócenia w stronę przeciwną. I bez szczególnej przyczyny można usłyszeć „you fucking white motherfucker" albo i co gorszego. No bo nie oszukujmy się, ta poprawność, zresztą nieszczera jak diabli, się bierze nie tylko z powodu uczuć wyższych. Wystarczy zajrzeć do Harlemu czy Bronksu i sobie popatrzeć na przepaść materialną bez dna, która, jak wiemy, wywołuje nienawiść czystą. Więc rządzący biali bogacze ze strachu kombinują jak mogą, żeby tę złość zmniejszać, porozbijać na kawałki chociaż. Dlatego wyciągają niektórych czarnych i lansują, awansują, rozpieszczają jak umieją i przenoszą do lepszych dzielnic. Tak więc biali się boją czarnych. Czarni z Afryki też się boją czarnych z N.Y.C. Ja jestem biały, ale z emigranckim odcieniem schowanym, póki się nie odezwę. Więc się nie czuję za pewnie ani w towarzystwie białych, ani czarnych. Ale razem z nimi i z Latynosami się boję arabskich terrorystów. Więc może oni za jakiś czas Amerykę zjednoczą. Ale niekoniecznie.

Bo wracając do czarnych poetów, o których się młodzież uczy na Uniwersytecie Stanforda zamiast o Rilkem, Szekspirze czy Apollinairze, to na przykład tuż po ataku Osamy bin Ladena na Amerykę poeta Amiri Baraka, co to w ramach wyrównania krzywd czarnej społeczności otrzymał bardzo prestiżowy tytuł Stanowego Poety New Jersey, w jednym ze swoich poematów wygłosił, zapisał i umieścił w Internecie znaną zresztą i popularną w Polsce sugestię, że była to żydowska prowokacja, bo za masakrą w World Trade Center naprawdę stoi Szaron i Izrael. I że cztery tysiące Żydów zatrudnionych w WTC nie przyszło jedenastego września do pracy.

A kiedy gubernator stanu New Jersey zwrócił się do Baraki z prośbą, żeby zrezygnował z tytułu i dużych pieniędzy, które przed chwilą otrzymał za głęboko humanistyczne wartości swoich wierszy, poeta z oburzeniem odmówił, traktując to jako rasistowski atak.

Lepiej poszło z czarną gwiazdą koszykówki nowojorskiej, sławnej drużyny New York Knicks. Otóż Charlie Wards został najpierw z wielkim hukiem wybrany do czytania dzieciom książek, żeby im tę odchodzącą w zapomnienie sztukę przybliżyć. Wszystko szło dobrze, dopóki nie namalował sobie na tenisówkach cytatów z Biblii i nie

69

złożył oświadczenia, że chrześcijanie są każdego dnia prześladowani przez Żydów, w czym poparła go inna czarna gwiazda Knicks, specjalista od rzutów za trzy punkty – Allan Houston, oświadczając, że najwidoczniej Żydzi, bijąc Chrystusa i plując mu w twarz przed ukrzyżowaniem, mieli na uwadze to, że on chciał coś, czego oni nie chcieli. W każdym razie Charliego Wardsa uroczyście pozbawiono prawa czytania książek dzieciom. I one wyszły na tym najgorzej, bo wróciły do gier video. Ale jak już od tej zakłamanej poprawności zaczęło mnie mdlić na dobre, to znajomy dziennikarz ni stąd, ni zowąd mi powiedział, że jego dziadek był jeszcze niewolnikiem. Więc to wszystko takie zupełnie proste nie jest.

Tak czy inaczej zacząłem uczyć w Bennington College. Akurat gdzieś w środkowych Stanach jakiś profesor roztargniony wszedł przez omyłkę do damskiej ubikacji. W Polsce by się najwyżej parę osób uśmiechnęło, w Ameryce uznano go za zboczeńca, stracił pracę, żona go rzuciła, a on się rzucił pod pociąg. Zapytałem studentów, czyby nie spróbowali zrobić z tego sztuki teatralnej. Jeden się zgodził i wyszła całkiem dobra tragikomedia. Teatr uniwersytecki ją wystawił. Pomyślałem, że to jest sposób, i poprosiłem studentów, żeby wybierali z gazety jakieś kawałki, które się ich zdaniem nadają na sztukę. Radziłem, żeby omijać sprawy, o których nie mają za dużego pojęcia, na przykład druga wojna światowa, a nawet Wietnam, i jakoś im to pisanie, a mnie uczenie szło.

Co do czytania, to jeżeli mieli problemy ze zrozumieniem niektórych przypadków Józefa K., brałem mapę Europy, której w przeciwieństwie do odrobionych pod linijkę granic środkowych stanów North Dakota, South Dakota czy na przykład Wyoming, granice państw się wiją i wykręcają jak robaki w puszce. I pocieszałem, że łatwiej jest poczuć Kafkę, jak się pochodzi z kraju, który ma kształt karalucha. Oraz że w bloku wschodnim Kafka cieszy się opinią pisarza całkiem realistycznego, bo nie jest to znów takie niezwykłe, że ktoś kładzie się spać jako lojalny obywatel, a budzi się albo jest budzony jako znany szpieg japoński, czyli karaluch.

Potem szedłem na mecz koszykówki między uczelniami Bennington i Bard, jeszcze potem włączałem CNN i oglądałem łzawiący gaz i tłumy rzucające kamieniami, słyszałem znajome: „Jaruzelski będzie wisiał!". Zmieniałem kanał na film *Casablanca*, potem na jeszcze inny, na którym trwał teleturniej. A w nim trzem zawodniczkom z Los Angeles pokazywano ogromny portret Lenina i zadręczano je pytaniem, kim jest ten łysy mężczyzna. Wszystkie milczały. I tylko jedna, kiedy jej podpowiedziano, że to przywódca rosyjskiej rewolucji, odpowiedziała – Marks. Znów wyglądałem przez okno, a tam ciągle śnieg i Zakopane. Tak więc coraz bardziej mi się zaczynało mylić, co jest naprawdę, a co wprost przeciwnie. Dla ułatwienia zdecydowałem na przyszłość, że jedynie prawdziwe jest to, co mi się wydaje, a cała reszta to fikcja. Żeby uniknąć takich nieporozumień, jakie były z obrazem Velázqueza *Las Meninas*, o którym napisano parę setek stron, a i tak nie wiadomo na pewno, kto na nim na kogo patrzy i po co.

Mój znajomy operator filmowy opowiadał mi, że jedenastego września, kiedy pierwszy samolot uderzył w wieże WTC, siedział przy oknie w knajpie Hoboken, czyli w New Jersey, po drugiej stronie rzeki Hudson, automatycznie włączył kamerę i wszystko nakręcił. A obok siedział facet tyłem do okna, czytał „The New York Times" i widział co innego.

Wieczorami dla odzyskania równowagi szedłem na przyjęcia do sypialni studentek, którym, też muszę się przyznać, mąciłem w głowie. Bo jednego dnia mówiłem, żeby nie pisały nic o rzeczach, na których się nie znają, a potem, napuszczany przez CNN, „Solidarność", Wałęsę i Kiszczaka, zadawałem siedemnastolatkom do napisania jednoaktówkę na temat: „Rozmowa z katem". Więc one przestraszone pisały coś bez sensu o torturach w Chile, a tylko jedna przywiodła mnie do opamiętania, pisząc bardzo piękny monolog dziewczyny, która się przed lustrem podmywa irygatorem, zabijając plemniki.

Na imprezach nocnych odprężałem się przy dyskusjach, czy Racine nie był aby lepszym pisarzem od Szekspira. Już dawno mnie przestały dziwić kawałki szkła czy szczątki luster, które obowiązkowo leżały na każdym stole. I wierzyć mi się nie chciało, że kiedy pierwszego dnia Kim z Florydy zapytała się, czy nie mam dolara, wytrząsnąłem z kieszeni trochę bilonu, a jej oczy zrobiły się kwadratowe.

Chciałem się usprawiedliwić, że przyjeżdżając na wykłady, nie bałem się żadnej wymiany myśli na temat alkoholu. Wierzcie mi, że z zawiązanymi oczami potrafiłem odróżnić po pierwszym łyku denaturat od oczyszczonej politury. A dobrze destylowany, czysty jak łza spirytus lotniczy od wody kolońskiej Derby. To prawda, że w rodzinnym kraju moja wiedza nie była czymś zwracającym uwagę. Kiedy do sklepu z kosmetykami na Krakowskim Przedmieściu przyszło dwóch kleryków i poprosiło o piętnaście butelek wody brzozowej na łupież, sprzedawczyni bez wahania powiedziała z życzliwym uśmiechem: „Widzę, że jakieś większe przyjęcie się szykuje". Ale w sprawach kokainy i wciągania jej do nosa przez zrolowaną jednodolarówkę byłem jak dziecko. Tyle że uczę się szybko i już wkrótce czułem się w Bennington jak w domu. Ale zamiast sobie spokojnie dyskutować o Stawroginie, zwijać jednodolarówki i dobrze zarabiać, o czym by prawie każdy szanujący się amerykański pisarz marzył, doszedłem do wniosku, że prowincjonalny pisarz na prowincji to za dużo. I jak trzy siostry o Moskwie, marzyłem o Nowym Jorku.

Greenpoint

To jak to jest z tym kompleksem prowincji, który mnie tak męczył w Ameryce? A i z poczuciem niższości, które każdy Polak, albo niech będzie prawie każdy, przywozi ze sobą do Nowego Jorku.

Bo to nie jest tylko to, że się przyjeżdża z cofniętego cywilizacyjnie, biednego kraju, co to przez lata był gwałcony i krzywdzony. I że się źle mówi po angielsku. Niektórzy dobrze mówią i nie pomaga. Ubranie może? Poruszanie się? Zamawianie w restauracji? Myślenie specjalne? Czy to, że ogólnie śmieszy nas uczciwość? Że nic a nic się nie wierzy w to, co tu mówią politycy? Zaufanie uważa się za głupotę? I się to poczucie niższości wymienia na wyższość. Że ci tutaj nic nie wiedzą, bo za mało w dupę dostali. W każdym razie Polacy w Nowym Jorku z miejsca się stają jeszcze bardziej Polakami niż w Polsce. A polska dzielnica na Brooklynie, czyli Greenpoint, mocno przypomina Koluszki, a znów Koluszki stają się bardziej Koluszkami w Nowym Jorku, niż są pod Łodzią. Brooklyńskie są mocno przerażające, ale są też i wzruszające. Te tłumy starych, umęczonych kobiet, wypruwających sobie żyły, żeby wysłać dolary do Polski. Pani Stasia, na przykład, z ulicy Kent położonej przy Greenpoint Avenue, płacząc ze wzruszenia, pokazała mi list miłosny od swojej córki z Kielc. „Kochana Mamusiu. Bardzo się wszyscy zmartwiliśmy, że Mamusia jest chora. Ale niech Mamusia jeszcze nie wraca, bo po pierwsze wynajęliśmy mamusi mieszkanie, a po drugie potrzeba nam jeszcze 30 tysięcy dolarów. Wnuczki Jadzia i Stasia stale o Babcię pytają i tak rosną, że jak Mama wróci za trzy, cztery lata – to ich Mama nie pozna. Niech Bóg da Mamie dużo zdrowia i sił do pracy. Stęskniona córka Zosia, zięć Zenek oraz kochające wnuczki Jadzia i Stasia".

W Ameryce się pracuje bardzo ciężko. Na Greenpoincie się pracuje do granic wytrzymałości. Większość pracuje na czarno, więc zarabia mniej. Przyjeżdżają różnie, legalnie, czyli za łapówki dawane pośrednikom, którzy podobno znają kogoś w ambasadzie, i nielegalnie. Niedawno amerykańscy celnicy otworzyli jadący TIR-em z Kanady transport bydła. W kilku ostatnich rzędach siedzieli na krowach Polacy z walizkami w rękach.

Ci, co przyjechali, zaczynają szybko mówić o powrocie. Ale wyjechać stąd jest jeszcze trudniej niż przyjechać. Narzeczone, mężowie, a zwłaszcza dzieci tak łatwo maszynkom do robienia pieniędzy nie popuszczą. Tyle że kiedyś te dolary były więcej warte, człowiek się udręczył, ale wracał jako panisko i osoba światowa. A teraz, żeby chociaż te żony, narzeczone albo mężowie w Polsce wierni byli...

Najciężej pracują kobiety. I młode, i stare, najpierw sprzątają przez osiem godzin jedno mieszkanie, potem drugie. Bo sprzątanie to jest specjalność Polek na nowojorskim rynku pracy. Zatrudniają je na ogół zamożni Żydzi, bo wiadomo, że te ze Wschodu pracują o wiele solidniej niż te z Puerto Rico. Ma to dla Polek dobrą stronę, bo w żydowskiej rodzinie zawsze ktoś mówi po polsku, więc można się dogadać, ale i przykrą, bo się człowiek nasłucha o Jedwabnem albo go będą przekonywać, że Matka Boska była Żydówką.

A potem po nocach można dorobić, lepiąc pierogi na tyłach restauracji, czyli śpi się niedużo, za to tanio – te najoszczędniejsze po osiem w pokoju umeblowanym rozłożonymi na podłodze materacami. I wysyła wszystko mężom, bo oni piszą, że „jak mam żonę w Ameryce, to musi być po mnie widać". Więc ślą paczkę za paczką i dolary na konto.

Następnie przychodzą do kobiet listy z kraju, że mąż się bawi, a do mężczyzn, że żona się puszcza, więc jedni i drudzy zagryzają wargi i biorą dodatkową pracę. Tyle że przychodzi taki dzień, że już się więcej nie da wytrzymać, więc mężczyźni przestają remontować mieszkania i przepuszczają w tydzień zarobione przez pięć lat pieniądze. Wiadomo, Polak się bawi, smirnoff płynie jak rzeka, składają wizyty kobietom na materacach, te młodsze też już nie mogą wytrzymać, więc szukają u mężczyzn pocieszenia i współczucia. Tyle że w dwie albo trzy osoby na jednym materacu się nie da wyspać. Zwłaszcza że starsze sąsiadki z boku i zazdroszczą, i dogadują. A wstawać trzeba na szóstą, żeby punktualnie być na Manhattanie. Tylko w niedzielę przed mszą można odespać.

Wszyscy wiedzą, że coś jest nie tak, że pracują za ciężko i zarabiają za mało, że Amerykanie ich wyśmiewają, że mówią angielskim, którego nikt nie rozumie. Dookoła widzą niewiarygodne bogactwo. Czują, że ktoś musi być winien, ale nie wiedzą kto, więc obwiniają wszystkich mężów, żony, dzieci, burmistrza Bloomberga i Kwaśniewskiego, i Michnika, i Busha, i Kulczyka, i Colina Powella.

Oczywiście Greenpoint jest mocno zhierarchizowany. Jest stara emigracja, co kiedyś kupowała po sto dolarów domy warte dziś pół miliona, są właściciele restauracji, sklepów z alkoholem, są dyrektorzy Unii Kredytowej czy polsko-słowiańskiego centrum. Jest studio TV pokazujące wiadomości z Polsatu. Są banki. Jakiś czas temu ogłosił bankructwo bank, w którym większość Polaków trzymała pieniądze, bo właściciel był rodak i dawał najwyższy procent. Nie wiedzieli, że ich wpłaty powinny być ubezpieczone, a nie były. Było za to parę samobójstw. Jedna staruszka, która straciła wszystko, co zarobiła przez całe życie, przeniosła się do parku. Trochę ludzi poszło za nią. Reszta porozpaczała i wzięła dodatkowe prace, żeby nadrobić. I zaczęła jeszcze bardziej gorączkowo wyszukiwać gorszych od siebie. Więc jak się przydarzył jedenasty września, Polacy na Greenpoincie od razu rozpoczęli solidarny bojkot arabskich sklepików z papierosami i gazetami. A kiedy przyjechał na występy „Kazik na żywo", to szef skinów Piwnica przed koncertem zapowiedział: „To jest polski koncert i Żydzi niech lepiej wyjdą dobrowolnie". No i paru wyszło.

Naprawdę pięknie jest na Greenpoincie tylko czwartego lipca, w Dniu Niepodległości. Wtedy i Polacy, i lekceważone przez nich Portoryki zbierają się razem nad East River, bo stąd najlepiej widać pokaz ogni sztucznych. I wtedy wreszcie wszystko wygląda jak się należy.

Za duże miasto

Polacy wiedzą wszystko o Nowym Jorku z filmów, pocztówek, ale to jest taka wiedza jak o Monie Lizie. Wiadomo, że się uśmiecha, ale nie wiadomo dlaczego i co ten uśmiech ma oznaczać. Zresztą po jedenastym września 2001 roku i stracie dwóch przednich zębów, jeśli Nowy Jork się jeszcze uśmiecha, to znacznie mniej szczerze. Josif Brodski napisał, że budując to miasto, człowiek stworzył coś, nad czym w ogóle przestał panować. Isaac Bashevis Singer, zapytany o Nowy Jork, powiedział tylko jedno słowo: pośpiech.

Nowy Jork jest za duży. Za duży dla stałych mieszkańców, a co dopiero dla emigrantów, którzy codziennie wysypują się setkami z jumbo jetów na lotnisku J.F.K. Delikatnie się ich przesłuchuje, robi zdjęcia, bierze odciski palców, przepuszcza, zawraca albo aresztuje. A jak przepuszcza, to zaraz potem gdzieś się gubią. Czasem coś tam o nich jeszcze słychać, że coś odkryli albo namalowali, napisali czy nakręcili. Albo kogoś zabili czy ktoś ich zastrzelił. Ale na ogół się rozpuszczają na dobre.

Nowy Jork ma mało wspólnego z resztą Ameryki, a jego centrum z resztą miasta. Manhattan to taki trochę średniowieczny zamek. A kombinacja mostów i tuneli łączy go z podgrodziami. Metro, czyli subway, czyli coś w rodzaju przewodu pokarmowego, dostarcza codziennie siłę roboczą i towary z Queensu, Brooklynu, Bronksu, Staten Island i New Jersey – bo to niby inny stan, ale tylko oddzielony rzeką. Dziennie się w tym subwayu upycha ponad trzy i pół miliona ludzi.

Kiedy przyjechałem, to oczywiście tak jak wszyscy wiedziałem, że to asfaltowa dżungla, powtarzałem sobie po cichu za Sinatrą, że jak tu dam radę, to ją sobie dam wszędzie. Wiedziałem ogólnie, że to stolica świata, że gdzieś niedaleko mieszkają gwiazdy sportu i filmu, że CBS, ABC, wydawnictwa i „New York Times". Tyle że z początku nie robiło mi to absolutnie żadnej różnicy. Jeszcze mniej z takiej wiedzy wynika dla sprzątaczek z Polski, arabskich sprzedawców gazet i handlujących warzywami Koreańczyków. Albo tysięcy Chinek albo Meksykanek odpracowujących koszty przemycenia z Pekinu czy Mexico City w przepoconych szwalniach bez okien czy byle jak zamaskowanych burdelach.

Nowy Jork to dobrze brzmi w listach pisanych do domu. Jeszcze lepiej, jeżeli w tych listach są pieniądze. Ale jak się przyjedzie, to na początku najważniejsze jest, żeby znaleźć sobie jakieś malutkie własne miejsce, swój własny kawałątek miasta. Potem można się powolutku zacząć rozglądać. I wtedy coś się może wydarzyć, czasem nawet i dobrego. Bo to jest miasto nieobliczalne. Na ogół na świecie wiadomo, komu się powinno udać i dlaczego. A tu nie wiadomo w ogóle nic. Pewniaki się przekręcają, a ci bez szans kupują penthouse'y.

Kiedy wyglądało na to, że za chwilę *Polowanie na karaluchy* będzie zrobione przez Hollywood, producentka codziennie przysyłała po mnie limuzynę z szoferem. Czasem jeździliśmy razem i ona prowadziła negocjacje z reżyserem Sidneyem Lumetem i aktorami Dianne Wiest i Williamem Hurtem. Raz, odwożąc mnie do domu, kierowca tej limuzyny dał mi wizytówkę i powiedział: „Jeżeli ten film wyjdzie, możesz mnie wynajmować. Jeżeli nie, zadzwoń, to dam ci pracę".

Sam Manhattan też jest za duży i ulepiony z kilkunastu

niedopasowanych kawałków. Zajadłość Wall Street nie ma nic wspólnego z rezygnacją East Village czy Bowery, Harlem z Tribecą, a Little Italy z Chinatown. Tu jeszcze Tiffany i Bloomingdale, a trochę niżej albo wyżej stragany z kradzionymi rowerami i papierosami na sztuki. Żeby tu jakoś przeżyć, trzeba się szybko orientować, co i jak. Posiąść chociaż podstawową wiedzę. Niekoniecznie aż tak głęboką, jaką miała o życiu staruszka, z którą jechałem na Żoliborz zatłoczonym autobusem linii 116. Na przystanku przy Miodowej kierowca powiedział, że dalej nie jedzie, bo przednim pomostem pchał się jakiś facet w bereciku i drzwi się nie zamykały. Więc wszyscy zaczęli go błagać, żeby dał ludziom żyć i wysiadł, ale on nic i widać było, że nie ustąpi. I wtedy ta staruszka zaskrzeczała ze środka:

– Berecik! Zrućta mu ludzie berecik!

Ktoś mu ten berecik zdjął, rzucił na chodnik i on bez słowa wyskoczył. Drzwi się zamknęły i autobus pojechał. Ja o takich ludziach w berecikach trochę z PRL-owskiej biedy, a trochę z Gogola napisałem w Polsce sporo opowieści. *Materiał* na przykład, którego bohater biedniutki mieszka w magazynie i przez wiele lat zbiera na kupno garnituru, żeby móc się w nim oświadczyć pracującej w kiosku Baśce bez szyi. A kiedy wreszcie ten garnitur zdobywa i szczęście jest blisko, widzi, że w zamarzniętej zatoce topi się jakaś dziewczynka. Zachowuje się szlachetniej niż bohater *Upadku* Camusa, bo dziecko ratuje. Ale wychodzi na tym równie źle, bo garnitur jest w strzępach i szanse na Baśkę bez szyi utracone.

A i Czesław Pałek, mój inny bohater, też do berecika trochę pasuje i Ufnal z książki *Moc truchleje*, i Kuba z *Ostatniego ciecia* wędrujący po zidiociałym, rozpadającym się zamku wielkiego amerykańskiego designera, metaforycznym świecie, w którym porzucone przez rodziców małe dzieci podkładają bomby do startujących samolotów.

No więc Nowego Jorku brałem kurs przyśpieszony. Prawie od razu przekonałem się, że jak się tu zmienia adres, to się wymienia wszystko. Knajpy, przyjaciół, kochanki, sklepy. Przechodzi się z serialu *Sex in the City* do miasta, o którym opowiada Scorsese. Z Nowego Jorku, o którym robi filmy Woody Allen, do tego, o którym rapuje Jay-Z. Ilu tu mieszka ludzi, to też sprawa nie jest jasna. W ostatnim spisie wyszło, że ponad osiem milionów, ale wypełniał, kto chciał i jak sobie chciał. Miliony nielegalnych nie wypełniały w ogóle ze strachu, że ich znajdą, a ja też, bo mi się nie chciało. Jak jest z kolorem skóry, też nie za bardzo wiadomo. Ktoś z ciemną albo nawet z bardzo ciemną nie widzi powodu, żeby wypełniając ankietę, stawiać krzyżyk w rubryce – czarny. A najbardziej postępowi biali często wpisywali się jako czarni.

Wiadomo, że tu się nie śpi, żeby nie tracić czasu. Bo to miasto wytwarza wielką energię, dobrą i złą, i że jednym ona służy, a innych wykańcza. Jest tu straszny tłok – tłumy, jakie przewalają się po Manhattanie w czasie lunchu, to się w Polsce widzi tylko w czasie protestów pod sejmem. I chyba nigdzie na świecie nie ma tylu ludzi samotnych. Biednych i bogatych, kobiet i mężczyzn, którzy wieczorami zasiadają na stołkach w barach i czekają. Może właśnie z powodu tłoku samotność nowojorska jest taka bolesna.

Ostatnio zacząłem robić listę swoich adresów od wyjazdu z Polski i się pogubiłem. Jeszcze Londyn jako tako. Nic takiego, cztery miejsca, nie licząc opłacanego przez teatr Holiday Inn. Ale już po Nowym Jorku rzucało mną okropnie. Z samego dołu Manhattanu na samą górę i z powrotem. Z luksusowej Park Avenue do Chinatown, z eleganckiej Piątej i Sześćdziesiątej Pierwszej na mocno szemraną, bo położoną obok przytułków dla nędzarzy, Sto Siódmą i Amsterdam. Tam dwa razy przepiłowali mi kraty w oknach. Za pierwszym ukradli czarno-biały telewizor, który tydzień wcześniej znalazłem na ulicy, a za drugim – szalik.

Potem znów dół miasta po stronie wschodniej, czyli Czwarta ulica i Avenue B w cieszącym się kiepską reputacją tak zwanym Alphabet City, czyli Avenue A, B, C i D nad East River, gdzie miasto w szlachetnym porywie, który się tu czasem zdarza, wybudowało Housing Project, czyli darmowe blokowiska dla najbiedniejszych. A one zgodnie z prawami natury się od razu zamieniły w centrum narkomanii i prostytucji. Wiem, że jeszcze coś tam było po drodze, bo coś sobie przypominam na Broadwayu i Jedenastej, i coś tam w Soho. Nie liczę miejsc, gdzie przebywałem krócej niż dwa tygodnie. No i ostatnio nareszcie West End Avenue, czyli Upper West Side nad Hudsonem. Czyli portierzy w uniformach i ogólnie Francja-elegancja.

Nowy Jork zaczął się nieźle, bo studenci i studentki zjechali się z Bennington na semestralną przerwę i pomieszkiwałem u nich, pluszcząc się w jacuzzi na Park Avenue, a błękitna woda w muszlach klozetowych wirowała tak łagodnie, jak łagodnie zmieniały się poglądy Sartre'a i Susan Sontag na komunizm. Obdzwoniłem przyjaciół i ci, którzy jeszcze się nie zorientowali w mojej sytuacji, okazywali mi wiele ciepła oraz zaufania, prosząc o pożyczki. Ale za chwilę studenci wrócili do nauki, a ja nie musiałem się za bardzo wysilać, żeby spostrzec pewne spostrzeżenia, jak pisał przed laty naczelny redaktor ważnego warszawskiego tygodnika, że o ile Nowy Jork jest z całą pewnością ziemią obiecaną, to niekoniecznie dla wszystkich. Jeden z bohaterów powieści Szolema Alejchema, zachwycając się Ameryką, reklamował: „Siądziesz sobie byle gdzie, a obok może się znaleźć prezydent, nieco dalej nędzarz, żebrak albo kompletne zero. A jeszcze dalej hrabia, magnat, milioner. Cywilizacja, postęp, Kolumbus".

– Skoro to takie szczęśliwe państwo, gdzie wszyscy są sobie równi – zauważa nie od rzeczy jego słuchacz – to skąd się tam biorą nędzarze i hrabiowie, żebracy i magnaci? Albo – albo.

W barze U Wandeczki

No i jesienią 1984 roku krążyłem z Sonią po East Village, dzielnicy zamieszkanej głównie przez Ukraińców, Polaków, nieudanych artystów i narkomanów, rozglądając się za jakimś tanim kątem. Co na Manhattanie i wtedy, i teraz niekoniecznie jest łatwe, nawet jak się pieniądze ma. Bo terroryzm terroryzmem, ale ludzi ciągle przybywa i jeżeli ktoś idzie ulicą i mocno kaszle, to już po chwili suną za nim z błyskiem nadziei w oku pośrednicy mieszkaniowi. A po każdym głośniejszym morderstwie pokazanym w telewizji na policję się nie można dodzwonić, bo wszyscy chcą w pierwszej kolejności obejrzeć zwolnione mieszkanie.

Trochę otuchy dodawał mi szczęśliwy przypadek Soni, młodej aktorki z Budapesztu, która przyjechała dopiero co studiować reżyserię w prestiżowym Graduate Center na Czterdziestej Drugiej. I się jej powiodło jak w bajce, bo mało, że ją przyjęli, to dostała pracę w Muzeum Emigracji. I siedziała tam sobie codziennie od dwunastej do osiemnastej w części wschodnioeuropejskiej przebrana za emigrantkę z Węgier z XIX wieku i teraz tak jak ja szukała mieszkania.

Posuwaliśmy się wolno z powodu tłoku i upału, rozglądając i przepytując ulicznych sprzedawców heroiny, reprodukcji Boscha, kradzionych rowerów, papierosów na sztuki i mało używanych rewolwerów.

Minęliśmy kościół ukraiński, potem kościół polski, który kilkanaście lat temu nieszczęśliwie zakochany proboszcz, żeby zdobyć piękną Greczynkę, na próżno próbował sprzedać. I nagle spotkałem Andrzeja. To znaczy najpierw go zobaczyłem. Jechał sobie Siódmą ulicą w stronę Avenue A na ręcznie napędzanym inwalidzkim wózku i zwalniając, przyjaźnie zamachał do mnie ręką.

Ostrzegłem Sonię, że będziemy mieli do czynienia z wybitnym polskim architektem i twardym gościem, więc żeby, broń Boże, nie okazywała współczucia i nie stawiała krępujących pytań w rodzaju, co się stało. Przywitaliśmy się jak gdyby nigdy nic. Zapytałem, jak leci, powiedział, że świetnie. Przyznałem, że w Polsce o tym, że ma sukces, jest głośno. Kiwnął głową i powiedział, że mieszka obok na trzecim piętrze bez windy, a jedzie do baru U Wandeczki, bo tam czeka brygada remontowa, którą nadzoruje, i nas zaprosił.

Do Wandeczki zjeżdżało się w dół, po pięciu stopniach. Andrzej zahamował, a ja nie wytrzymałem i się uparłem, że go zniesiemy. Z początku nie chciał, ale potem machnął ręką, że OK, złapał nas za szyję, my złapaliśmy wózek z dwóch stron i staszczyliśmy go na dół. Przy barze siedział Kijanka, kołysząc nad flaszką piwa Millera ogromną głową umocowaną na cieniutkiej, długiej szyi. Obok niego czytał sekcję kulturalną polskiej gazety mały czarniawy Bronek. Na drugim końcu baru, zadzierając głowę, ponuro patrzyła w telewizor bardzo znana kiedyś polska aktorka, a w kącie dwóch Murzynów kłóciło się przy bilardzie. Sonia się trochę dziwiła, bo za barem, szersza w ramionach niż w biodrach Wandeczka, z butelką wody w jednej, a żelaznym lejkiem w drugiej ręce, w skupieniu dolewała wody do butelek whisky, Jacka Danielsa, tequili, rumu, ginu i innych.

Tak to mniej więcej wyglądało, kiedy Andrzej nagle wstał, zrobił przysiad i zamówił po lufie dla wszystkich.

Sonia się jeszcze bardziej zdziwiła, a Wandeczka uprzejmie zapytała, czy dać nam jeszcze osobno wodę do popicia alkoholu, czy już wystarczy. Tymczasem znana aktorka, dziobiąc palcem w ekran telewizora, cedziła przez zęby, że kiedy ona grała w Narodowym Lady Makbet, to ta młoda Polka z telewizji była tylko Czarownicą Trzecią. Zaś Andrzej wyjaśnił, że wózek służy do tego, żeby nie płacić czynszu, bo właściciel nie ma prawa wyrzucić inwalidy.

Zapytałem, jak się na to trzecie piętro dostaje, ale powiedział, że to żaden problem, bo Amerykanie są pełni współczucia, więc zawsze znajdzie się ktoś, kto go wniesie. Wtedy przyszedł Rysio, mimo upału w narciarskiej czapeczce. Zadowolony, bo znalazł na śmieciach dzieła Dickensa w twardej oprawie, które się nadawały akurat do zalepiania większych dziur w ścianach przy remoncie. Ale też wkurwiony, bo kiedy kończyli malowanie dużego mieszkania, to w ostatnim pokoju znaleźli wisielca i był problem, czy go zdjąć, dokończyć malowanie i potem odwiesić, czy jednak dać znać na policję, przy czym mogliby im wtedy za ten ostatni pokój odliczyć.

Ale to tam były takie drobiazgi. Ważne, że Bronek się zaoferował podnająć mi pokoiczek za stówę miesięcznie, na samej górze miasta nad Harlemem, ale jednak na Manhattanie, o ile oczywiście mnie nie drażni portorykańska hołota i mi nie przeszkadza, że on sam jest religii żydowskiej.

W taki to sposób znalazłem się na górnym czubku Manhattanu w dzielnicy Washington Heights, którą kiedyś zamieszkiwała emigracja żydowska z Niemiec hitlerowskich, jeszcze długo po drugiej wojnie pełno tam było takich kawiarni i jadłodajni, gdzie się dawało poczytać europejskie gazety, ponarzekać i zjeść gęsi pipek, sałatkę po galicyjsku czy zupę złotą, zupełnie jak teraz w Miami na

Florydzie. Potem Żydów wyparła inwazja z Puerto Rico. Więc część się wyniosła do Brooklynu na Brighton Beach, czyli położonej pięknie nad samym oceanem, tyle że rządzonej przez mafię, tak zwanej małej Odessy, część uciekła do Miami właśnie, część do Izraela, a najodważniejsi wrócili do Niemiec.

Ale na Washington Heights przechowały się niedobitki, między innymi właściciel sześciu domów, pan Hills, od którego nazwiska pochodziła nazwa całej ulicy Hillside. I on właśnie ze współczucia odnajął Bronkowi niedrogo dwa pokoiki z kuchenką i widokiem na sprowadzony w kawałkach z Francji klasztor. Przewiozłem tam swoją walizeczkę, no i w dzień Bronek łatał i malował mieszkanka w East Village, a ja obdzwaniałem producentów albo tylko czekałem na wiadomości, a wieczorami szliśmy do którejś z knajp na Dyckman Street. Siadaliśmy przy stoliku przy oknie, pijąc tak jak wszyscy Cuba Libre. Bronek opowiadał, jak to się stało, że będąc aktorem w teatrze Idy Kamińskiej w Warszawie, wylądował w Nowym Jorku. Ja mu opowiadałem scenariusz filmowy, który zaczęliśmy z Markiem Piwowskim wymyślać, co to miał być polską wersją filmu *Easy Rider*. A chodziło w nim o to, że Maklakiewicz i Himilsbach jadą na rowerach przez Polskę. Przy stoliku obok matka oliwkowa i gruba popijała Cuba Libre z córką szczupłą, piękną i obwieszoną sztucznym złotem. W obu telewizorach nad barem pokazywano nie żaden baseball, tylko uczciwą piłkę nożną. A Bronek w 1968 roku na tak zwanej fali wylądował w Tel Awiwie. Ale kiedy go chcieli wziąć do wojska, oświadczył, że sobie przypomniał, iż jest jednak katolikiem. Wtedy pomyśleli, że zwariował, i zabrali go na psychiatryczne badania. Nie wiedział, o co w tych testach chodzi, więc dla pewności mazał coś po bokach.

Meksyk albo Urugwaj prowadził 1:0 z Kolumbią albo Paragwajem, a ja opowiadałem, że Jankowi od razu na początku kradną rower, więc Zdzisio wiezie go na ramie. Składają kwiaty przed pomnikiem Lenina i cieszą się z pięćsetkilometrowego dostępu do morza.

Ulicą Dyckman nie było łatwo ani przejść, ani przejechać, bo po obu stronach stały w dwóch rzędach zaparkowane samochody, a na chodnikach przy ustawionych w dwu rzędach stolikach mężczyźni grali w domino albo warcaby. Na każdym stoliku poza szachownicą stało radio, więc po skończonej partii wygrani i przegrani podnosili się na chwilę, żeby zatańczyć salsę albo zagwizdać na przechodzące krokiem rozkołysanym dziewczyny.

Po tych testach Bronka uznano za wariata, więc odesłano go do Ameryki. Liczył w Nowym Jorku na pomoc najpierw kuzyna, a potem żydowskich organizacji, ale się przeliczył. Więc został antysemitą, a wyjątek robił tylko dla Idy Kamińskiej i Juliana Tuwima.

Kolumbia albo Chile wyrównywała na 1:1 z Meksykiem albo Wenezuelą.

Oliwkowa matka pokazywała córce jakieś zdjęcie w „New York Post" i pytała, czy ten, którego szukają za zabicie staruchy, to nie jest czasem jej boyfriend. A córka kiwała głową, że owszem i że on nawet żałuje, bo mu się ta starucha śni po nocach i go straszy.

Zamawialiśmy następne Cuba Libre, przez bar przechodzili i znikali w toalecie na chwilę tak krótką, jaka jest potrzebna na zrobienie zastrzyku z heroiny, czarnowłosi mężczyźni. A ja opowiedziałem, że akcja miała się zaczynać od tego, że Jankowi na Nowym Świecie strasznie się chciało lać, wszedł do jakiejś bramy, ale go milicjant wyrzucił. Wszedł do drugiej, tam były otwarte jakieś drzwi, gdzie za biurkiem siedział mężczyzna w garniturze. Janek się go zapytał, czy tu można się odlać. Tak – odpowiedział ten facet – ale musi się pan podpisać. Podsunął mu jakiś papier – i w ten sposób – mówił Janek – zostałem członkiem Stronnictwa Demokratycznego.

Mieszkanie Bronka było pod samym dachem, a na nim w sierpniowe upały gotowała się smoła. Ponieważ przyszłość nie rysowała się zbyt pewnie, nie chcieliśmy wyrzucać pięciuset dolarów na klimatyzację, więc po prostu w nocy wstawaliśmy parę razy, żeby wziąć zimny prysznic.

Męczy mnie ten prowincjonalizm, więc może jeszcze troszkę o nim. Bo od czego to w końcu zależy? Czy się prowincję, na przykład, nosi w sobie, czy zależy od poziomu umysłowego, położenia geograficznego, ideologii czy od gustu? A znowu kto o tym guście decyduje? Rozdawanie Oscarów wydaje mi się okropnie prowincjonalne, ale jeżeli ogląda to i podziwia parę setek milionów ludzi na całym świecie, to już chyba o żadnym prowincjonalizmie nie ma mowy. W sławnym strajku w Stoczni Gdańskiej brali udział ludzie mocno prowincjonalni, ale kiedy temu strajkowi zaczął się przyglądać cały świat, to czy był on dalej prowincjonalny, czy już przestał. A Fidel Castro jest czy nie jest prowincjonalny? Wiadomo, że nie jest. Ale czy nie jest, bo jest problemem dla USA? Czy dlatego, że ma jakąś paskudną, ale jednak ideologię w świecie, w którym ideologii już nie ma, jest za to nienawiść i wywodzący się głównie z zawiści fanatyzm, którym się odżywiają wszystkie nacjonalizmy? A z kolei, kiedy nacjonalizm przestaje być prowincjonalny? Czy wystarczy Kosowo i Srebrenica, czy jednak trzeba wysadzić WTC? Florencja jest przepięknym miastem. Jest tam i *Dawid* Michała Anioła, i *Maria Magdalena* Donatella. Ale byłem tam w paru mieszkaniach i wszyscy, jedząc spaghetti, oglądali w telewizji najtandetniejsze amerykańskie seriale. No to jak to jest z tą Florencją?

A Mickiewicz? Nie był dużo mniej zdolny od Goethego, ale poza Polską mało kto o nim słyszał. Czy to sprawa języka, czy tego, że się zmagał z caratem? A Goethe robił w sprawie nieśmiertelności interesy z diabłem. I tu o prowincjonalizmie nie ma mowy w ogóle.

Czy przestaje się być prowincjonalnym, kiedy się sobie tę prowincjonalność uświadomi, czy trzeba mieć pięćset milionów dolarów na koncie, mieszkanie w Paryżu i dom na Sardynii? I kto decyduje o tym, jesteś czy nie jesteś prowincjonalny? A co, jeżeli decyduje o tym prowincja? A może kontekst się liczy? Wiadomo, że kobieta i latarnia osobno nic nie znaczą. Ale kobieta pod latarnią to już owszem. Jan Maria Rokita sam nic nie znaczy, ale z posłanką Beger to już zupełnie co innego. Jeżeli stoję w kolejce po bilety na Broadway, to brzmi dobrze, ale jeżeli pod Teatrem Polskim w Warszawie – już gorzej. A co, jeżeli stoi przede mną jakaś sławna pisarka, Krystyna Kofta na przykład? Ciągle brzmi to prowincjonalnie czy może już nie? Takimi rozważaniami skracamy sobie czas, stojąc w kolejce na *Chorus Line*.

Bronek i Roksana

Jedyny producent z off-Broadway, do którego po nie-całych ośmiu miesiącach podchodów udało mi się dotrzeć, jeszcze przed otworzeniem egzemplarza zagadnął: Jak duża jest obsada? Machnąłem lekceważąco ręką, że potrzebuję najwyżej czternastu aktorów. Wtedy zapytał, czy mogę zmniejszyć liczbę bohaterów do siedmiu, jako że za jego pamięci żadna sztuka z większą niż siedmioosobowa obsadą nie była wystawiona na off-Broadway. Z godnością odpowiedziałem: nie! Producent wyglądał na rozbawionego, ale uścisnął mi dłoń i powiedział, że jeżeli zmienię zdanie, mogę do niego zadzwonić. Rozpierała mnie wtedy pycha.

Bo ja, owszem, piłem z Bronkiem Cuba Libre, ale tylko rano i wieczorem. A w południe czasu nie marnowałem. I proszę bardzo. Wprawdzie nie na off, tylko na off-off, więc niestety prawie za darmo, ale jednak wystawiono moje cztery jednoaktówki, których w Polsce nie wystawiono. Po drugie, w bardzo dobrej dzielnicy (róg Madison i Siedemdziesiątej Czwartej) znalazłem na śmieciach prawie nowy materac i z pomocą Bronka przerzuciłem go znanym mi dobrze z piosenki Duke'a Ellingtona *Take the "A" Train* subwayem na samą górę miasta. Rozłożyłem go na podłodze w swoim pokoiku i jeszcze trochę miejsca zostało. Byłem także umówiony z bardzo wpływową osobą z amerykańskiego Pen Clubu. A ponadto rozesłałem egzemplarze *Kopciucha* ze świetnymi recenzjami z Londynu do czterdziestu ośmiu teatrów w Stanach Zjednoczonych i oczekiwałem lawiny propozycji. Poczułem się na tyle pewnie, że zacząłem, nie martwiąc się o cenzurę, pisać sztukę *Fortynbras się upił*, czyli groteskowo-makabryczną wersję Hamleta z norweskiego punktu widzenia. Do tego *Moc truchleje* ukazała się w Anglii, Francji, Niemczech, wtedy jeszcze Zachodnich, i w Szwajcarii, co przyniosło mi parę dolarów. A całkiem dobry agent literacki zgodził się mnie reprezentować.

Raczej śmieszyło mnie niż martwiło, że w Nowym Jorku nie ma pieniędzy na czternastoosobową sztukę. Ponieważ w Polsce, gdzie jak wiadomo, pieniędzy nie było w ogóle, dyrektor teatru nawet nie mrugnął okiem, kiedy mu się przyniosło sztukę na trzydziestu aktorów i dwudziestu statystów.

Ktoś chorobliwie nieufny mógłby zapytać, jak to jest możliwe. Odpowiedź jest oczywista. W Polsce na wszystko, włączając w to pieniądze, należało wtedy patrzeć zgodnie z marksistowską dialektyką jako na zjawisko niejednorodne. Jeżeli pieniędzy nie ma w ogóle, to jest tak samo, jakby ich była ilość nieograniczona. Spełniony zostać musiał tylko jeden warunek: sztuka miała bronić wartości naszego gorącego humanizmu. Ktoś chorobliwie podejrzliwy mógłby zapytać o różnice pomiędzy naszym gorącym humanizmem a humanizmem zwykłym. Odpowiedź jest prosta: nasz był lepszy.

W związku z tym w czasach PRL-u w Polsce nie wystawiono niemal żadnej prawdziwej komedii. To, z czego wolno się było śmiać, nikogo nie śmieszyło. To, z czego ludzie się śmiali, nie przechodziło przez cenzurę. Sprawa z tragedią wyglądała jeszcze bardziej ponuro.

Mój pierwszy utwór, napisany zresztą dla filmu, reprezentował humanizm raczej chłodny. Pierwsza część rozgrywała się wśród alkoholików w obskurnej knajpie. Druga – w pociągu jadącym przed siebie donikąd.

Cenzor zażądał, aby część pierwszą wykreślić, przez co rzecz zyska na zwartości, a w drugiej części znaleźć jakieś miejsce, do którego pociąg jedzie.

Z godnością odpowiedziałem: nie.

Cenzor wyglądał na rozbawionego, ale uścisnął mi dłoń i powiedział, że jeżeli zmienię zdanie, mogę do niego zadzwonić.

To był dopiero początek i gdybym miał więcej rozumu, już wtedy odczepiłbym się od pisania na zawsze. Zamiast tego z reżyserem udaliśmy się do SPATiF-u, czyli klubu aktorów w Alejach Ujazdowskich przy placu Trzech Krzyży.

Przy czarnej kawie rozpoczęliśmy rozmowę utrzymaną w tonacji bohaterów Corneille'a. Potem zamówiliśmy pół litra, potem jeszcze pół i rozmowa zaczęła łagodnie ześlizgiwać się z Corneille'a na Dostojewskiego, ze specjalnym odniesieniem do jednego z bohaterów *Zbrodni i kary*, Marmieładowa, znanego z upodobania do alkoholu i masochizmu. Krótko mówiąc, wdaliśmy się w negocjacje z cenzurą.

Po pół roku osiągnęliśmy dość honorowe porozumienie: knajpa została wycięta, ale pociąg dalej jechał donikąd.

Ktoś chorobliwie podejrzliwy mógłby zapytać, jaka jest różnica pomiędzy dość honorowym porozumieniem a porozumieniem normalnym. Odpowiedź brzmi: dość honorowe jest niehonorowe.

Film ostatecznie nie został nakręcony, ponieważ akurat pierwszy sekretarz KC wybierał się z przyjacielską wizytą do Moskwy i cenzura zatrzymywała wszystkie utwory o podróżach, z *Podróżami Guliwera* włącznie. Niemniej dostałem zaliczkę na pisanie innego scenariusza, która starczyła mi na rok życia.

Ale wróćmy do Nowego Jorku. Sprawy nie wyglądały dobrze, a zaczęło się od tego, że Bronek zakochał się w młodej Ukraince, która miała piękne czarne oczy, osiemnaście lat i nogę w gipsie. Miała też wujka. Ten wujek miał dwa domy z oknami wychodzącymi na Tompkins Square Park i zły charakter. Namówił Roksanę, żeby przyjechała do Nowego Jorku, to jej pomoże zrobić karierę w tańcu klasycznym. W korespondencji wspominał o sławnej szkole Juilliarda oraz o swoich stosunkach w Metropolitan Opera. Ten wujek posiadał ksywkę Pijawka, ale wyższych uczuć nie miał w ogóle. Co innego pisał w listach, a co innego miał w głowie. Jak tylko Roksana weszła z walizką i wspomniała coś o Metropolitan Opera, roześmiał się szyderczo, zdjął spodnie i podarł na niej nowy sweter. Roksana najpierw wyrzuciła przez okno walizkę, w której miała dwie pary baletek, czarny trykot i zapasowy sweter, a następnie skoczyła za nią z pierwszego piętra. Złamała nogę, ale miała szczęście, bo uderzyła o chodnik niedaleko Bronka, który akurat wracał z renowacji. Bronek najpierw ją podniósł, potem się oburzył, następnie zawiózł ją do szpitala, a jeszcze później taksówką w górę miasta. I mimo że Roksana była od niego wyższa, wniósł ją razem z tą nogą i gipsem na trzecie piętro. Wszystko dlatego, że się w niej z miejsca z wzajemnością zakochał.

Bronek bardzo wzruszał się tym, że Ukrainka kocha Żyda i że to jest taka piękna historia jak *Skrzypek na dachu*. Ale miał za krótki materac i w nocy, kiedy dawał Roksanie rozkosz, jej gips walił o podłogę, a lokatorzy z dołu walili w sufit. Przestałem spać w ogóle i zrozumiałem, że się muszę wyprowadzić.

Na szczęście w domu obok, na tej samej Hillside Avenue, mieszkał spawacz ze Stoczni Gdańskiej, który po wprowadzeniu stanu wojennego wyemigrował do Kanady. A potem jakoś się do Stanów przedostał, mieszkał samotnie, cieszył się, że ma z kim rozmawiać o strajku i się do niego z materacem oraz walizką przeniosłem. Zresztą na tych samych warunkach, jakie miałem u Bronka.

Spawacz miał na imię Krzysiek, był blondynem z wąsami i był szczęśliwy. Dostał mianowicie pracę przy renowacji Statuy Wolności i uważał, że ten fakt ma znaczenie symboliczne i można by z tego napisać romantyczną opowieść, a może nawet musical. Ja przed nim swoją książeczkę o strajku schowałem ze strachu, że jak przeczyta, to mi mieszkanie wypowie.

Prawdę mówiąc, kiedy się zaczął sierpniowy strajk, do Stoczni Gdańskiej pojechałem nie tyle w romantycznym porywie czy żeby walczyć z komuną, ale głównie z ciekawości. W powodzenie strajku nie wierzyłem nic a nic. W nawrócenie intelektualistów, pisarzy i poetów, co to ja uczyłem się z ich książek w szkole, też nie do końca. A tu proszę. Patos rewolucji, robotnicy dzielni, nawrócenia jak złoto, Wałęsa nieugięty. Słowem, jak to celnie napisał Kazimierz Brandys w 1954 roku w swojej powieści *Obywatele*: „Wyobraźnia dała się prześcigać swojemu urzeczywistnieniu".

Zrobiło mi się głupio, że się czynnie do działalności antykomunistycznej nie włączałem. Dla wygody albo ze strachu – zacząłem sobą pomiatać. No i zacząłem pisać patetyczną *Moc truchleje*. Ale jakoś tak w miarę pisania mój niedobry charakter wziął górę. Zupełnie się ta książka w Polsce nie spodobała.

W tym domu na Hillside mieszkał, poza Krzysztofem, jeszcze cały tłum emigrantów z Polski, którzy jakoś tam serce pana Hillsa juniora potrafili zmiękczyć. Między innymi Irena Lasota, Jakub Karpiński, filmowy operator Irek Hartowicz, który ostatnio miał całkiem poważny sukces w Hollywood i robi film za filmem, jeszcze jeden wybitny dokumentalista też filmowy, Sławek Grünberg, który ostatnio dostał ważną amerykańską nagrodę, Piotr Naimski, Paweł Nassalski i jeszcze parę osób z Polski.

Troszeczkę mi to poprawiło samopoczucie, ale nie za bardzo, bo na adres Bronka zaczęła napływać korespondencja. Mianowicie z czterdziestu ośmiu kopii *Kopciucha* siedem wróciło z identycznie brzmiącymi listami. Teatry goràco dziękowały mi za wyjątkową szansę, jaką było dla nich zapoznanie się z moją sztuką, wyrażały żal, że nie mogą jej wystawić, i pewność, że inne teatry to zrobią. Pozostałe kopie nie wróciły do tej pory. Bardzo wpływowa osoba z amerykańskiego Pen Clubu, wyraźnie wiedząc coś niecoś o szansach pisarzy emigracyjnych, zapytała, czy nie mam przypadkiem doświadczenia jako górnik. Z Immigration Office otrzymałem po ośmiu miesiącach wiadomość, że według komputerów nie istnieję. A gdybym upierał się przy tym, że istnieję – zostanę deportowany. A rodzina w Polsce zaczęła upominać się o pieniądze. Wprawdzie dwa teatry w Niemczech Zachodnich zawiadomiły mnie, że *Kopciucha* chcą wystawić, ale nie mogą, bo mój agent im nie oddzwania. Udałem zdziwienie, żeby się nie przyznać, że mój agent ze mną też nie rozmawia.

Na wszelki wypadek pomodliłem się, po czym po raz czterdziesty ósmy wykręciłem numer telefoniczny agenta i czterdziesty ósmy raz przeliterowałem swoje nazwisko sekretarce – nie pomogło.

Co gorsza, okazało się, że Krzysztof przyjechał z Kanady nie całkiem legalnie, bo łódką przez jezioro, i pracował na cudzej social security. Jakiś zazdrosny rodak zakapował. Oficerowie z Immigration zrobili nalot na Statuę Wolności, złapali Krzysztofa oraz jednego Turka, mimo że się schowali w pochodni. Skuli ich i deportowali.

I znów się musiałem wyprowadzić. Na parę tygodni przygarnął mnie kolega z Polski, Piotrek Niklewicz, tyle że on właśnie przenosił się do Waszyngtonu, żeby pracować w Wolnej Europie.

Wtedy zacząłem co dwa tygodnie zmieniać mieszkania, bezlitośnie wprowadzając się do bliższych i dalszych znajomych. Nie mogłem spać, a kiedy zasypiałem, dręczyły mnie koszmary senne z Polski. Od rana ukrywałem się przed dozorcą, a mój agent literacki ukrywał się przede mną. Do tego otrzymałem wiadomość z Polski, że Ewa

Zadrzyńska, moja obecna żona, z córeczką otrzymały w końcu paszport i wybierają się do mnie, licząc na luksusowe życie w Nowym Jorku i związane z tym atrakcje. Z tym ich przyjazdem też rzecz się miała ciekawie, bo za pierwszym, drugim i trzecim podejściem paszportu im nie dali. Wtedy z pomocą Johna Darntona, zaprzyjaźnionego dziennikarza z „New York Timesa", kursującego między Warszawą i Nowym Jorkiem, przekazałem Ewie wiadomość, że zadzwonię do niej i powiem coś w rodzaju „wszystko między nami skończone, nie chcę cię więcej widzieć, nie przyjeżdżaj". I zadzwoniłem. Najdalej tydzień później Ewę zaproszono do biura paszportowego i wręczono jej paszport, gorąco zachęcając do wyjazdu, „bo pan Janusz na pewno się stęsknił". Tak jak przypuszczałem, telefon był na podsłuchu i jakiś oficer postanowił zażartować, podsyłając mi niechcianą narzeczoną z córką. No, ale żarty żartami, a teraz to już powstawała konieczność znalezienia jakiegoś w miarę normalnego mieszkania.

W tej sytuacji dla rozjaśnienia umysłu udałem się do irlandzkiego baru na rogu Czternastej ulicy i Siódmej alei. Po pięciu podwójnych absolutach pomysł wykreślenia siedmiu postaci ze sztuki wydał mi się całkiem dobry. Zadzwoniłem do producenta, że się zgadzam, i wesoło zabrałem się do zabijania *Kopciucha*, kiedy – z pewnym opóźnieniem – cud się jednak zdarzył.

Jeden z najsławniejszych producentów nowojorskich – Joseph Papp – odpowiedział na mój telefon i zaprosił mnie na rozmowę.

Arthur Miller i Joseph Papp

Trzy dni później na Lafayette Street najpierw wjechałem ogromną towarową windą na trzecie piętro. Króciutko przesłuchały mnie sekretarki i asystentki i zaraz wpuściły do gabinetu długości dwudziestopięciometrowego basenu na ulicy Konwiktorskiej, na którym zaczynałem, a i kończyłem swoją pływacką karierę. A na końcu za biurkiem, też ogromnym, zobaczyłem niewyraźnie Joego Pappa. Wziąłem oddech jak przed startem i ruszyłem w jego stronę, mijając po drodze plakaty i zdjęcia powieszone równo w ramach i podpisane „Love From Marlon Brando" albo „To Joe from Meryl Streep" czy na przykład „Joe, you are the best, Kevin Kline". Miałem jeszcze do przejścia spory kawałek, bo biura Public Theater mieściły się w opuszczonej fabryce, ale już od samego patrzenia nogi zaczęły mi się trochę trząść, a zęby leciutko dzwonić. Krótko mówiąc, mimo że byłem wzmocniony podwójnym bourbonem rozcieńczonym litrowym budweiserem, poczułem się kiepsko. Może nie aż tak kiepsko, jak się czuł niespodzianie wezwany przez Göringa na rozmowę jego ulubiony aktor Gustav Gründgens, zagrany w filmie *Mefisto* przez Klausa Brandauera, ale niedużo lepiej. Wiedziałem aż za dobrze, że od tego, co usłyszę, jeżeli dojdę, zależy moja przyszłość w Nowym Jorku. A tu jeszcze narzeczona z córeczką już zaczynają się pakować.

Tak sobie rozmyślałem po przejściu połowy drogi. Dla

porządku dodam, że nawet tak daleko bym nie zaszedł, gdyby nie Arthur Miller, do którego też bym się nie dostał, żeby nie Paul Engle, poeta i szef Międzynarodowego Programu Pisarzy w Iowa. Ten program był w czasach PRL-u szansą ogromną, bo pozwalał wyjechać na parę miesięcy do Ameryki, a nie tylko się z nią zapoznawać za pomocą książek i filmów. No i właśnie zaraz po stypendium Departamentu Stanu w roku 1976 pojechałem na następne do Iowa. A w 1981 roku, kiedy mnie przytrzasnęło w Londynie, to zaraz po Bennington Paul znów mnie zaprosił i zapoznawał, z kim się dało. A to z Johnem Barthem, a to z Johnem Irvingiem, a to z Allenem Ginsbergiem. No i właśnie Paul wysłał *Kopciucha* do Arthura Millera. A kiedy już dotarłem do Nowego Jorku, przeżegnałem się i zadzwoniłem.

Arthur Miller mieszka głównie w Connecticut, ale ma też mieszkanie na Upper East Side i jak tylko wszedłem onieśmielony jak się należy, zaczął gorąco wychwalać mój odziedziczony po KGB płaszcz. Zacząłem się bać, że się na tym skończy, ale jednak kiedy skończył z płaszczem, to pochwalił i sztukę.

Co to dla mnie znaczyło, to sobie można wyobrazić. Owszem, w Londynie było dobrze, ale w Polsce mimo reżyserii Kazimierza Kutza recenzje z *Kopciucha* były kiepskie. Ktoś nawet napisał, nic dziwnego, że publiczność nie chce chodzić na polskie sztuki, jak im się pokazuje dydaktyczne opowieści o krzywdzie dziewcząt. Tylko jeden jedyny Kisiel zauważył w „Tygodniku Powszechnym", że to jest taki trochę polski *Lot nad kukułczym gniazdem*.

A tu chwali mnie autor *Śmierci komiwojażera*, na której płakali zgodnie i wyrzuceni z pracy, i ci, co wyrzucają. Autor *Czarownic z Salem*, sztuki o polowaniach na czarownice zawsze i wszędzie. Sztuki, co to rozwścieczyła osławioną Komisję do Badania Działalności Antyamerykańskiej McCarthy'ego. A Miller wezwany przed tę komisję, która łamała albo charaktery, albo kariery tym, którzy odmawiali zeznań, milczał. I kto wie, co by było z jego pisaniem, gdyby nie stała przy nim jego żona Marilyn Monroe, ulubienica całej Ameryki.

Bo taki na przykład wielki Elia Kazan – już nie mówiąc o Disneyu czy Garym Cooperze – to jednak zeznawał i właśnie dlatego, kiedy parę lat temu odbierał tak zwane-go Goodbye Oscar za całokształt, to część widowni wstała, a część wprost przeciwnie.

Tyle że Arthur, kiedy skończył chwalić, to zaraz dodał, że on sam ma trudności z wystawianiem sztuk w Nowym Jorku. Ale że jak próbować, to od góry, czyli właśnie od Joego Pappa. Dodał, że normalnie wysyłać sztuki w ogóle nie warto, bo tam przychodzi dziesięć każdego dnia z całego świata i czytają je studenci po dziesięć dolarów za sztukę. Kiedy zobaczą obce nazwisko, to raczej zarobią tę dychę bez czytania. Więc on sam do Pappa zadzwoni. Ponieważ Joe jest zawsze na dziesięciu telefonach, więc on i zadzwoni, i jeszcze napisze. No i zobaczymy obaj, co to pomoże.

Potem znów rozmawialiśmy o płaszczu, KGB, Rosji, Polsce i komisji McCarthy'ego i Arthur się przyznał, że było całkiem łatwo odmówić składania tych zeznań. Po prostu wyobraził sobie, jak by się czuł, gdyby to zrobił, i już było po problemie. I dodał, że jeden z przesłuchujących po cichu mu obiecał łagodniejsze traktowanie, gdyby załatwił mu zdjęcie z Marilyn.

Tymczasem do biurka, za którym siedział Papp, znacznie się przybliżyłem. Jeszcze przeczytałem na ścianach dedykacje od Dustina Hoffmana i Eliego Wallacha, i już siedziałem. Jak tylko usiadłem, Joseph Papp zaczął *Kopciucha* krytykować. Krytykował i długo, i szczegółowo, a ja zacząłem się pocić i wstydzić tego, że się pocę, więc się jeszcze bardziej spociłem. A kiedy już porzuciłem wszelką nadzieję i chciałem tylko jak najszybciej wyjść, Papp niespodziewanie oznajmił, że w sumie sztuka mu się podoba, wysłał ją do Christophera Walkena, który dopiero co dostał Oscara za *Łowcę jeleni*, i że Walken chce w niej grać. A reżyserować chce jeden z najlepszych angielskich reżyserów, czyli John Madden, który widział *Kopciucha* w Royal Court Theatre – i co ja na to?...

Może to była najszczęśliwsza chwila w moim życiu, a może tylko od wyjazdu z Polski. Kiedy zjechałem tą samą windą na Lafayette Street, trochę szedłem, trochę biegłem i chyba coś do siebie głośno mówiłem. Czyli zachowywałem się tak, jak większość przechodniów w okolicy Astor Place, z tym że ja bez nawet grama kokainy.

Premiera

Parę tygodni później zaczęło się angażowanie aktorów, czyli casting. Agenci teatralni poprzysyłali ze sto kobiet, mężczyzn i dziewcząt, mniej albo bardziej znanych. Główne role były z góry obsadzone. Ale na resztę waliły tłumy. Największe wrażenie zrobił na mnie aktor, który czekał na swoją kolejkę w zaparkowanym pod teatrem rolls-roysie z szoferem, i mimo to go nie wzięli. Nie wzięli też Kate Burton, córki Liz Taylor i Richarda Burtona, mojego ulubionego aktora, którego Liz nazywała Frankiem Sinatrą Szekspira, i wielu innych znakomitości. Rolę Księcia dostała gwiazda *Rocky Horror Show* z Broadwayu, czyli Doris Hartley. Przyszła przystrzyżona na białego jeża i owinięta żelaznym łańcuchem. Powiedziała prawie basem, że lubi tę sztukę i żeby dostać rolę, jest gotowa zmienić kolor oczu, włosów, wzrost i płeć. Raz ją, o ile pamiętam, już zmieniała, ale jej się nie spodobało, więc wróciła do poprzedniej. Wszyscy aktorzy, którzy przyszli, przyjechali albo przylecieli samolotem, wielu aż z Los Angeles, mieli przygotowane dwie sceny i jeden monolog. Ale najczęściej szef castingu przerywał już po trzech zdaniach, mówiąc: „Znakomicie. Dziękujemy. Damy znać". I to była niezła i pouczająca próbka nowojorskiego okrucieństwa.

No i nareszcie zaczęły się próby. Ale powiedziano mi, żebym się jeszcze tak za bardzo nie cieszył, bo to wszystko nic pewnego. Na tydzień przed końcem prób przychodzi Joe Papp i jeżeli mu się nie podoba, żeby uniknąć wstydu i złych recenzji, zdejmuje przedstawienie. I że całkiem niedawno zrobił tak z *Makbetem*. A tu już Ewa z córeczką Zuzią przyjechała.

Z teatru wracałem po dwudziestej trzeciej, bo tutaj próbuje się sztuki tylko miesiąc, ale za to na pełny gaz. Od rana do wieczora z godzinną przerwą na lunch. Wieczorem, a zwłaszcza w nocy, już jest w subwayu luźniej. Bo fala odpływa z Manhattanu i przewód pokarmowy się koło siódmej przymyka. Wtedy już można usiąść wygodnie, a nawet się położyć, po kryjomu popatrzeć na ludzi albo poczytać ogłoszenia i się o większości potrzebnych rzeczy dowiedzieć. Na przykład jak się zarazić AIDS i jak się ewentualnie nie zarazić, gdzie i kiedy zdawać do college'u, jaki jest najlepszy kurs komputerowy i takie tam różne. Można też przeczytać cytaty z Frosta i Audena. Kiedy zobaczyłem cytat z Brodskiego elegancko oprawiony i za szkłem, już wiedziałem, że naprawdę ma sukces, bo Nobel to jest nagroda, która się liczy dopiero od poziomu ulicy w górę. A subway ma kilka poziomów w dół. Pod najniższym żyją jeszcze podobno ludzie-szczury, co to w ogóle nie wychodzą na ulicę. Szczury normalne to żyją na pewno, bo je widać. Na przystankach biegają sobie po szynach i nie budzą zainteresowania. Pierwsze zwierzątko, jakie moja córeczka przyniosła do domu, to był malutki szczur. Dopiero potem doszedł kot i iguana. Niektórzy się szczurów czepiają, ale wcale nie są takie złe. Liczba nowojorczyków pogryzionych przez szczury w ciągu ostatniego roku to niecałe osiemdziesiąt, a nowojorczyków pogryzionych przez nowojorczyków – ponad cztery i pół tysiąca.

Wszyscy wiemy, że metro w Nowym Jorku jest niepodobne ani do londyńskiego, ani tego w Waszyngtonie. Jest dzikie, wysmarowane graffiti, a na ławkach w dzień i w nocy śpią bezdomni. Z początku czułem się niepewnie, kiedy wsiadali młodzi Murzyni w siatkach na głowie, wiszących nisko zgodnie z modą więzienną dżinsach i tenisówkach. Bo ci, co napadają, obowiązkowo noszą Nike, żeby się szybciej poruszać. Wiadomo, że w metrze sporo ludzi ma broń, żeby napadać albo też żeby się bronić. Potem o nich zapomniałem, a po jedenastym września zacząłem zamiast na nich patrzeć na Arabów. Bo skąd można wiedzieć, czy któryś bomby nie wiezie pod płaszczem. Krótko mówiąc, w subwayu człowiek najpewniej się nie czuje. I tak zwane lepsze towarzystwo w życiu pod ziemię nie zejdzie. Ale jak ktoś musi się przepchać w dzień przez Manhattan, to tylko dołem.

No więc z tego teatru do góry na Sto Dziewięćdziesiątą Szóstą zabierałem się głównie nocą. Nie było źle.

Noc w noc młody Azjata śpiewał w metrze przy Astor Place bardzo wysokim głosem *Ave Maria*. I przestał dopiero, kiedy bezdomny Murzyn, który mieszkał na sąsiednim peronie, zerwał się i wrzasnął: „Stop it! Stop this fucking Schubert!"

Najczęściej jechałem „szóstką" do Grand Central. Tam się przesiadałem w shuttle łączący wschodnią stronę Manhattanu z zachodnią. I na Times Square wsiadałem w „jedynkę" osobową albo brałem „A" pośpieszne. „A" jechało szybciej, ale miało gorsze wyjście, bo tunelem skręcającym pod kątem prostym, i nie było widać, jaka tam ewentualnie czeka niespodzianka. Więc jednak głównie „jedynką", która się wlokła, a trochę za Harlemem często stawała na dobre i trzeba było czekać na następną. Wtedy wysiadałem i kładłem się na ławce na peronie, i przysypiałem, słuchając, jak portorykańska matka opowiada małemu synkowi nowojorską bajeczkę.

— No więc on ją udusił.
— Tak?
— Tak, i schował pod łóżko.
— Tak?

– Tak. I trzymał trzy dni, a potem się sam powiesił.

– Tak?

– Tak. Wstawaj, synku, bo jedzie pociąg. – Wstawaliśmy wszyscy i jechaliśmy do domu.

Małe dzieci w metrze zdarzają się w nocy, ale nie za często. W takim Tajpej, czyli na Tajwanie, w autobusach o dziewiątej wieczorem było ich tak pełno z tornistrami, że się zapytałem tłumacza, co tu dzieci robią o tej porze. Zdziwił się i wyjaśnił, że oczywiście wracają ze szkoły. Po prostu uczą się od rana do nocy, bo chcą stąd jak najszybciej wyjechać i studiować na Harvardzie. Bardzo wielu się to udaje. Zdają egzaminy tak dobrze, że nastolatki z Ameryki są bez szans. Więc niektóre uczelnie wprowadzają ograniczenia co do liczby studentów z Azji. A ci, co się nie dostaną, na początek śpiewają w metrze.

W subwayu nocą spotkałem kiedyś mojego byłego studenta z Bennington. W college'u był kapitanem drużyny futbolowej i napisał świetną pracę o cieniutkiej książce Westa *Miss Lonely Heart*. Teraz czytał grubszą – „Jak przeżyć wśród rekinów". Zapytałem, czy jedzie na Karaiby, pokręcił głową, że chodzi o Wall Street.

No, ale jednak w końcu ta premiera nadeszła. I dla mnie to było albo-albo. Ledwie żyłem, spać nie mogłem prawie w ogóle; nie miałem pieniędzy, dostałem szansę. Nie wyjdzie, to drugiej nie dostanę.

Przed przedstawieniem oczywiście poszedłem się napić. I to dużo. Pewnie dlatego to przetrzymałem. Wytrzeźwiałem, kiedy się sztuka skończyła, a kończy się ona ponuro. Wytrzeźwiałem, bo była długa chwila ciszy. Bardzo długa. No to po mnie, pomyślałem. Wreszcie ludzie zaczęli bić brawo i to trochę trwało.

Potem było przyjęcie, ale jeszcze nikt poza żoną oraz piękną i litościwą Ireną Grudzińską do mnie nie podchodził. Bo jeszcze ciągle, to znaczy do godziny dwudziestej trzeciej, kiedy wniosą jutrzejszego „New York Timesa" z recenzją Franka Richa, nie wiadomo, czy to sukces, czy klęska? Warto ze mną rozmawiać czy szkoda czasu? No i weszli ci chłopcy ze stosikami „New York Timesów". A ktoś zrobił mi zdjęcie, jak tę recenzję Richa czytam, a włos mam zjeżony, oczy nieprzytomne. Przeczytałem: „Extremely clever and provocative writing". Potem, że to kafkowska komedia, i już dalej nie mogłem czytać, zresztą nie było po co, bo otoczył mnie tłum aktorów i przyjaciół, którzy czytali szybciej, obsypując mnie pocałunkami wśród okrzyków: „Dżanus, you are great!".

I tego samego wieczoru prezydent wydawnictwa Saint Martin's Press, który był na widowni, zaproponował, że mi wyda u siebie *Moc truchleje*.

I tylko Chris Walken, którego zresztą Rich bardzo pochwalił, zachowywał spokój i nie czytając, wrzucił recenzję do kosza. Miał żal do wszystkich gazet i dziennikarzy, bo parę miesięcy wcześniej był na jachcie, z którego skoczyła do oceanu i utonęła Nathalie Wood, i ostro się za niego prasa wzięła, że też był znarkotyzowany.

Następnego dnia posypały się jedna za drugą świetne recenzje i Jan Kott, który na premierę przyszedł, był ze mnie dumny i przepowiedział, że teraz może być już tylko albo bardzo dobrze, albo dobrze. I ostrzegł, że wchodzę na wysoką karuzelę.

Szlak handlowy,
Żyrardów i Kopciuszek

Kopciuch w ogóle się zaczął od tego, że ktoś opowiedział mi o trzynastoletniej dziewczynce, która w czasie stosunku zabiła swojego piętnastoletniego kochanka drutem do ręcznych robótek, bo się dowiedziała, że ją zdradza. Tę dziewczynkę zamknęli w poprawczaku w Falenicy. A ten poprawczak, żeby brzmiało ładniej, nazywał się schroniskiem dla nieletnich dziewcząt. I jeden wychowawca wystawił w nim z dziewczynkami bajkę o Kopciuszku. Pracowałem wtedy w tygodniku „Kultura", a trochę wcześniej, na studiach, zaprzyjaźniłem się z Markiem Piwowskim. Marek kończył akurat dziennikarkę, a ja polonistykę. Po studiach chcieliśmy obaj zdawać na filmową reżyserię. Ale znajomy mojej mamy, który znał Janusza Wilhelmiego, załatwił mi pracę w tym tygodniku.

W rodzinie ciągle nie było pieniędzy, chociaż ojciec oddawał matce całą pensję na tak zwany dom, zostawiając sobie tylko na kawę i papierosy. Krótko mówiąc, nie było żadnej możliwości, żebym z domu dostawał jakąś kasę. Zostawały mizerne zasiłki ze Związku Studentów Polskich, którymi na dodatek musiałem się dzielić z przewodniczącym komisji stypendialnej, oraz szlak handlowy, czyli studenckie wycieczki zagraniczne.

Pożyczałem w Warszawie parę złotych, kupowałem

kryształowe wazony, które dobrze szły w Czechach, oraz bieliznę pościelową i trójrzędowe plastikowe grzebyki, na które był popyt w Budapeszcie. I jeżeli celnicy przymykali oko, upłynnialiśmy towar na ulicach, a także chodząc po domach. Następnie udawaliśmy się do sklepów w Pradze. Najlepiej się do tego nadawał legendarny dom towarowy Biały Łabędź. Tam nabywaliśmy francuskie składane fajki marki Briar, które w Polsce wstawiało się do komisu na Nowym Świecie przy Chmielnej za dwieście pięćdziesiąt złotych sztuka, oraz niedostępną w Polsce luksusową politurę do mebli, która się w Czechach nazywała pazlatka, i jakiś chyba klej, szelak się nazywał czy coś takiego. To z kolei się upychało w stolarskich zakładach rzemieślniczych na Bagnie. Uzyskane tą drogą pieniądze inwestowałem w dziewczęta bez zasad, we wspomnianym już barze Przechodnim, w Hybrydach, przejściowo w Grand Hotelu, a potem w nocnym Bristolu na Karowej; a także w nabywane na tak zwanych ciuchach dżinsy, na które się wtedy mówiło farmery.

Ciuchy to było targowisko ubrań przysyłanych z Zachodu w paczkach. Władze je niechętnie, ale tolerowały, tyle że przerzucając od czasu do czasu z dalekiego Grochowa gdzieś jeszcze dalej. Byle jak najdalej od centrum, żeby nie psuły postępowego krajobrazu. Na ciuchach przewalały się tłumy. I tam właśnie nabierała szyku młodzież, a i kwiat warszawskiej inteligencji. Najbardziej poszukiwane były amerykańskie kurtki lotnicze, wysłużone na wojnie w Korei. I taką jedną, z naszywką: J. Henderson Jr., udało mi się kupić. Na ciuchach można się było dodatkowo napchać gorącymi pyzami, przegrać parę złotych w miasto, w fart albo trzy karty, albo dać się ogólnie okraść. Bo pracowała tam pierwsza liga złodziei z Targowej, Brzeskiej i Ząbkowskiej.

Kiedyś ukradziono mi tam torbę z dopiero co kupioną marynarką. Podbiegłem do łażącego między straganami sierżanta milicji i się poskarżyłem. Wyciągnął z raportówki notes i zapytał:

– Imię, nazwisko i adres złodzieja? – a kiedy powiedziałem, że nie wiem, rozbawił się: – To co, chcecie, żebym latał po bazarze i szukał waszej marynarki?

Przyznałem mu rację i przeprosiłem. Odpowiedział, że nic nie szkodzi.

Na ciuchach wszystko było trochę używane i bardzo drogie, bo zagraniczne. Buty też tam były, ale ja w czarne szpiczaste, tak zwane rokendrole, zaopatrywałem się na Nowym Świecie koło Harendy. Szył je tanio, na zamówienie, szewc noszący ksywkę Filantrop. Imperium Filantropa w związku z ewolucją mody doprowadził do upadku w połowie lat sześćdziesiątych Śliwka, szyjący na Marszałkowskiej calipso – z nosem zaokrąglonym. Spodnie szyłem u pana Zenka na Brzeskiej, który umiał jako jedyny w Warszawie szyć dopasowane. Na podwórku stała figurka Matki Boskiej otoczona sztachetami, pożółkłymi troszeczkę od moczu, a on mieszkał na piętrze czwartym, w długim korytarzu, po którego obu stronach były pokoiki pojedyncze, a na końcu wspólny kibel. Pan Zenek zawsze w czasie miary zadawał elegancko pytanie: „Pan, panie Januszu, w której nogaweczce szabelkę nosi?".

Dzisiaj w związku z ogromnym wzrostem prestiżu zawodu krawca byłby tytułowany designerem i jak Arkadius udzielał wywiadów do „Claudii" czy „Cosmopolitan" o przyszłości świata. Niestety, to były czasy, w których mężczyzna, żeby wzbudzić pożądanie u kobiet, musiał pachnieć wódką i papierosami. A pan Zenek kobiety kochał, więc zrujnował sobie zdrowie. W związku z czym żył szczęśliwie, ale krótko.

Parę lat później z Januszem Kondratiukiem i Maćkiem Karpińskim próbowaliśmy zapisać coś z tamtych czasów w formie nigdy nieskończonego musicalu pod tytułem *Sylwester w Ryju*. Była tam piosenka szlaku handlowego zaczynająca się od słów: „Jechałem z kryształem, na granicy mało co się nie zesrałem...". Ale ta poezja, jak tyle innych wartościowych, utonęła w niepamięci. Na ostatnim roku polonistyki jeszcze dorabiałem parę groszy teatralnymi recenzjami, które ktoś za mnie czytał w Polskim Radio, ale to solidarnie oddawałem na dom.

Tak więc zatrudniłem się w „Kulturze", a na reżyserię poszedł Marek Piwowski, samotnie. W piśmie zaangażowany zostałem najpierw na stanowisku drugiego sekretarza redakcji. Pierwszym był zięć Jarosława Iwaszkiewicza, Jan Wołosiuk. Potem drukowałem tam reportaże, następnie opowiadania, a na końcu głównie felietony. Ten reportaż o Falenicy to był mój drugi, pierwszy był o morderstwie w Żyrardowie.

Otóż w połowie lat sześćdziesiątych dwóch osiemnastolatków, Henryk Denoch i Piątkowski, wracało wieczorem z knajpy. Po drodze potrącili jakiegoś gościa. Ten zaczął się stawiać, więc Denoch wpakował mu parę noży. Miał pecha. Zadźgany był członkiem ORMO, więc sprawą zainteresowała się stolica. Parę lat później szef wydziału zabójstw w Warszawie powiedział mi, że z reguły, kiedy sprawą interesuje się centrala, śledztwo prowadzone jest niesłychanie energicznie. „Kiedy przyjeżdżamy, zwykle już siedmiu czy ośmiu się przyznało. My nie musimy łapać, tylko sobie wybrać. Myślę, że czasem wybieramy właściwego". Tamtej nocy, ponieważ to była sobota, w Żyrardowie zatrzymano ponad pięćdziesięciu mężczyzn. Większość miała pokrwawione ubrania i nic nie pamiętała. Przyznało się piętnastu. Akurat Henryka Denocha między nimi nie było. Złapano go później, bo przechwalał się jakiejś panience i ona go przykablowała.

Pojechałem na proces i w ten sposób się trochę więcej o kraju dowiedziałem, że jest na przykład znane powiedzenie „rozwód po żyrardowsku", czyli za pomocą siekiery. Że w wielu mieszkaniach przodującej siły narodu nie było kanalizacji. Ale za to na podwórzach stały pompy z żelaznymi wajchami. Mężczyźni zresztą się na to nie skarżyli, bo wieczorami wysyłani przez żony wychodzili z wiadrami po wodę. Oczywiście zamiast do pompy szli do knajpy. W szatni wieszali wiadra na numerkach. Więc te wiadra wisiały sobie zamiast płaszczy, których nie mieli, długim rzędem. Po paru godzinach żony wysyłały po ojców dzieci. Czasami, ale nie zawsze, kiedy w ciemnych ulicach tatusiów odprowadzały dziewczynki, to te córki się ojcom z kimś myliły. I potem żony robiły się jeszcze bardziej zazdrosne.

Ponieważ, jak wspomniałem, zabity był ORMO-wcem, Denoch dostał karę śmierci, a Piątkowski za to, że z nim szedł, dwadzieścia pięć lat. Jego rodzina zresztą za bardzo nie narzekała, bo zamieszkiwała w siedem osób jeden pokój. I dało się wytrzymać tylko dzięki temu, że trzech jej członków było zawsze w więzieniu. Denoch do końca zachowywał się charakternie. Jak się go przed powieszeniem uprzejmie zapytali o ostatnie życzenie, powiedział tylko pogardliwie: „Róbcie swoje".

Fragmenty procesu w celach wychowawczych, czyli odstraszających, pokazała telewizja. Ale Denoch był ładnym chłopcem, na palcach prawej ręki miał wytatuowane „Pirat" i ku sporemu rozczarowaniu prokuratury zaczęły do niego napływać listy miłosne od uczennic z okolicznych szkół. Dziewczynki go uznały za buntownika przeciw szarej rzeczywistości, upitym rodzicom, gwałcącym ojcom i ogólnie smutnemu życiu.

Jeden z tych listów próbowałem w „Kulturze" wydrukować, ale cenzura nie puściła. Więc coś tam z niego wziąłem później do opowiadania *Ból gardła na dwóch*, a na razie napisałem reportaż pod tytułem *Żyrardowskie noce*. Ponieważ, jak wspomniałem, Żyrardów to miasto z proletariackimi tradycjami, to i ulice też się odpowiednio nazywały. A jak się jakaś nazywała nieciekawie – Mickiewicza na przykład, to zmieniałem na odpowiedniejszą. Więc Denoch w moim tekście opowiadał, że: „Pierwsze dwie flaszki zrobiliśmy na Armii Czerwonej, później doprawiliśmy w melinie na Nowotki, potem poszliśmy na Lenina do baru Młoda Gwardia, tam wziąłem nóż i poszliśmy na Dzierżyńskiego". I to tło albo sceneria czy też topografia nadawała większą, że tak powiem, wyrazistość.

Zupełnie niedawno w kawiarni na rogu Sto Drugiej ulicy i Broadwayu w Nowym Jorku przerzucałem gazety od wielu tygodni zapchane od góry do dołu informacjami o mniej znanej stronie życia prywatnego katolickich księży. Czytałem na przykład wspomnienia siedmioletniego chłopca, jak ksiądz po mszy świętej zaprosił go do zakrystii w kościele Przenajświętszej Trójcy i poprosił, żeby zdjął spodnie. Potem poszli razem do Najświętszego Serca Jezusa, gdzie przyłączył się inny ksiądz i poprosił chłopca, żeby ukląkł, i obiecał, że mu pokaże nowy sposób przyjmowania komunii. Potem poszli do kościoła Miłosierdzia Bożego... I wtedy nagle i niespodziewanie mi się te nazwy żyrardowskich ulic przypomniały. Dla porządku wspominam, że ta nagonka na księży zaczęła się, jak prawie wszystko w Ameryce, od pieniędzy. Bo najrozmaitsze wielkie fundacje, a i osoby prywatne zaczęły się krzywić na to, że setki milionów z ich dotacji idą w mniejszym stopniu na pomnażanie chwały bożej, a w większym na załagodzenie spraw księży pedofilów. A księża ci, mimo wielokrotnego zwracania im uwagi przez przełożonych, a nawet surowego przenoszenia ich z parafii do parafii, nadal narażali Kościół na straty. Księża katoliccy biali i czarni bronili się dość przekonywająco, że to oni padali ofiarami rozpasanych seksualnie, jak to w Nowym Jorku czy Bostonie, siedmiolatków. Twierdzili też, że uczyniono z nich kozły ofiarne, i atak akurat na katolickich księży jest nie fair, bo nie ma żadnych dowodów, że w innych religiach jest inaczej.

Przy okazji księża kochający inaczej żalili się na dyskryminację i nietolerancję, bo na przykład w wielu krajach Ameryki Łacińskiej związki heteroseksualne księży nie wywołują większych emocji, a dzieci, które stąd się biorą, są życzliwie traktowane. Podczas gdy pary męskie są ciągle źle widziane.

Jak wiadomo, sprawa oparła się o papieża. Kardynał atakowany za przymykanie oczu na to, co się działo w archidiecezji nowojorskiej, zrzekł się swojej funkcji, a za długi sprzedano jedną i drugą parafię. I pomyśleć, że jeszcze nie tak dawno ustawiały się przed kinami pikiety, protestując przeciw wyświetlaniu filmu *Ksiądz*, którego bohater mało że ulegał namiętnościom, to nie całkiem heteroseksualnym.

Wszystko było oczywiście rozdmuchane przez media, bo w sumie tych zgłoszonych spraw było niecałe pięć tysięcy. Tylko kilkoro dzieci popełniło samobójstwo i przy wejściu do tylko jednego kościoła wierni zmienili ogromny złoty napis z „House of God" na „House of Rape".

Wracając do *Kopciucha*, w jakiś rok po Żyrardowie wsiadłem w elektryczny do Falenicy, nie podejrzewając, jak mi to całe życie zaplącze. Tego wychowawcę, co tam kiedyś próbował wystawiać *Kopciuszka*, już wyrzucono za głupie pomysły. Porozmawiałem z sześćdziesięciopięcioletnim palaczem w kotłowni, który poskarżył mi się po cichu, przy drugiej flaszce, że życie jego stało się nie do zniesienia, ponieważ te młode bandytki zmuszają go do dmuchania ich po całych nocach. Potem z wychowawcami, którzy przyznali, że ten poprawczak to na pewno nie jest raj, że, owszem, zdarzają się dosyć często ucieczki z zakładów, ale też całkiem często jest odwrotnie. Dziewczynki uciekają do zakładu z domów rodzinnych, żeby odpocząć i chociaż na parę miesięcy odgrodzić się kratami od najbliższych. Tamtą dziewczynkę już gdzieś przeniesiono, ale były inne. Jedną, trzynastoletnią, która siedziała za skok na jubilera – starszego już człowieka, po trzydziestce – spytałem, co najbardziej lubi i czego się najbardziej boi, i czy kocha rodziców. Okazało się, że najbardziej lubi bawić się lalkami, a najbardziej boi dostać choroby wenerycznej, a jej ojciec chce tego samego, co wszyscy. Zapytałem jeszcze o braci Grimm. Przyznała, że jak czyta bajki, to zaczyna płakać.

I wtedy napisałem ten drugi reportaż, który nazywał się *Męczeństwo i nadzieja Kopciuszka wystawione na deskach schroniska dla nieletnich dziewcząt w Falenicy*. Potem pojechałem tam z Markiem Piwowskim, który akurat skończył reżyserię, i operatorem Zygmuntem Samosiukiem, porozmawialiśmy jeszcze z paroma dziewczynkami i zrobiliśmy z tego scenariusz. Marek to wyreżyserował i powstał dokument *Psychodrama, czyli bajka o Kopciuszku wystawiona na deskach schroniska w X*.

Tą drogą, długą i krętą, przybliżyłem się do teatralnej sztuki, czyli *Kopciucha*.

W mojej sztuce – z lekka przewidującej narodziny gatunku reality show – do takiego właśnie zakładu przyjeżdża filmowy reżyser – który zresztą, żeby było jasne, nic a nic z Markiem nie ma wspólnego – bo się dowiedział, że dziewczęta wystawiają bajkę o Kopciuszku. Uważa, że to jest materiał na film, który wstrząśnie sumieniem jurorów na zagranicznych festiwalach, i jest nadzieja, że te liberalne pedały na Zachodzie się popłaczą. Reżyser ożywia akcję bajki mniej lub bardziej prawdziwymi historiami dziewcząt. Ale życie w tym zakładzie, chociaż całkiem koszmarne, jest ciągle za mało ciekawe na Grand Prix. Do tego dziewczyna grająca w bajce Kopciuszka zaczyna fikać i odmawia wykonania psychicznego strip tease'u przed kamerą. Więc dla dobra sztuki reżyser, z pomocą cokolwiek psychopatycznego zastępcy dyrektora, wrabia ją w kapowanie i napuszcza na nią: Wróżkę Dobrą, Siostry

Złe, Ojca, Macochę, Mysz, a zwłaszcza rządzącego „drugim życiem" w zakładzie poprawczym – Księcia. Wszystko wychodzi świetnie, bo zaszczuty Kopciuszek przed kamerą przecina sobie żyły. Reżyser to nakręca i jest już prawie pewien otrzymania co najmniej ekumenicznej nagrody za obronę praw człowieka i przyznanie jednostce w rzeczywistości totalitarnej prawa do buntu i do powiedzenia „nie".

Jak zostałem tancerzem
i Wigilia w Marriotcie

Napisałem, że jedyne pieniądze, jakie zarabiałem na studiach, pochodziły ze szlaku handlowego. To prawda, ale nie do końca. Tak było na pierwszych latach, ale już na trzecim roku polonistyki fortuna zaczęła się uśmiechać. Jak wspomniałem, wyrzucono mnie ze Szkoły Teatralnej za zupełny brak zdolności i cynizm. Za sam brak zdolności się u nas nie wyrzuca, o czym się można łatwo przekonać, chodząc do teatru albo i do kina. Co do zdolności, to się nie będę upierał, ale ten cynizm mnie zabolał. Byłem wtedy akurat zranionym w uczuciach idealistą. Owszem, może i przesadziłem z jajkiem i szachem królowi. Przyznaję, że uzyskiwałem dobre wyniki z przedmiotów teoretycznych, takich jak historia teatru czy sztuki, co budziło naturalną podejrzliwość profesorów, ale żeby od razu wyrzucać...?

Moja biedna mateczka już przedtem miała wyrzuty sumienia, że urodziła mnie w przeddzień wojny. Teraz, widząc, że w młodym wieku spada na mnie jedno upokorzenie za drugim, chodziła po mieście, rozpowiadając, że „Jankowi stała się krzywda, bo kocha teatr". Jeden z pisarzy, którego książkę redagowała, się wzruszył i załatwił mi pisanie recenzji teatralnych w Polskim Radio. Jest to jeszcze jeden dowód, że gdyby nie protekcja, to już by nie było w ogóle żadnej sprawiedliwości. W radio poznałem utalentowanego dziennikarza Ryśka, specjalistę od spraw międzynarodowych, który zapraszał mnie do barku w Bristolu i udzielał rad. Chodziło głównie o to, żebym o wszystkim pisał dobrze, a jeżeli nie będzie mi się podobało, to bardzo dobrze. W ten sposób nikt nie zwróci na mnie uwagi. Te teatralne recenzje będę sobie pisał spokojnie do śmierci, miał za darmo bilety do teatrów i jeszcze parę złotych. Powiedziałem mu szczerze, że do teatru chodzić nie lubię. A jeżeli się zgodziłem te recenzje pisać, to nie dla pieniędzy, bo większe zarabiam na kryształach, tylko żeby tak jak hrabia Monte Christo się odegrać na tych, co mnie skrzywdzili. Rysiek się zmartwił, przepowiedział, że to długo nie potrwa, i zapytał, czy poza zemstą mam też jakieś uboczne zainteresowania, na przykład, czy umiem tańczyć. Bo właśnie jego znajomy pisarz, głównie kabaretowy, Jan Majdrowicz, szykował nowy program kabaretu Klaps.

Ten kabaret działał w kinie Palladium po ostatnim seansie. I Majdrowicz coś mu wspomniał, że myśli o pokazaniu młodzieży, która by spróbowała na trzeźwo tańczyć rock and rolla. Nie za śmieszne pieniądze, jakie płacą za recenzje, tylko za prawdziwe. Powiedziałem, że poćwiczę, a na razie napisałem na studiach referat o *Fałszerzach* Gide'a i zacząłem w recenzjach ścigać swoich profesorów. W tej dziedzinie wkrótce zasłynąłem z okrucieństwa i bezczelności. Do radia zaczęły przychodzić listy protestacyjne od aktorów, widzów i reżyserów teatralnych. Raz, kiedy napisałem jadowitą recenzję z *Pożądania w cieniu wiązów* O'Neilla z żoną premiera Józefa Cyrankiewicza, Niną Andrycz, grającą prostą, amerykańską farmerkę, poza listami przyszło nawet dwóch facetów z UOP-u czy czegoś w tym rodzaju. Ale szefowa mojej redakcji, Janina Titkow, której mąż był wtedy sekretarzem KW PZPR, sprawę zahamowała. A przy okazji powiedziała, że przejrzała moją teczkę i jest tam napisane, że chcę uciec do Francji i zostać kelnerem. Rzeczywiście coś takiego powiedziałem w stanie silnego rozgoryczenia jednemu z profesorów obecnej Akademii Teatralnej, a on mnie na wszelki wypadek zakapował. Rysiek obserwował to wszystko i kręcił głową, że koło mnie robi się „sytuacja" oraz wypytywał, czy nie zaniedbuję rock and rolla.

Ponieważ już napisałem źle o wszystkich profesorach, straciłem motywację, rzuciłem recenzje i zgłosiłem się na próbę do kabaretu Klaps. Przy okazji chciałbym ostrzec młodzież, która może ewentualnie chcieć zostać teatralnymi recenzentami, że jest to zajęcie paskudne, niskopłatne, zmusza do oglądania polskich sztuk współczesnych oraz klasyki i warto je uprawiać, tylko jeżeli się nie umie tańczyć.

Ale ponieważ jestem dzieckiem szczęścia, zostałem razem z legendarnym playboyem Olkiem Naleśnikiem, żoną jazzmana Izą Zabieglińską i śliczną blondyneczką Ingą, która szybko zniknęła z Polski, zaangażowany w kabarecie Klaps do numeru tanecznego. Tak więc co wieczór punktualnie o godzinie dwudziestej drugiej, żeby zabić tremę, wypijaliśmy szybciutko po pół litra w garderobie, a następnie konferansjer zapowiadał: „Tak tańczy się bez alkoholu. Rock and roll sputnik, czyli sputniki rock and rolla", i my w rytmie Billa Haleya wtaczaliśmy się na scenę w kolorowych koszulach i obcisłych spodniach. Rysiek, który akurat zaczął prowadzić Dziennik TV, załatwił nam dobre recenzje, a moje zdjęcie z Izą Zabieglińską powieszono na wystawie sklepu z wędlinami na Nowym Świecie. Słowem, wszystko szło dobrze. Co wieczór po godzinie dwudziestej trzeciej wracałem sobie spacerkiem na ulicę Bednarską, gdzie mieszkałem z rodzicami. Szedłem ulicą Chmielną, na której wtedy się znajdowało centrum nocnego życia. Kobiety pracujące na ulicy były na ogół starsze i nie za bardzo w moim typie. Zresztą, kusząc klientów, odwoływały się na ogół do wyższych uczuć, mówiąc: „Synku, daj babci zarobić, twarz nieważna, chodź umrzeć w moich ramionach z rozkoszy". Tak więc co noc stawałem przed poważnym problemem moralnym, czy wypada odmówić starszej kobiecie, która potrzebuje pieniędzy. Te kobiety z Chmielnej, tak samo jak i te, które zarabiały pod hotelem Polonia, były, jak większość społeczeństwa, sfrustrowane i do socjalizmu rozczarowane. Skarżyły się, że wojna zabrała im najlepsze lata życia, a obecnie mężczyźni za smoczek płacą grosze. Z zawiścią mówiły o młodych koleżankach, które są opłacane w dolarach. Jak wiadomo, Polacy lubią narzekać.

Ale muszę uczciwie powiedzieć, że oprócz takich niechętnych reakcji na rzeczywistość spotkałem wiele młodych dziewcząt, które myślały inaczej. Zwłaszcza tych, które przyjechały z biednych, powiatowych miast albo zapyziałych miasteczek i były wdzięczne ustrojowi, że dał im szansę awansu, pracy w Bristolu, Europejskim dziennym i nocnym, czyli w Kamieniołomach, oraz szansę poznawania języków, zakupu mieszkania i godnego życia. Ale i te pozytywnie myślące dziewczęta, jak wszyscy artyści w krajach totalitarnych, stawały przed niełatwymi moralnymi wyborami.

Oczywiście nie chodziło w ogóle o to, że trzeba się było opłacać portierom. Kłopot był ze Służbą Bezpieczeństwa, która interesowała się życiem Warszawy po zmroku: kto zdradza żonę, puszcza pieniądze, ma dolary i takie tam różne, pożyteczne przy szantażowaniu. Dziewczyny w zasadzie mogły nie zgodzić się na kablowanie, ale za to groziły im szykany i represje. Na przykład odmawiano im stempelka w dowodzie uprawniającym do odwiedzenia bratniej Czechosłowacji czy NRD, wzywano do komisariatu i tam przymuszano do upokarzających usług, bo i za darmo, i zbiorowo. Robiono naloty na mieszkania, wystraszając zagranicznych gości, a nawet wywierano nacisk na ambulatoria, żeby odmawiały wydania „prawa jazdy", jakie otrzymywało się co miesiąc po pomyślnym przejściu testów na obecność chorób wenerycznych. A bez aktualnego „prawka" działalność gospodarcza była nielegalna. Krótko mówiąc, dla młodych dziewcząt, które poważnie myślały o przyszłości, była to niełatwa próba charakteru. I trudno się dziwić, że niektóre, stojące moralnie niżej, załamywały się i szły na tak zwaną konfidencję. Miały wtedy ze strony milicji wszystkie ułatwienia i tylko jednego, oczywiście nie licząc alfonsa, opiekuna, któremu składały meldunki i który miał legalne prawo je za darmo posuwać.

Była to bez wątpienia sytuacja luksusowa, gdyby nie moralny dyskomfort i pogarda, jaką okazywały im koleżanki, które się nie ugięły.

To wszystko doprowadzało często do bolesnych decyzji – wychodzenia za mąż za bogatego cudzoziemca i opuszczenia kraju. Tak odjechały Paszcza i Paskuda, Sztafeta, Patelnia i Czar Starówki, Pstynka, Kuma, Drabina i wiele innych, udając się najczęściej na ziemię włoską albo do zachodnich Niemiec.

Ale okazało się, że dla wielu z nich tęsknota za krajem stała się nie do zniesienia. Rok temu w restauracji hotelu Marriott w wigilię świąt Bożego Narodzenia nagle usłyszałem wołanie: „Głowa!" i zobaczyłem znajome twarze. Okazało się, że lata spędzone na uchodźstwie nie zniszczyły przyjaźni. Te wszystkie dziewczyny, a teraz już dojrzałe bizneswomen, urządziły w restauracji hotelowej świąteczny zjazd. Jedliśmy homara, piliśmy chivas regal, a potem szampana Krug Clos du Mesnil rocznik '85. Pięknie migotała kolorowymi lampkami choinka, a my wspominaliśmy koleżanki, które też odniosły sukces. Stały się animatorkami życia kulturalnego Polonii w Australii i obu Amerykach, ale nie zdołały dzisiaj być z nami. Wspominaliśmy i te, którym się nie udało, które jak Szuflada czy Czar Starówki przepadły gdzieś na zawsze, i takie jak Lolitka, która wyszła za mąż za wnuka jednego z najsławniejszych amerykańskich prezydentów i mieszka w zamku gdzieś w Nowej Anglii, ale zerwała wszelkie kontakty, wyrzekła się korzeni. I nawet nie przyszła na nowojorski pokaz arcydzieła Andrzeja Wajdy *Pan Tadeusz*. Ale na szczęście większość z nich nie utraciła związku z ojczyzną. Okazało się, że Paszcza była właścicielką dużego centrum handlowego, Patelnia sponsorowała wybory jednego z wicewojewodów. Był to zresztą były porucznik, z którym przed laty poszła na konfidencję, ale człowiek ludzki, a poza tym miał wielkiego chuja.

Tego wieczoru Paszcza i Patelnia wyszły wcześniej, bo wybierały się na pasterkę.

A mnie nad ranem Paskuda odwiozła na Bednarską. Jechaliśmy wolno przez nocną, pokrytą śniegiem Warszawę i ona dziobała palcem w przednią szybę mercedesa, pokazując miejsca, gdzie zaczynała karierę, robiła pierwsze smoczki. Płakała i nie wstydziła się łez. Paskuda, jak każdy uczciwy Kopciuszek, wyszła za italiańskiego księcia i mieszkała w Wenecji. Ale nie była szczęśliwa.

– Nazywam się siniora Toczineli, chodzę po pałacu, przeklinam, nikt mnie nie rozumie – powiedziała przez łzy. – Powiem ci, Janek, uczciwie, ja się czasem boję, że tracę tożsamość – wyznała, kiedyśmy się już żegnali. Paskuda musiała wcześnie rano jechać do Wenecji. Obiecałem, że przyślę jej wszystkie książki Olgi Tokarczuk.

A potem długo jeszcze spacerowałem po Starówce. Przed moim domem handlarz choinkami patrzył smutno na niesprzedany towar i próbował namówić wracającego z pasterki sąsiada-agenta ubezpieczeniowego.

– Sprzedam tanio, za dwadzieścia złotych.

– Panie, za dwadzieścia złotych to ja mogę kupić pół litra.

– Ale pół litra kupuje pan codziennie, a choinkę raz na rok.

SPATiF

Jak wiadomo, Lew Tołstoj, zanim przepasany zgrzebnym sznurem rozpoczął pielgrzymkę po Rosji, pomstując na erotyczne wyuzdanie, regularnie korzystał w swoich wioskach z prawa pierwszej nocy, a urodziny najchętniej obchodził w burdelach. Moja ciotka Ala po mocno burzliwej młodości, w wieku dojrzałym, wzorem świętego Franciszka, przystąpiła do rozdawania biednym najpierw pieniędzy, a następnie ubrań i mebli. Ale jako że świat scyniczniał, zamiast stać się obiektem kultu, została przez najbliższych zamknięta w Tworkach. Kiedy Janusz Wilhelmi zginął w samolotowej katastrofie, Krzysztof Mętrak napisał o naszym byłym naczelnym, mówiąc łagodnie, niepochlebny wiersz i został za karę wyrzucony z „Kultury". Wkrótce potem, kiedy siedzieliśmy z Krzysiem w Czytelniku, lecząc się poranną czarną kawą, przysiadł się do nas poeta i eseista Artur Międzyrzecki i z troską zapytał Krzysztofa, co u niego słychać.

– No cóż – odpowiedział ponuro Mętrak – siedzę w domu, piszę, czytam.

– Gdyby mi to powiedział oficer kawalerii rosyjskiej, tobym mu współczuł. Ale pan jest przecież pisarzem – zauważył Artur. Czechow miał wątpliwości, czy ma prawo pisać, jeżeli nie zna odpowiedzi na pytanie: jak żyć. W latach sześćdziesiątych i siedemdziesiątych całkiem spora grupa polskich artystów i pisarzy, oczywiście włącznie ze mną, szukała tej odpowiedzi, trując się póki co alkoholem w warszawskim SPATiF-ie. Przy czym atmosfera ogólnej niemożności sprawiała, że zajęcie to wydawało się całkiem logiczne.

Wiadomo, że kiedy człowiek ma na co dzień pod ręką coś tak cudownego, jak możliwość upicia się w ciekawym towarzystwie, to tego nie docenia. Mickiewicz zauważył piękno Litwy dopiero w Paryżu. Ja też musiałem wyemigrować i dopiero z perspektywy Nowego Jorku, w którym alkoholicy i prostytutki, narkomani i artyści podzieleni są bardzo starannie według wysokości konta w banku, zacząłem doceniać niezwykłość knajpy w Alejach Ujazdowskich, obstawionej przez gmach KC, kościół na placu Trzech Krzyży, pomnik Chopina i urząd cenzury na Mysiej.

Ja już pisałem o SPATiF-ie wiele razy, ale straciłem w nim za dużo zdrowia i pieniędzy, żeby mu się teraz nie odwdzięczyć.

W SPATiF-ie dyskutowało się Heideggera i aktualny kurs dolara, szanse odzyskania niepodległości i napicia nierozcieńczonego jarzębiaku, zrobienia dobrego filmu i okradzenia bogatego Szweda przy barze. Przychodzili tu aktorzy i ladacznice, reżyserzy i prości alkoholicy, pisarze reżimowi i opozycyjni, za którymi sunęli tajniacy. Kiedyś przyprowadziłem tu korespondenta „New York Timesa" Johna Darntona. Nie było wolnych stolików, więc zapytałem świetnego satyryka, Janusza Minkiewicza, czy można się przysiąść. Odpowiedział: „Powiedz temu Amerykaninowi, że jak nie przyszedł w 1945, to teraz niech spierdala". Po paru setkach czystej do rozpoczynających karierę absolwentek Szkoły Teatralnej podchodzili kolejno młodzi reżyserzy, proponując im główne role.

– A jaki jest tytuł tego filmu? – pytały bardziej doświadczone i słysząc, że na przykład *Popiół i diament*, odpowiadały: – A w tym to ja już sześć razy zagrałam.

Tutaj nabierali sił przed mistrzostwami Europy i świata

i olimpiadami sławni sportowcy, Andrzej Badeński, Włodek Sokołowski i Witek Woyda. Tutaj Władek Komar dolewał do kury w rosole ćwiartkę wódki i ten koktajl duszkiem wypijał. A znów inny korespondent amerykańskiej wolnej prasy podrzucany przez Włodka pod sufit przyznał, że bał się bardziej niż w Wietnamie.

Do SPATiF-u zaglądał i Jerzy Turowicz, i młodziutki Marcin Król, Henryk Bereza, Paweł Hertz i znakomity tłumacz Henryk Krzeczkowski. Jerzy Andrzejewski walczył tu z bardzo kiedyś wpływową krytyczką Alicją Lisiecką o duszę Krzysia Mętraka. Tutaj ze Zdzisiem Maklakiewiczem i Markiem Piwowskim wymyślaliśmy rozmowę o filmie polskim w *Rejsie*. Nienagannie elegancki Antoni Słonimski opowiadał, jak było, a obok było, jak jest. Kiedyś weszła starsza kobieta ze śladami wielkiej urody. Wbiła wzrok w pana Antoniego. On zerwał się i zawołał: „Loda!", ona krzyknęła: „Tosiek!". I to była Loda Halama, wielka gwiazda przedwojennych kabaretów. Spotkali się po wielu latach, bo pani Loda mieszkała na stałe w Londynie.

Tam przyszedłem szukać pociechy, kiedy Amerykanie wytypowali mnie na Międzynarodowy Program Pisarzy na uniwersytecie w Iowa, a tak zwana strona polska powiedziała nie, bo dopiero co wróciłem ze stypendium Departamentu Stanu. I tutaj znalazła się na to rada. O ten wyjazd do Iowa szła zawsze walka, bo wydział kultury KC chciał mieć wpływ na to, kogo Amerykanie zapraszają, a oni się nie zgadzali.

Więc kiedy popijając inwalidę, czyli tatara z jednym jajkiem, lornetą, czyli dwoma setkami, się użalałem na złe traktowanie, pijący obok były dygnitarz partii, wyrzucony, więc obecnie zagorzały opozycjonista i alkoholik, bez wahania poradził:

– Musisz się na kogoś powołać. Najlepiej zadzwoń do towarzysza Łukaszewicza odpowiedzialnego za propagandę w Biurze Politycznym. On będzie zaskoczony, że do niego dzwonisz, i kto wie, może cię z nim połączą. Jeśli połączą, to powiedz, o co chodzi, i poproś o pomoc. On ci oczywiście nie pomoże. Ale nie o to chodzi. Bo wtedy możesz już zadzwonić do dyrektora wydawnictwa RSW Prasa z prośbą o paszport służbowy i powiedzieć: „Towarzysz Łukaszewicz zna sprawę" – co będzie akurat prawdą. Zresztą dyrektor będzie się bał dzwonić i sprawdzać.

Stało się według słów jego. Mało, że z miejsca dostałem paszport, to dyrektor wydawnictwa spytał, czy chcę, żeby ktoś mnie witał na lotnisku.

Taka była siła powoływania się i naród o tym wiedział. Dlatego szlagierową piosenkę „Kto za tobą w szkole ganiał, do piórnika żaby wkładał, kto, no, powiedz kto" wykonywano nieoficjalnie w wersji „Kto ci wszedł w stolcową kiszkę, powołując się na Kliszkę". Zenon Kliszko był członkiem Biura Politycznego i drugą po Gomułce postacią w partii.

Elegancka część towarzystwa, czyli Antoni Słonimski, Paweł Hertz, Julian Stryjkowski czy Adam Ważyk, wychodziła koło jedenastej. A potem, jak by napisał Sergiusz Jesienin – alkoholu rozlewała się rzeka. Między stolikami zaczynał krążyć krytyk z „Trybuny Ludu" i w napadach dostojewszczyzny szlochał: „Boże, jaka ja jestem straszna świnia", i błagał, żeby mu ktoś napluł w twarz. Do szatni wynoszono i układano pod opieką Franka Króla aktualnych mistrzów olimpijskich. Tajniacy skarżyli się na niską jakość aparatury podsłuchowej, a miejscowy chochoł Zdzisio Maklakiewicz zaczynał swoje opowieści „o polskim bohaterze niedorzecznym" albo brzdąkał na pianinie i śpiewał: „Wczoraj szedłem po Warszawie. Gołąb nasrał mi na głowę. Ja, dlaczego zawsze ja? Warszawa milion mieszkańców ma".

Tu był troszkę taki „Titanic", tyle że nie tonął i woda najwyżej do kostek. Odrobinę też „Bal u Senatora". Tyle że sami swoi i czasy łagodniejsze. Ciągle ktoś się przysiadał i w ogóle nie było pewności, z kim się pije. Kiedyś mówię do jakiegoś faceta: „Ci skurwysyni ubecy". A on na to rozżalony: „Chciałem ci powiedzieć, Januszu, że wielu z tych ludzi, których pogardliwie nazywasz ubekami, czyta twoje książki i mówi o tobie z szacunkiem". O, kurwa, pomyślałem.

Kiedyś grał trzyosobowy zespół. Tańczyli wszyscy, aktualny kierownik wydziału kultury KC Aleksander Syczewski i polujący na każdą możliwość wywołania bójki młodzi lirycy z pisma „Współczesność". Andrzej Brycht, przed ucieczką na Zachód ulubieniec władzy, i autorzy ostro cenzurowani. Tańczył marcowy reżyser Bohdan Poręba i pobity w marcu przez tak zwany aktyw Stefan Kisielewski. Wschodzące gwiazdy reżyserii Janusz Kondratiuk i Janusz Zaorski oraz wszystkie kelnerki. Pisarz-ideolog, pułkownik Zbigniew Załuski, tańczył z godnością, bo wiedział, że przed knajpą czeka na niego czarna wołga i szofer w mundurze. A obok, wywracając się na stoliki, w zawiązanej na głowie chustce wywijał swoją „polkę-treblinkę" Janek Himilsbach.

W chwilach wielkich narodowych zrywów gwałtownie rosło upolitycznienie pijących. Pewien cinkciarz i sutener, aktualnie obecny na liście stu najbogatszych Polaków, dowoził z Mokotowskiej biuletyny „Solidarności" Mazowsze. I plącząc zawodowe zainteresowania z duchem wolności, leniwie jak Marlon Brando cedził przez zęby: „Te skurwysyny komuchy znowu zrobiły prowokację, zobacz tę Zośkę, najlepiej w Warszawie robi laskę, ale się czerwone pająki przeliczą, tylko trzeba uważać, bo ona trochę kradnie".

Po paru latach SPATiF-u zauważyłem, że się zaczynam powolutku przesuwać w stronę alkoholizmu. Żeby się za szybko nie wykończyć, wymyśliłem prywatny system ratunkowy. Zanim zaczynałem pić, wybierałem sobie najmniej atrakcyjną i najstarszą pijącą. Piłem i patrzyłem na nią, piłem i patrzyłem. A kiedy zaczynała mi się wydawać piękna i kusząca, wiedziałem, że jestem pijany i muszę iść do domu. Taksówek nocnych wtedy w Warszawie nie było. Ale po północy przed knajpą ustawiał się sznur polewaczek. Kurs do otwartego dłużej Ścieku na Trębackiej kosztował sto złotych, a z polewaniem sto pięćdziesiąt. Kierowca zawsze lojalnie pytał: „Lać?". I jeżeli człowiek chciał się poczuć albo zaimponować kobiecie, nie licząc z kosztami, mówił: „Lej pan!".

Niewierna Klaudia

Z mroków Trójkąta Bermudzkiego na Mokotowskiej wyłania się wspomnienie czystego uczucia miłości do niewiernej Klaudii. Chwilę przedtem, a może trochę później, rzuciła mnie prześliczna modelka Anna Maria, o której i dla której napisano piosenkę *Anna Maria smutną ma twarz*, a chóry dziecięce śpiewały ją na festiwalu w Sopocie.

Otóż Anna Maria w samym rozkwicie naszej miłości otrzymała zaproszenie do modelowania w Mediolanie. I świetnie pamiętam wzruszającą jak w filmie *Casablanca* scenę naszego pożegnania na lotnisku.

– Ty, Anno Mario, już do mnie nie wrócisz – mówiłem przez łzy. – Wyjdziesz tam za mąż.

A ona pocieszała mnie:

– Nie martw się, ukochany. Kto by tam chciał się ze mną ożenić. Wszyscy mnie przelecą i wrócę do ciebie.

Nie wróciła. To był okres historyczny, kiedy szczytem kariery dla panienek z dobrych domów mieszkających na Saskiej Kępie i Żoliborzu było wyjście za mąż za cudzoziemca. O tych, którym się udało, koleżanki mówiły z podziwem i zazdrością: „Wyszła za mąż za Francuza". Nieważne było, co ten Francuz, Włoch, Anglik czy Niemiec robił, kim był i jak wyglądał. Wszystko, co się odbywało za granicą, było wspaniałe, bo mało dostępne – albo z powodu braku pieniędzy na wyjazd, albo problemów z dostaniem paszportu. Albo jednego i drugiego.

Jak wiadomo, pozwolenie na wyjazd z kraju dostawali głównie ci, którym się w Polsce podobało. Natomiast zgodnie z niekonwencjonalną logiką – tych, którym się nie podobało i nie chcieli tu żyć, nie wypuszczano. Janusz Szpotański pisał szereg odwołań od odmownych decyzji paszportowych, uzasadniając je tak, że skoro jest pasożytem, to w dobrze pojętym interesie państwa powinno się go wypuścić, żeby mógł pasożytować na ciele innego, na dodatek wrogiego kraju. Ale to MSW nie przekonywało.

W takich okolicznościach narodziła się niezrozumiała w tak zwanym wolnym świecie legenda polskiej stewardesy, ślicznej dziewczyny w niebieskim mundurze z przyszpilonymi srebrnymi skrzydełkami, która sobie codziennie jak gdyby nigdy nic wstawała rano, brała prysznic, oblewała się chanelem numer pięć, przefruwała nad granicami, lądując, powiedzmy, w Paryżu albo innym Londynie. Jak akurat miała chęć coś sobie przemycić, to sobie przemyciła, a jak nie – to nie. Wszystkie najwartościowsze dziewczyny, które miały dobrze w głowie poukładane, garnęły się do tego zawodu, tak jak teraz do *Idola* czy innego *Big Brothera*.

Posiadanie takiej właśnie narzeczonej – stewardesy – było czymś wspaniałym, bo dawało szansę może nie tyle wstępu, co wysunięcia głowy za szlaban. Napicia się Johnny Walkera, zapalenia camela i wymiany wody kolońskiej marki Derby na yardleya. A do tego jeszcze dochodziły regularne przyjemności, jakie przynosi odwzajemnione uczucie.

Niewierna Klaudia nie należała do elitarnej rasy stewardes. Pracowała w ambasadzie argentyńskiej jako pełnowartościowa sekretarka, przyjmując telefony, i to też było nieźle. Bo przecież każdy frajer coś tam wiedział o Paryżu z filmów z Gérardem Philippe'em czy Mariną Vlady albo chociaż z książki Remarque'a *Łuk triumfalny*. Ale Argentyna – to dopiero uruchamiało wyobraźnię. Nie przypadkiem młodzież na Targowej, Brzeskiej i Ząbkowskiej wieczorami śpiewała tęsknie w barze Pod Cyckami „Nie ma to jak w Argentynie, sznur kondomów rzeką płynie".

Jestem pewien, że niewierna Klaudia kochała mnie bardziej niż pierwszego sekretarza ambasady argentyńskiej, attaché kulturalnego ambasady francuskiej i rajdowego kierowcę, których w tym czasie również obdarzała uczuciem. Tyle że była uczciwą dziewczyną i poważnie myślała o przyszłości. Praca w ambasadzie, którą dostała dzięki koneksjom ojca zatrudnionego tam na stanowisku kierowcy, nie gwarantowała przyszłości. A ja poza entuzjazmem nie miałem wiele do zaofiarowania.

Jeżeli Klaudia zgadzała się odwiedzić mnie w czwartek albo piątek po pracy w mieszkaniu na Bednarskiej, bo tylko czwartki albo piątki trzymała dla mnie wolne, to już po chwili na korytarzu przed drzwiami mojego pokoju dudniły kroki ojca, który odpowiednio głośno informował: „Nie pozwolę na burdel w moim domu po godzinie dwudziestej drugiej". Pozostawał słabo zarośnięty Ogród Saski, przepełniony na dodatek grupami kochających inaczej, którzy po nocach kusili przystojnych wartowników pilnujących Grobu Nieznanego Żołnierza pięćsetzłotowymi banknotami. I lepszy pod względem zadrzewienia park Skaryszewski, w którym moje przeplatane pieszczotami zapewnienia, że jako pełnoprawny nauczyciel języka polskiego zakupię dla nas willę na Korsyce, przerywane przez krążącego w pobliżu ekshibicjonistę-dżunglarza, nie brzmiały przekonująco.

Mniej więcej w tym czasie albo trochę wcześniej wybudowano w Warszawie Grand Hotel na Kruczej, niedaleko biura paszportowego i tajnego burdelu na Hożej pod dziewiątym, na drugim piętrze. A na najwyższym piętrze Grandu otworzono elegancki nocny lokal z dancingiem, który nazwano Olimp. Bawili się tam co wieczór cudzoziemcy, badylarze i eleganckie kobiety z miasta ulic, a wejście bez odpowiedniego powołania się było w ogóle niemożliwe.

Otóż Klaudia miała prawo rezerwowania stolika dla argentyńskiej ambasady. I w ten sposób już w wieku lat dziewiętnastu w pożyczonych od ojca czeskich dziurkowanych butach, którymi na próżno kusił panią Krystynę, i nabytej na ciuchach marynarce w czarno-białą kratkę znalazłem się na Olimpie.

Fiodor Dostojewski, opisując skąpca, przedstawiał go zwykle w chwili dzikiej rozrzutności. Ja byłem skąpcem i nędzarzem, ale Olimp i niewierna Klaudia uderzały mi do głowy. W jeden wieczór przepuszczałem wszystko, co zarobiłem na szlaku handlowym oraz na recenzjach z *Dziadów*, *Wesela* i *Nie-Boskiej komedii*. Następnego dnia rankiem, kiedy słońce zaglądało do okien, zamiast rozważać, skąd wzięło się tajemnicze „s" w słowie „wszystek", żebrałem o pożyczki u bogatego wujka aktora, który odmawiał, mówiąc, że ofiarowuje mi coś o wiele cenniejszego – cząstkę swojego serca. Poniżałem się przed bramkarzami w Hybrydach i asystentem na polonistyce, doktorem habilitowanym magistrem, opiekunem mojej grupy, który owszem pożyczał, ale na wysoki procent.

Przed zupełną ruiną i degradacją uratowało mnie dobre serce niewiernej Klaudii. Widząc, jak się szarpię, litościwie porzuciła mnie, wyszła za mąż za Argentyńczyka i zniknęła z mojego życia na zawsze.

Natychmiast po jej wyjeździe zostałem z Olimpu wypędzony. Zresztą już zbierały się nad nim chmury. Najpierw w czasie jakiejś beztroskiej zabawy z szóstego piętra Grand Hotelu wyfrunęła przez okno goła dziewczyna i wylądowała na ozdobnym daszku nad wejściem. Potem elita przeniosła się do nocnego Bristolu i nocnego Europejskiego, tam gdzie teraz jest kasyno. A Olimp zszedł na psy. O tym, że w ogóle istniał, przypomniałem sobie kilkanaście lat później. Dyskutowałem w Ścieku z Himilsbachem jego kreację w *Rejsie*, ktoś próbował się przysiąść i zdegustowany Janek warknął: „Gdzie się, chamie, pchasz na Olimp".

Wracając do zagranicznych wyjazdów, to jeżeli się komuś w kraju zdecydowanie nie podobało, czyli go nie wypuszczali, a on mimo to odczuwał taką potrzebę, to możliwości były dwie. Pierwsza – niekonwencjonalna, czyli wspomniany skok z wycieczkowego statku u wybrzeży szwedzkich, bagażnik dyplomatycznego samochodu i parę innych, upamiętnionych w berlińskim Muzeum Ucieczek. Himilsbach twierdził, że raz uciekał łódką przez Bałtyk, a kiedy dogonili go motorówką żołnierze z Wojsk Ochrony Pogranicza, długo bronił się wiosłem, ale ostatecznie złapali go na lasso. Ponieważ był pijany i upierał się, że zabłądził, potraktowano go łagodnie. Zaprowadzono na komisariat, gdzie mieszkało dwóch milicjantów kawalerów. Wybierali się na ślub kolegi, więc zostawili Janka samego, prosząc, żeby przyjmował telefony. Rano go z wdzięczności wypuścili.

Drugim sposobem wyjazdu, na który się decydowała większość społeczeństwa ze względu na niską sprawność fizyczną, zły stan zdrowia i praktycznie brak ryzyka, było udawanie, że im się w Polsce podoba albo przynajmniej dosyć podoba. Oczywiście nie było to zajęcie przyjemne, bo w grę wchodziły moralne rozterki i dylematy.

To dotyczyło nie tylko otrzymania paszportu. Upraszczając, Polska dzieliła się na tych, którzy do więzienia wsadzali, wsadzanych oraz na tak zwaną szarą strefę, do której i ja należałem. W szarej strefie nie zawsze było jasne, kiedy się jeszcze władzy stawia opór, a kiedy już się cześć traci. Z traceniem czci zresztą rzecz się ma o tyle wygodnie, że zawsze istnieje jakaś szansa zachowania niewinności. Moja znajoma przyłapana przez męża na zdradzie broniła się całkiem przekonywająco:

– Owszem, spałam z nim, ale nie miałam orgazmu.
Czasy były skomplikowane. Chyba na początku lat
siedemdziesiątych pani Luna Bristigerowa, w latach pięćdziesiątych szefowa wydziału zajmującego się pisarzami
w Ministerstwie Bezpieczeństwa, zaczęła pisać i wydawać
powieści pod panieńskim nazwiskiem Julia Prajs. Następnie złożyła podanie o przyjęcie do Związku Literatów. Ale
nie została przyjęta. Powiedziałem Henrykowi Krzeczkow-
skiemu, świetnemu tłumaczowi i eseiście, który znał życie
jak mało kto, że zapewne nie przyjęli jej pisarze, których
niszczyła. Popatrzył na mnie jak na idiotę i powiedział:
– Pisarze, których niszczyła, nie żyją. Nie przyjęli jej ci,
których lansowała.
W sierpniu 1980 roku na zakończenie Festiwalu Piosenki w Sopocie lokalne władze wydały bal. Ale równocześnie, tuż obok, strajkowali robotnicy w stoczni. Większość
artystów zadecydowała, że na bal iść nie wypada. Ostro
atakowany w SPATiF-ie za wzięcie udziału w balu, czyli
kolaborację, znakomity piosenkarz bronił się z oburzeniem:
– Owszem, poszedłem, ale nic nie jadłem.
– Ale piłeś.
– Piłem, ale nie tańczyłem.
Te wszystkie rozterki po odzyskaniu wolności, upadku komunizmu i zwycięstwie kapitalizmu zniknęły. Po
wstępnym zamieszaniu, w którym powoływano się na
dawne zasługi i nawiązywano do wartości, wyszło na to,
że jedyną miarą przyzwoitości w polityce jest to, czy posłowie i ministrowie w kolejnych rządach kradną albo
biorą i czy dużo. A hasła i gwarancje się przesunęły ze
sztandarów do działu reklam.
W życiu rodzinnym kapitalizm też sporo uprościł. Śliczz-
na młodziutka aktorka z Warszawy, z którą leciałem do
Los Angeles, opowiedziała, jak zakochany mąż, żegnając
ją na lotnisku, oświadczył: „Jeśli choć raz zdradzisz mnie

bezinteresownie, zabiję!". Zasugerowałem natychmiast, że mam spore znajomości w Hollywood, ale roześmiała się, bo znała Polish joke o aktorce, która chcąc zrobić karierę, poszła do łóżka ze stojącym w hierarchii niżej niż elektryk scenarzystą.

Whisky w samolocie podawały nam ponure stewardesy. One na otworzeniu granic wyszły najgorzej, bo magia zawodu prysła.

Koncepcja
wielkiego bruderszaftu

„Nie, nie pękła we mnie żółć, nie mam nadkwasoty żo-
łądka i nie przemawia przeze mnie chęć wypisania się. Piszę, bo niepokoi mnie proza zamieszczana w »Kulturze«,
a szczególnie *Wielki brudzio.*

Proszę mi wybaczyć, że zapytam: komu »Kultura« chce
zaimponować? Nam – młodym – którzy dojeżdżamy po
kilkanaście kilometrów, by pracować, by zdobywać za-
wód, nam – młodym – którzy w dzień stoimy przy warsz-
tatach pracy, a wieczorem siadamy w ławie szkolnej, by
poszerzyć swoje spojrzenie na świat, nam – młodym –
których spotykacie wszędzie, na każdym odcinku życia,
życia wymagającego wielu wyrzeczeń i zmagań z samym
sobą. Prawda. Nie zawsze jesteśmy »w normie«, czasem
lubimy mieć inne zdanie, ale Kid, Betsy i Reżimek – to
próba zaimponowania nam koniakiem i burdelem.

Wolno autorowi mieć swoje upodobania, lecz »Kultura« nie musi tych upodobań popierać. Jeżeli Pan Janusz
Głowacki jest prawdziwym pisarzem – wcześniej czy później zrozumie, że proza, którą nas uraczył w ostatnim nu-
merze »Kultury« – to bardzo zła proza. I jeżeli »Kultura«
chciała pomóc Panu Januszowi Głowackiemu – mogła to
uczynić, wskazując mu na mielizny jego prozy.

Ostatecznie mamy prawo wymagać od Pana Redaktora Czeszki i od reszty Zespołu Redakcyjnego »Kultury«, żeby odróżnił plewę od ziarna. Cóż potem pomogą lamenty i narzekania na zły gust czytelników, jeżeli ten gust się wypacza – zamiast kształtować.

I mnie niepokoi Wasze wołanie o papier na książki i o papier na nowe periodyki literackie. Lecz pozwólcie, że zapytam: dla kogo ten papier na książki i periodyki literackie? Dla Kida, Betsy i pozostałych? Darujcie, Kochani!

Kończąc, wypada nam krzyknąć: Proletariusze wszystkich krajów, łączcie się i nie dajcie się zwariować »Kulturze«!

Proszę przyjąć wyrazy szacunku

Krzysztof Radwański
Bielsko-Biała"

„Panie Głowacki:

przeczytałem to Pana opowiadanie *Wielki brudzio*. Swoje fochy stroi Pan w »Kulturze«, którą czyta kilkaset tysięcy ludzi. Już z tego, co Pan napisał, wyłania mi się Pana portret. Jest Pan lizusem, karierowiczem bez zasad moralnych. Pana postać przypomina gibona w charakterystycznej pozie. Nie myje Pan nóg i innych części ciała. Niech się Pan nie obraża, że nazywam Pana po imieniu, tylko spojrzy na siebie krytycznie.

Nie podpisuję się, bo gdybym to zrobił, dostałbym od Pana taki sam list. Żegnam Pana.

PS Początkowo chciałem do Pana napisać kulturalnie, ale pomyślałem, co się będę wysilał dla chama".

To były dwa najłagodniejsze z ponad stu listów, jakie przyszły do „Kultury" warszawskiej, kiedy wydrukowałem pierwszy kawałek prozy, jaki w ogóle w życiu napisałem. Zresztą na początku to nie była dokładnie proza, tylko mój trzeci z kolei reportaż, który się nazywał nie *Wielki brudzio*, tylko *Koncepcja wielkiego bruderszaftu*, i miał decydujące dla całej mojej przyszłości znaczenie. Poświęciłem go tak zwanej bananowej młodzieży, czyli warstwie czy też niewielkiej klasie, która się narodziła w wyniku połączenia wysiłków dzieci tak zwanych badylarzy, czyli ówczesnej finansowej elity zaopatrującej miasta w jadalne latem i zimą warzywa, z synami i córkami tak zwanej czerwonej burżuazji. Ten malutki wycinek sektora prywatnego żyjący bardzo bogato, ale w ciągłym strachu, zapewniał kasę, a dzieci członków Biura Politycznego, pomniejszych ministrów albo vice dzięki rodzicom gwarantowały prawa specjalne oraz ogólną bezkarność. Cenzura ten reportaż zdjęła, ale po licznych interwencjach szefów pisma w biurze prasy i wydziale kultury KC zaproponowano taki deal, że rzecz będzie się mogła ukazać, ale pod warunkiem, że zostanie odkonkretniona, sfabularyzowana, czyli ogólnie zamieniona w czystą fantazję, czyli literacką fikcję.

W ten sposób w jednej chwili zmieniłem się z prostego reportażysty w ambitnego prozaika. W dwa miesiące napisałem krótką powieść, w której udowodniłem, że wbrew powszechnej opinii w biednej i sfrustrowanej Polsce da się żyć przyjemnie. Naszkicowałem trochę przygód dorastających młodych ludzi już w wieku szkolnym dla żartu bijących milicjantów po twarzy, spędzających wakacje w kasynach Monte Carlo, jeżdżących fordziskami i zamawiających w knajpie flachę francuza, czyli hennesy, na łeb. Najczęściej używanymi przez dzieciaki zwrotami były „dobre wejście" i „dobry układ". Zamiast uczuć wymieniano usługi, jeden zaś z głównych bohaterów się nazywał Reżimek, a kiedy szedł do szkoły, żeby dla picu przygotować się do matury, towarzyszył mu czarny mercedes ojca, wiozący tornister. Przy pewnej spostrzegawczości dało się w tej postaci odkryć podobieństwo do „czerwonego księcia", bo tak naród pieszczotliwie tytułował syna premiera, Andrzeja Jaroszewicza.

Wydawnictwo Iskry podpisało ze mną umowę, moja ówczesna narzeczona, znakomita malarka Bożena Wahl, zrobiła piękną okładkę. Ale tuż przed wydaniem Iskry zaczęli odwiedzać kierowcy czarnych mercedesów, którzy następnie rozwozili kopię maszynopisu po licznych urzędach, gmachach i rezydencjach prywatnych. Po czym mój utwór spotkał się z tak zwaną reakcją hamującą. Potem nastąpił szereg rozmów interwencyjnych z cenzorami. Pierwszy powiedział:

– Wszystko, co napisaliście, jest prawdą i wszyscy o tym wiedzą, ale pisanie czegoś, o czym wszyscy wiedzą, z artystycznego punktu widzenia mija się z celem. Dlatego zatrzymuję tę książkę nie z powodów politycznych, tylko artystycznych.

Najciekawsza była rozmowa z samym dyrektorem:

– To smutne, ale prawdziwe – powiedział – i ja jestem w stu procentach za drukiem. Powiem wam prywatnie więcej, ja uważam, że byłoby najlepiej, żeby cenzury nie było w ogóle. Tylko czy to społeczeństwo już dorosło do prawdy? Na razie mamy z takim trudem wywalczoną niepodległość. Czy zastanowiliście się, jak wielką krzywdę byście wyrządzili ludziom pracy, którzy ledwo wiążą koniec z końcem, kładąc im na stole przy pustych talerzach swoją książkę? Przecież to by jeszcze bardziej zwiększyło frustracje i doprowadziło do spadku wydajności w kopalniach i fabrykach oraz zepsuło przepiękne święta Bożego Narodzenia. Czy bylibyście w stanie udźwignąć ciężar takiej odpowiedzialności? – A kiedy powiedziałem, że chciałbym spróbować, pokręcił głową i dodał: – Dajcie społeczeństwu więcej czasu, przecież najgorsze jest, jak sami wiecie, że pojawienie się waszej książki sytuacji by nie poprawiło. A są tylko dwa rodzaje krytyki. Konstruktywna, która służy postępowi, w zasadzie niekonieczna, skoro postęp już jest. I niekonstruktywna, a więc pozbawiona wszelkiego sensu.

Parenaście lat później opowiedziałem tę rozmowę aktorce francuskiej grającej główną rolę w *Polowaniu na karaluchy* w Paryżu. Powiedziała, że doskonale cenzora rozumie, a krytyka niekonstruktywna rzeczywiście do niczego nie prowadzi, czyli mija się z celem. Ta francuska aktorka miała wielki talent, ale mały biust. Otóż w chwili szczerości wyznała, że raz poszła do łóżka z włoskim reżyserem teatralnym specjalizującym się w teatrze dell'arte, który przez cały czas trwania tak zwanego zbliżenia krytykował ją i oskarżał, wykrzykując: „Dlaczego ty nie jesteś młodą Murzynką z wypiętą dupą i wielkim cycem?" To bezużyteczne czepianie się oczywiście niczego nie mogło zmienić, natomiast całkowicie zlikwidowało przyjemność ze zdradzania męża, a nawet doprowadziło ją do płaczu.

Nie będę ukrywał, że nagłe przystopowanie mojego debiutu popchnęło mnie znowu w stronę Bermudzkiego Trójkąta, SPATiF-u oraz koniaku, winiaku, jarzębiaku i soplicy, ale tylko na rok. Bo albo naród dojrzał, albo nastąpiły tarcia na górze. W każdym razie wprawdzie niecałą powieść, ale dwa jej kawałeczki, *Wielki brudzio* właśnie oraz *Kwadratowi z dużego świata*, wydrukowano najpierw w „Kulturze", wywołując wspomnianą falę listów, a następnie w tomie opowiadań, które, widząc, jakie to proste, dopisałem. Tomik wyszedł w 1968 roku w PIW-ie, nazywał się *Wirówka nonsensu* i ze względu na egzotyczny temat i postać Reżimka zrobił się koło niego wielki szum. Sprzedano z miejsca pierwsze wydanie i dodrukowano drugie. Ukazało się też czterdzieści siedem miażdżących recenzji. Krytycy podkreślali, że owszem, pokazałem, ale nie potępiłem, czyli że się utożsamiłem. A co za tym idzie – jestem pozbawionym moralnego instynktu cynikiem.

A ludzie tacy są, że jak coś przeczytają, to wierzą. Parę lat później, na przykład w ramach Dni Literatury, pojechałem z grupą pisarzy na spotkanie autorskie do Ciechanowa autokarem wypożyczonym od Zespołu Pieśni i Tańca „Mazowsze". Więc od razu zbiegł się tłum, a tu ze środka wysiada Janek Himilsbach, Andrzej Brycht, Zofia Bystrzycka, sześćdziesięcioletnia autorka rubryki „Serce w rozterce". I ktoś z miejscowych powiedział z rozczarowaniem:

– Na scenie, jak ich odmalują, to jeszcze jakoś wyglądają...

Ale kiedy wyszła *Wirówka*, byłem debiutantem i nie będę ukrywał, że te recenzje mocno przeżywałem. Ale pojawiły się też pierwsze korzyści. Młode czytelniczki poinformowane, że jestem cynikiem, zrozumiały, że nie będę chciał ich skrzywdzić, to znaczy żenić się albo zaprzyjaźniać, a jedynie iść z nimi do łóżka, i zaczęły się masowo do mnie garnąć.

Skoro tak, to zacząłem cynika udawać i doszedłem do dużej wprawy. Ale z udawaniem są zawsze kłopoty. Dużo później, w Nowym Jorku, napisałem sztukę *Fortynbras się upił*, czyli historię Hamleta opowiedzianą z norweskiego punktu widzenia. W tej sztuce cała norweska dynastia jest konsekwentnie mordowana przez służby specjalne. Następny w kolejce, książę Fortynbras właśnie, żeby go nie traktowano za poważnie i nie zabito, udaje alkoholika. Ale alkoholika za długo bezkarnie udawać nie można. Otóż ja się tak przyzwyczaiłem do udawania, że żyję ironicznie, że po paru latach już nie byłem pewien, czy jeszcze udaję.

Ale przecież, na litość boską, nie tylko ja udaję. Kiedyś znalazłem się w łóżku z pewną gwiazdą piosenki, która w czasie tak zwanego aktu, nazywanego bardzo na wyrost zbliżeniem, zaczęła krzyczeć z rozkoszy. Muszę przyznać, że poczułem przypływ dumy, bo gwiazda wydawała mi się przedtem cokolwiek zdystansowana, aż tu taka szczerość i naturalność... Tyle że po paru minutach ona krzyczeć przestała i zapytała uprzejmie:

– A ty, kochanie, dlaczego nie krzyczysz?

Więc zacząłem krzyczeć i krzyczeliśmy razem, bardzo głośno, do samego końca. Zapisałem to w opowiadaniu *Nowy taniec la-ba-da*.

Jak wiadomo, ciekawość to nie tylko grzech, ale i motor postępu. Żeby wyjaśnić, gdzie i kiedy się ta gra w udawanie kończy, przeprowadziłem liczne badania i eksperymenty. W Hollywood większość aktorów, odbierając nagrody, dziękuje Panu Bogu, rodzicom i producentowi. Ja nawet bez nagrody chciałem podziękować wszystkim kobietom, które były tak miłe, że się zgodziły w tych badaniach uczestniczyć.

Właściwie taka dedykacja powinna być na pierwszej stronie, nad tytułem. Ale niech będzie i w środku.

Wracając do *Wirówki nonsensu*, to jednak parę cieplejszych recenzji się ukazało. Na przykład Jerzy R. Krzyżanowski w Paryżu napisał entuzjastycznie, podkreślając moją „czułość na problematykę moralną". Czyli proszę bardzo: „Kultura" paryska jakby zrozumiała, o co chodzi, i pochwaliła autora debiutującego w „Kulturze" warszawskiej. I na tym między innymi polegała klasa redaktora Giedroycia.

Dobrze o moim debiucie napisali też Krzyś Mętrak i Henryk Bereza. Tu parę zdań o Henryku w związku z naszą ponadczterdziestoletnią przyjaźnią.

Bereza jest mądry oraz uczciwy nie do wytrzymania, więc budzi usprawiedliwioną agresję i odrazę. Tu go zawodzi inteligencja, bo się temu nie może nadziwić. Zło świata boli go od rana do wieczora i temu bólowi oddaje się z ogromnym upodobaniem. Na pytanie, co u niego słychać, odpowiada niezmiennie:

– A cóż u mnie, starego, niepotrzebnego i samotnego człowieka, może być słychać?

To oczywiście kokieteria, ale na ogół bywa szczery. Powiedział mi ostatnio coś, co mnie bardzo podniosło na duchu: że w moim podłym życiu udała mi się jednak jedna rzecz – przyjaźń z nim. Przyjaźnie przyjaźniami, ale Henryk się kochał w swoim życiu, i to co najmniej dwa razy. Raz ogólnie i raz szczegółowo. Miłość szczegółowa to był i jest Marek Hłasko jako człowiek. Ogólna – to literatura w ogóle, w której też się mieści Marek Hłasko, tym razem jako pisarz. Szczegółowa miłość była platoniczna. Ogólna jest pełna perwersji i seksu w pozycjach, o których boję się nawet myśleć.

Bo trzeba powiedzieć, że Berezy w ogóle nie bierze to, co podnieca nas wszystkich, czytelników polskich, a teraz już nawet unijnych, mianowicie nasza przepiękna literacka ojczyzna–polszczyzna, pełna słów dostojnych i uczuć podniosłych. Zamiast tego Henryk lubuje się we wszelkiego rodzaju dziwactwach, rewolucjach językowych i odkrywaniu pisarzy, których człowiek przyzwoity nigdy by nie odkrywał. Chociaż jednak czasem się okazywało, że odkryć było warto.

Na korzyść Henryka trzeba też przyznać, że jak mu się jakiś pisarz nie podoba, to nigdy nie napisze o nim źle, tylko po prostu nie napisze w ogóle. Stąd można odnieść wrażenie, że Bereza nic tylko chwali i chwali. Na niekorzyść trzeba powiedzieć, że jest w swoich sądach apodyktyczny i co gorsza, apolityczny.

W czasach PRL-u był z nim kłopot i po odzyskaniu wolności jest taki sam. Bo w literaturze ceni tylko literaturę, a nie to, co potrzeba, czyli polityczną odwagę i antykomunizm. Więc na rozum nie powinien mieć żalu, a ma, że wielu zaangażowanych w opozycję pisarzy nie mogło mu tego wybaczyć. Na przykład, kiedyś zapytałem Juliana Stryjkowskiego, dlaczego się Henrykowi nie odkłania.

– Ja?! – oburzył się Julek. – Ja mu się zawsze odkłaniam i bardzo go lubię. Wszyscy mówią, że Henryk jest łobuzem, a ja go zawsze bronię i mówię, że jest tylko chory psychicznie.

Na pociechę Henryk poza „Twórczością" ma swoją prywatną instytucję – stolik w kawiarni Czytelnika, którego pilnie dla niego strzegą Janina Dróżdż i Jadzia Włodek. Zasiadają przy nim regularnie wielcy: Gustaw Holoubek i Kazimierz Kutz, i ja się też czasem załapuję. A z ostatnich notowań wynika, że wiarygodność i stolika, i Henryka rośnie.

316 East 11 (bez domofonu)

Gdzieś tak koło roku 1985 przeniosłem się z Ewą i Zuzą z Washington Heights na dół Manhattanu do East Village, czyli z ulicy Sto Dziewięćdziesiątej Szóstej na Jedenastą, między alejami Pierwszą i Drugą. To był ogromny awans towarzyski i skok w górę. Bo w East Village poza hiszpańskim mówiło się po rosyjsku, polsku i ukraińsku. Tak więc zamieszkaliśmy na jednej z tych wykrzywionych, jakby przez pijanego zaprojektowanych uliczek, na których panuje nastrój niezdanego egzaminu. Mieszkają tu głównie artyści, prostytutki, narkomani, wychudzone wróżki przechytrzające gwiazdy za pomocą tarota. Cały tłum homlesów i grupka biznesmenów.

Dom miał numer 316 i należał tak samo jak parę innych pięciopiętrowych do Ukraińca, Jana Nazarkiewicza, który mówił po polsku bez akcentu, bo kiedyś, przed wojną, pracował na Kresach u jakiegoś dziedzica. A w czasie tej wojny, pomagając sobie karabinem, przedostał się z grupą najbliższych, też uzbrojonych kolegów do Rumunii. No i potem jakimiś sposobami, o których niechętnie mówił, się przeflancował do Nowego Jorku. Na miejscu pomógł mu Bóg prawosławny oraz kilku rodaków. Zebrał pieniądze i zakupił parę domów w okolicy, które wtedy były warte grosze. Potem domy poszły w górę i został milionerem. Tyle że się do tego bogactwa nie mógł przyzwyczaić w ogóle.

Co rano, ogromny i wąsaty, obchodził swoje domy tak, jak się obchodzi gospodarstwo. Poza ukraińskimi narodowymi świętami zawsze w tych samych wytartych sztruk-sowych spodniach i brązowej skórzanej kurtce. W kieszeniach miał poupychane wszystko, czego potrzebował, czyli śrubokręty, obcęgi, młotki oraz pistolet. I osobiście przetykał zlewy, reperował kible albo montował klimatyzację. Był człowiekiem doświadczonym i dopiero po sprawdzeniu moich referencji w barze U Wandeczki oraz u pani Joli, aktualnej kochanki księdza z polskiego kościoła na Siódmej ulicy, zdecydował się wynająć nam trzy pokoiki z kuchnią i łazienką.

Nasze okna wychodziły na takie same okna, czyli na tył kamienicy z ulicy sąsiedniej. Mieszkało tam czterech młodych homoseksualistów, a że nie byli to ludzie wstydliwi i nie stosowali firanek, więc można się było napatrzeć. Za oknem były znane z filmów żelazne schody przeciwpożarowe, na co dzień używane przez złodziei, w związku z czym okna zakratowano. Kraty były zamknięte na grube kłódki, od których klucze dawno poginęły, czyli przydatność schodków na wypadek pożaru nie była duża. We wszystkich pokojach było ciemno, a światło gasiło się tylko na noc. Raz moja córeczka Zuzia pod wieczór zasnęła na chwilę, a kiedy się obudziła, zaczęła zbierać się do szkoły, ponieważ paliło się światło i myślała, że to już rano.

Tak więc co rano światło kilku stuwatówek budziło nas wesołym promykiem. To w jego blasku Ewa napisała, a potem wydała dwie książki dla dzieci, których bohaterami były namalowane przez wielkich malarzy postacie. I w świetle bardzo pięknej, znalezionej przez nią na śmietniku secesyjnej lampy z wypiekami czytała list gratulacyjny od Barbary Bush, żony byłego prezydenta George'a Busha seniora, która zapewniała, że książkę Ewy o dziewczynce z obrazu Renoira czyta swoim wnukom.

Dom pod numerem 316 słynął z tego, że jako jedyny w okolicy nie miał domofonu. To znaczy miał, ale tylko przez dziesięć minut dziennie. Na parterze mieszkała sześcioosobowa rodzina państwa Ramirez z San Juan. Ramirezowie pracowali jako złodzieje, dorabiając handlem narkotykami. I przez cały dzień ciągnął do nich sznureczek klientów, którzy pilnie chcieli zakupić świeżo ukradziony rower, rewolwer, działkę heroiny, sfałszowane pozwolenie na pracę albo czapkę na raty. Ramirezowie nie chcieli być co chwilę niepokojeni dzwonkami z ulicy, od których można oszaleć. I jak tylko pan Nazarkiewicz raniutko domofon reperował, natychmiast go psuli.

Jako że drzwi na ulicę były stale otwarte, na klatce schodowej panował duży ruch nasilający się w godzinach nocnych. Wracając późno, musiałem uważać, żeby nie nadepnąć na znajome ekspedientki z pobliskiego McDonalds'a leżące na podłodze z uśmiechem ulgi i sterczącą spomiędzy ud strzykawką. Przeciskałem się też między parami, słuchając wzruszających wyznań miłosnych, które wobec słynnej nieufności kobiet z East Village przechodziły w twarde negocjacje finansowe. Po paru miesiącach byłem już całkiem dobrze zorientowany w wahaniach lokalnego rynku. Teraz chciałbym z dumą podkreślić, że kiedy brano mnie na świadka negocjacji, jako Polak wychowany na *Grażynie* i *Emilii Plater*, a także w związku z zasadami wpajanymi mi przez Dzikiego Bolka z Pragi, zawsze stawałem po stronie kobiet. Przyznając, zresztą w zupełnej zgodzie ze swoim sumieniem, że pięć dolarów za laskę jest ceną krzywdzącą.

Dziki Bolek był dżentelmenem i twierdził, że kobiecie należy zawsze okazać trochę szacunku. Jakiś de volaille, melba, cassate, file mignion, a nie tylko wdrapać się na jakąś panią, ukłuć jak skorupiak i cześć.

Państwo Ramirez, ponieważ na nic nie narzekałem, mieli do mnie stosunek życzliwy, a nawet opiekuńczy. Rok później w związku z bardzo udaną premierą *Polowania na karaluchy* elegancki program telewizji amerykańskiej *MacNeal-Lehrer* kręcił o mnie film dokumentalny.

Umówiłem się na zdjęcia w domu, ale był straszny korek i się spóźniłem. Kiedy doszedłem na ulicę Jedenastą, wybiegł mi na spotkanie Ramirez senior, informując, że wprawdzie szukali mnie ludzie z kamerami, ale mogę spać spokojnie, bo on im powiedział, że już tu nie mieszkam, i poszli. A potem, kiedy telewizja się znalazła i kręciła mnie z samochodu, jak idę Jedenastą, raz po raz podchodzili znajomi z klatki schodowej, radząc, żebym dawał nogę, bo mnie kręcą. W ten sposób przekonałem się, że nawet w spragnionym sławy i sukcesu Nowym Jorku kamery nie wszędzie budzą zaufanie. Oczywiście taka nieufność jest odosobniona i w Nowym Jorku, i w Warszawie.

Kiedy do Polski dotarły reality show, przeczytałem w głównych gazetach wypowiedzi socjologów i psychologów zaskoczonych tym, że uczestnicy na przykład *Big Brothera* decydują się na odsłonięcie swojej prywatności. Mogłoby to oznaczać, że nasi naukowcy nie dysponują pełną wiedzą o naturze ludzkiej i kraju, w którym żyją. Przecież miliony naszych najzdolniejszych obywateli, którzy odnoszą sukcesy na imieninach, bo coś zaśpiewają, opowiedzą dowcip albo pokażą kutasa, ci wszyscy, którzy tłuką w mieszkaniach żony, a nikt ich nie oklaskuje, daliby wszystko, żeby móc zaprezentować swoje talenty w telewizji. Już nawet nie chodzi o pieniądze, chociaż o to też chodzi, tylko o tę odrobinę zasłużonego uznania. I nareszcie dzięki *Idolowi* i tym podobnym taką szansę dostają. Jeden ze zwycięzców amerykańskiego *Big Brothera* po skasowaniu nagród przyznał się do stosowania strategii. Konsekwentnie udawał idiotę, wiedząc, że tylko dzięki temu miliony telewidzów utożsamią się z nim i go wybiorą.

Oczywiście i u nas są miejsca, gdzie kamery nie są za dobrze widziane. I to wcale niekoniecznie w kwaterach głównych mafii w Pruszkowie czy Wołominie. Niedawno w Warszawie jadłem jakiś francuski przysmak, w eleganckiej restauracji w towarzystwie paru przyjaciół, między innymi świetnej fotografki, Ani Prus. Otóż Ania wpadła na idiotyczny pomysł, żeby tę szczęśliwą chwilę utrwalić. Ale natychmiast po tym, jak pstryknęła zdjęcie, dookoła się zagotowało. Podbiegło kilku kelnerów, informując, że robienie zdjęć jest surowo wzbronione. Zrobiło się nieprzyjemnie, zresztą tylko na chwilę, bo zaprzyjaźniona żona właściciela wzięła mnie na bok i wyjaśniła:

– Zrozum, Janusz, jesteśmy lokalem ekskluzywnym, przychodzą do nas posłowie i senatorowie z kurwami. Upijają się w cztery dupy, tak że trzeba ich odprowadzać do samochodów. Oni chcą się u nas czuć tak bezpiecznie jak w domu albo sejmie. A tak, jak nawet tylko tobie ktoś zrobi zdjęcie, to przez przypadek może na nim wyjść kawałek posła. I na co to komu?

Paręset kroków od mojego domu na Jedenastej, zaraz za ukraińskim domem kultury, na prawo od meczetu, a na lewo od baru homoseksualistów Tunel, tuż za polskim kościołem, a dokładnie na rogu Siódmej ulicy i Avenue A przy samym Tompkins Square Park jest kabaret sado--maso Piramidy. Zapraszałem tam moich znajomych z Polski, pracowników naukowych, wpływowych polityków i lirycznych poetów. Wszyscy byli zachwyceni i tylko raz wyszło kiepsko. Bo kiedy Jacek Kuroń wszedł do środka i zobaczył człowieka w średnim wieku z kutasem owiniętym żelaznym łańcuchem przeciągniętym przez umocowany pod sufitem żelazny pręt, którego dodatkowo moja studentka z Columbii, autorka pracy o wpływach Audena na Brodskiego, zarabiając na studia, tłukła pejczem po brzuchu, odwrócił się i wyszedł, trzaskając drzwiami. Na ulicy powiedział, że widząc skutego kajdankami i katowanego człowieka, chciał biec mu na pomoc, ale wtedy ofiara puściła do niego oko i tego już nie mógł znieść.

Kiedyś pochwaliłem się Jerzemu Kosińskiemu, że też bywam w klubie sado-maso. Zapytał, gdzie. Powiedziałem, że w Piramidach. Dostał ataku śmiechu.

W Jolancie

Raz w Warszawie na pogrzebie sławnego przyjaciela zauważyłem, jak bardzo kolejni przemawiający nad grobem mówcy chcieli się reszcie żałobników podobać i jak niecierpliwie czekali na aplauz. Trochę później odwiedziłem bardzo chorą i starą ciotkę w szpitalu. Poprosiła, żebym nie przynosił żadnych owoców albo kwiatów, tylko farbę do włosów. Ciotka była kiedyś znaną pięknością i powiedziała mi na ucho, że absolutnie nie zamierza spotkać się z Panem Bogiem z posiwiałą cipą. Ja też, może po tej ciotce, jestem tak próżny, że bardziej nie można, i dlatego mieszkając na górze Manhattanu, czyli Washington Heights, cierpiałem, bo nikt mnie nie rozpoznawał. W East Village z miejsca złapałem drugi oddech. Zaraz po przeprowadzce znany polski rzeźnik zaprosił mnie do swojej wędliniarni. Usiedliśmy na zapleczu pod równiutko na pół przeciętą krową. Wypiliśmy po secie i rzeźnik przeszedł do rzeczy:

– Ludzie dobrze o panu mówią. To pan napisał *Sublokatorkę*, *Piękną panią Hanemann* i *Początek*.

Niechętnie przyznałem się, że niestety nie.

– Nic nie szkodzi – podał mi różową kartkę kredowego papieru. – Niech mnie pan opisze. Zbliżają się imieniny żony. Oprawię elegancko i jej podaruję. Dam panu za to kilogram szynki firmowej i dwa kilo parówek cielęcych. To jak pan chce, żebym usiadł – profilem czy na prosto?

Odmierzyłem go długopisem, przymrużyłem oko, tak jak robiła malarka Hanna Bakuła specjalizująca się w ozdobnych portretach dla polskiej elity, i po dziesięciu minutach podałem mu zapisaną kartkę.

Przeczytał, poczerwieniał i powiedział:

– Jezu, ale pan mnie uchwycił. To jestem cały ja! – i poszedł po parówki.

To, że się w East Village czułem lepiej, to nie znaczy, że dobrze, a to z powodu dręczącej tęsknoty za krajem. A kiedy się ta tęsknota robiła nie do wytrzymania, szedłem do Jolanty, czyli polskiej knajpy na Pierwszej alei między Siódmą i Ósmą ulicą. Siadałem, zamawiałem pół litra, a obok tęsknił Rafał Olbiński i filozof Michał Kott, świetny malarz Miłosz Benedyktowicz, też malarz, ale także i poeta Jacek Gulla oraz redaktorka z „Nowego Dziennika", najlepszej polonijnej gazety, Julita Karkowska.

W Jolancie każdego wieczoru przepijały ciężko zarobione pieniądze brygady remontowe z Greenpointu i ich szef Piotrek Zalewski. Zaglądali tu czasem mocno zaprzyjaźnieni Dudzińscy, czyli Magda z domu Dygat, która jeszcze nie była świetnie się rozwijającą powieściopisarką, i Andrzej, grafik i malarz, który się już od dawna rozwinął. Oboje mieszkali wtedy elegancko w górze miasta i się zaklinali, że nie tęsknią, ale ja wiem, że tęsknili. Bo jak można było nie tęsknić, kiedy obok tęskniły podające wódkę obie kelnerki, Ania i Iwona. A przy sąsiednim stoliku pan Czesio, malarz pokojowy z Kielc, się przechwalał, że ma brata, który pięknie mówi po niemiecku, i w tych Kielcach, kiedy zasiadali do kolacji całą rodziną sześcioosobową, to ten brat zaczynał po niemiecku mówić. I mówił czasem dwadzieścia minut, czasem pół godziny, a tak pięknie, że nikt nie tknął jedzenia, póki nie skończył. Potem pan Benio, hydraulik z Pabianic, zaklinał się, że kiedyś w wojsku, trzydzieści lat temu, był raz na kurwach i tylko dzięki temu mógł przetrzymać emigrację, biedę i samotność. A znów pan Krzysio się przysięgał, że ma pod Łodzią mądrego psa, i pokazywał zdjęcie. Natomiast Zdzisio z Białegostoku opowiadał o narzeczonej, która jest ruda, ale go nie zdradza.

I piliśmy po kolei zdrowie tego brata, który pięknie mówi po niemiecku, mądrego psa i wszystkich kurew, i rudej narzeczonej. A raz pijący z nami równo, urodzony na Podhalu właściciel agencji turystycznej z Greenpointu, tak się wzruszył i zatęsknił, że położył się na podłodze i powiedział, że nie zapłaci rachunku. Kelnerki, Ania i Iwona, które też miały rude włosy, zaczęły go prosić, żeby się nie wygłupiał, tylko był człowiekiem. Ale on tylko leżał, rozdarł koszulę jak na obrazie Matejki, płakał i powtarzał, że proszę bardzo, mogą go zabić, a on nie wstanie i nie zapłaci. W końcu Ania i Iwona poszły na zaplecze, gdzie pił właściciel Jolanty, ogromny pan Zbyszek, absolwent AWF z Warszawy. Pan Zbyszek przystanął nad leżącym, pomyślał i powiedział:

– A to chuj mu w dupę, niech nie płaci – i wrócił na zaplecze. I to już był koniec romantycznego gestu właściciela agencji turystycznej. Kelnerki wróciły do zajęć, a on poleżał jeszcze przez chwilę, popłakał, ale widząc, że nikt już nie zwraca na jego bunt uwagi, podniósł się, pokornie zapłacił i zrezygnowany powlókł się do domu. A my zaraz po nim.

Karaluchy

Kopciuch miał iść trzy tygodnie, a szedł dziesięć i zdechł, dopiero kiedy Chris Walken dostał film i się wycofał. Ten aktor, który za niego wszedł, to już nie było to samo. A w Nowym Jorku – spójrzmy prawdzie w oczy: ludzie chodzą na aktorów. Tyle że po *Kopciuchu* przy moim nazwisku pojawił się taki znaczek, że można ze mną nie tylko dostać dobre recenzje, ale i zarobić. Po Nowym Jorku *Kopciucha* zaczęły brać masowo teatry na całym świecie. No i zaraz potem teatr w Woodstock zamówił u mnie nową sztukę. To był teatr letni, ale letnie teatry to w Ameryce bardzo poważna instytucja. Jest i Williamstown, i O'Neill Colony, i jeszcze parę innych, i właśnie Woodstock. Zgadzają się w nich grać bardzo znani aktorzy, bo to przy okazji wakacje, dają domek, dookoła pięknie i jeszcze płacą. A do tego na przedstawienia często przyjeżdżają krytycy i producenci z Nowego Jorku. I bardzo często w tych teatrach letnich się sztuki testuje, dopracowuje i potem do Nowego Jorku przenosi.

A Woodstock to jest naprawdę coś pięknego. Góry, lasy i pełno czarów, bo tam przebiega przecinająca ziemię Linia Smoka, czyli energii, i tuż obok, na szczycie innej góry, w klasztorze mieszkał Dalajlama.

No więc po *Kopciuchu* ten teatr w Woodstock zamówił u mnie sztukę, zapłacił parę tysięcy dolarów i dał piękny pokój z tarasem, na otoczonej gęstym lasem polanie. Oczywiście sztuka miała być o emigrantach, bo niby o czym miałem pisać. Na dodatek z tym teatrem współpracowali Elżbieta Czyżewska i Olek Krupa, czyli para, która do ról głównych pasowała tak, że lepiej nie można. Olek Krupa ma zresztą w Ameryce naprawdę spory sukces. Gra i na Broadwayu, i w filmach, ale mimo moich namawiań jakoś nie chce się tym chwalić ani w „Vivie!", ani w „Twoim Stylu".

No więc dla Eli i Olka napisałem smutno-śmieszną sztukę o parze emigrantów z Polski, sławnej aktorce i znanym pisarzu, którzy spędzają bezsenną noc w małym mieszkanku na dole Manhattanu. Rzecz była cokolwiek schizofreniczna i mocno autobiograficzna. A pisało mi się ją lekuchno, bo było w niej pełno moich strachów, nocnych rozmów z Ewą, z której zrobiłem aktorkę, bo to na scenie lepiej wygląda. Pełno rozważań, czy do Polski wracać, czy nie wracać, oraz mniej lub bardziej paranoicznych pomysłów na temat karaluchów, Ameryki i tego, jak ją podbić. Rzecz dotyczyła także bardzo mi bliskiej beznadziejnej walki z bezsennością. Prawie cała akcja dzieje się w łóżku, ale seksu nie było w ogóle. Bo oboje bohaterowie mają co innego na głowie. Owszem, aktorka podejmuje parę prób, ale pisarz się broni, podejrzewając, zresztą słusznie, że jego żona chce podstępnie zajść w ciążę i mieć dziecko, na co ich nie stać. A spod łóżka wyłażą karaluchy oraz koszmary z przeszłości i teraźniejszości, z Warszawy i Nowego Jorku.

Krótko mówiąc, sztuka była nie o emigracji zwycięskiej, znanej z wielu filmów, ale o degradacji. Bo sławny pisarz oraz sławna aktorka nie mogą sobie w N.Y.C. znaleźć miejsca i lecą w dół, podskakując wesoło jak pingpongowe piłeczki.

No i weszła w próby we wspaniałym drewnianym teatrze przerobionym z olbrzymiej starej obory. W roli bogatej liberałki obsadzono śliczną Chinkę Jodi Long, która przedtem grała z Kevinem Kline'em na Broadwayu i była uduchowiona do granic wytrzymałości. Ja już niby wiedziałem to i owo o spidzie oraz kokainie, ale środki halucynogenne to było coś nowego. Przeprowadziłem się więc na stałe nie tylko do jej pokoju, ale w inną rzeczywistość, w której akcja na przykład *Matriksa* wydaje się całkiem realistyczna. Na szczęście sztuka była już napisana, a Elżbieta i Olek poruszali się w świecie realnym, bo mnie nie dziwiło ani to, że niebo nad lasem zamieniało się wieczorami w pulsujący mózg, ani że drzewa układały w sceny gwałtów i mordu.

Polowanie na karaluchy się zaczyna od tego, że aktorka emigrantka, która kiedyś w Polsce grała Szekspira, wchodzi na scenę w biednym mieszkanku na Manhattanie i przypominając sobie dawną świetność, recytuje po angielsku monolog Lady Makbet. *Makbet* ma w ogóle, jak wiadomo, opinię sztuki przeklętej. Kursuje pełno opowieści o aktorach, którzy w niej grali, i o reżyserach, co się z nią zmagali, a potem spadła na nich klątwa: nędza, choroby, a w przypadku Rosjan – zesłanie. Przesądni aktorzy angielscy unikają wymawiania tytułu sztuki, a o Lady Makbet mówią Scottish Lady. Podobno klątwę do pewnego stopnia neutralizuje powieszenie w garderobie wyciętej z *Hamleta* sceny z duchem.

Raz, wieczorem, opchałem się trochę bardziej niż zwykle grzybkami halucynogennymi, do tego rozpętała się potężna burza z piorunami, a burza wzmacnia działanie i grzybków, i Linii Smoka.

Z początku nie działo się nic specjalnego, jak zawsze okrążały mnie ptaki bez głowy, przez taras lazła szarańcza wielkości dużego psa, a zza drzew wysuwały się w moją stronę pyski zwierzęcopodobne z błyszczącymi przekrwionymi ślepiami. Jodi już dawno powiedziała, żebym się nimi w ogóle nie przejmował, bo to są moje prywatne demony, których na co dzień nie widzę. Tak samo jak nie mogę czytać bez okularów. Ale potem na tarasie pojawili się Makbet i Scottish Lady. Oboje bardzo młodzi. On miał na głowie szpiczasty hełm, a twarz przecinała mu krwawa rana od cięcia mieczem. Ona była prawie dzieckiem. Trzymali się za ręce i bez słowa patrzyli na mnie. Kiedy sobie poszli, ja też powlokłem się przez burzę do teatru, w którym Olek i Ela mieli nocną próbę. Opowiedziałem, co widziałem, i że wyrzucam ze sztuki ten monolog.

Olek potem przyznał się, że też wpadł w panikę. Ale kiedy następnego dnia ostre pyski i przekrwione oczy wycofały się do lasu, dałem się przekonać i monolog został. Duchy okazały mi litość, sztuka mi pecha nie przyniosła. Ela i Olek zagrali bardzo pięknie. Przyjechał „New York Times" i dobrze napisał, a potem zaczęli zjeżdżać producenci. Namawiali, żeby zacząć w Waszyngtonie albo Bostonie, bo Nowy Jork to za duże ryzyko. Rzeczywiście, większość dramaturgów zaczyna na prowincji. Puszczają sztukę w kilku teatrach i dopiero potem ryzykują, bo po złych recenzjach w Nowym Jorku jest już pewność, że sztuki w Ameryce nikt nie dotknie.

Ale mnie się śpieszyło. Więc kiedy producenci się naradzali z moim agentem, wróciłem do Nowego Jorku. Akurat w związku z *Kopciuchem* przyjęli mnie do Actors Studio, które firmował Paul Newman, ale zajęcia prowadził Arthur Penn. Z Pennem było trochę tak jak z Millerem, nie do końca wierzyłem, że on naprawdę istnieje. Bo w Polsce go czciłem, oglądałem i *Obławę*, i *Małego wielkiego człowieka*, i *Przełomy Missouri* z Brando i Nicholsonem, i *Bonnie and Clyde*. Ale pomyślałem, a nuż się uda, i dałem mu *Karaluchy* do czytania. I po paru dniach Arthur zadzwonił, że robi i że nie ma się co opieprzać, tylko trzeba zacząć w Nowym Jorku i że idealna do głównej roli byłaby Dianne Wiest – ulubiona aktorka Woody'ego Allena, która akurat dostała Oscara za *Hannah i jej siostry*, a teatr odpowiedni to by był Manhattan Theater Club. I że on ma tego samego agenta co Dianne, więc jej sztukę pokaże.

No i Dianne rolę wzięła. A ja w straszliwą ulewę poszedłem odwiedzić jej agenta, szefa gigantycznej International Creative Management, czyli ICM, więc najwyższe piętro wieżowca na Pięćdziesiątej Siódmej ulicy. Znów były plakaty, zdjęcia i dedykacje – ale z tym byłem już oswojony. A kiedy sławny Sam Cohn zapytał, co może dla mnie zrobić, powiedziałem, że nic specjalnego. Niech tylko zrobi mnie sławnym i bogatym.

– Cóż ja mogę – rozłożył ręce i pokazał okno. – Ja nie mogę nawet zatrzymać tego deszczu. – Ale zgodził się mnie reprezentować. To, co grał Olek, najpierw miał zagrać Donald Sutherland, ale zlękł się teatru, że się tekstu trzeba uczyć. Więc zagrał Ron Silver. No, w ogóle każda rola była świetna. Bogatą liberałkę, którą grała moja ulubiona Jodi, zagrała siostra Arthura Millera, Joan Copeland.

Kłopot był z zakończeniem i przez parę pierwszych przedstawień, na które jeszcze krytyków nie wpuszczano, grano *Polowanie* co noc z inną końcówką, testując różne warianty. Te pierwsze przedstawienia są dla tak zwanych subscribers, czyli na ogół mocno starszych ludzi, którzy wykupują tanie abonamenty na cały sezon. I to były chwile grozy, bo mało że się nikt na tej komedii nie śmiał, to zanim jeszcze się sztuka zaczęła, już połowa sali spała. Wtedy też dowiedziałem się, że najgorsze dni w teatrach w Nowym Jorku to są soboty, bo wtedy przyjeżdża New Jersey. A to publiczność najgorsza, bo wypijają martini, idą na kolację, a potem idą nie na sztukę, tylko ogólnie do teatru.

No i w końcu zaczęli przychodzić krytycy. Kiedy na sali jest Frank Rich, aktorzy nie mogą o tym wiedzieć, żeby nie umarli na serce. A ja znów zobaczyłem, co to znaczy legendarny krytyk „New York Timesa". Bo kiedy Rich przyszedł zobaczyć sztukę, wielki Arthur Penn włókł się przy ścianie, trzymając za brzuch. Klasyfikacja recenzji jest taka: najpierw rave – czyli rewelacyjna, potem very good, potem good, następnie fair – czyli niezła, potem bad i really bad – to znaczy, że krytyk sztukę zabił i w związku z tym po trzech dniach na ogół spada. Przy czym siła „New York Timesa" jest taka, że lepiej mieć bardzo dobrą w „New York Timesie", a złą we wszystkich innych pismach niż odwrotnie. Filmu to nie dotyczy w ogóle, bo film jest na recenzje odporny. I jak gra Tom Cruise czy Mel Gibson, to ludzie pójdą tak czy tak.

Z sukcesem jest jak z katastrofą, że musi się zbiec kilka elementów. Jest taka teoria katastrofy wyprowadzana z załamywania się morskich fal. Musi być odpowiednio płytko, odpowiednia siła wiatru itd.

Frank Rich napisał recenzję rave i Penn od razu powiedział, że ta recenzja jest warta pół miliona dolarów i tak mniej więcej było. W dzień po recenzji do końca grania nie można było dostać biletów. Na premierze był Arthur Miller, Woody Allen, Susan Sontag, Mike Nichols, Sidney Lumet, więc całkiem nieźle. „Time Magazine" wstawił ją na sam początek listy najlepszych dziesięciu sztuk roku, przed Mahabharatę, Les Liasons dangereuses i Les Miserables. I już, już chciano przenieść ją z hukiem do ogromnego teatru, kiedy się zaczęły kłopoty. Takie, jakie są zawsze, kiedy gra w teatrze filmowa gwiazda. Bo Woody Allen zabrał Dianne do kolejnego filmu i się w Nowym Jorku skończyło. To znaczy skończyło, ale się kręciło na całego.

Od razu zaproponowano mi serial, ale z godnością to odrzuciłem, chociaż się mówiło o sześciuset tysiącach dolarów. Czułem, że jestem na fali, kupiono sztukę, zamówiono scenariusz i Sidney Lumet chciał reżyserować, grać miała Dianne Wiest i William Hurt. Już miały się zacząć zdjęcia, kiedy o dwa miliony płatne z góry pokłóciły się dwie koproducentki i wszystko się rozpadło w jedną chwilę, bo tu każda gwiazda ma parę projektów i jak się gdzieś koło czegoś pojawiają wątpliwości, to od razu nikogo nie ma.

Ale sztuka żyła. Arthur Penn zabrał ją do najlepszego teatru w Los Angeles, Mark Taper Forum, zagrali Malcolm McDowell, ten od *Mechanicznej pomarańczy* i *Kaliguli*, oraz Swoosie Kurtz – też gwiazda z Broadwayu. A premiera w Los Angeles to osobna sprawa. Sznur rolls-royce'ów może nie tak długi jak w Moskwie, ale niezły, a na sali zaprzyjaźniony z Malcolmem – Laurence Olivier i Jack Lemmon. Słowem, moja próżność była zaspokojona.

No i *Karaluchy* zrobiły się najczęściej graną sztuką, bo w ponad pięćdziesięciu teatrach amerykańskich, potem poszła po Europie, we Francji zagrał w niej Jean-Louis Trintignant na przykład. Nagrody leciały jedna po drugiej. A to Guggenheima, a to National Endowment, a to American Theatre Critics Association, a to Hollywood Drama-Logue Critics Award i jeszcze z dziesięć innych.

„New York Times" zamówił u mnie artykuł i go wydrukował na pierwszej stronie wkładki „Arts and Leisure" z wielkim zdjęciem. Stałem na nim oparty o plastikowe kubły ze śmieciami. Na kubłach widać było namalowany numer domu, czyli 316 E 11. Kubły były stare i zniszczone, więc pan Nazarkiewicz się zawstydził i wymienił je osobiście na nowe. I jakby tego było mało, w ogóle zaczął traktować mnie poważnie i zaproponował przeniesienie do swojego najlepszego domu na Siódmej East pod numerem 53, w którym okna wychodziły na ulicę i były ozdobione zupełnie nowymi kratami, do których na dodatek pasowały klucze.

Polacy za to zdjęcie na tle śmietnika mieli żal. Sztuka też ich zabolała. Po premierze w Chicago, gdzie w świetnym amerykańskim Wisdom Bridge Theater zagrał pisarza Krzysztof Pieczyński, ktoś w polonijnej prasie napisał, że „nie po to w ziemię amerykańską wsiąkło tyle polskiej krwi i potu, żeby bohaterowie Głowackiego byli tak źle ubrani" i że jak Francuz pisze o Francuzach, to oni jednak jakoś wyglądają.

Ten film z *Karaluchów* to się podrywał, to zdychał. Czekając na to, aż go nakręcą, straciłem parę lat. Ale tak czy inaczej, pierwszy raz w Ameryce miałem pieniądze. Mądrze byłoby kupić dom, ale to by znaczyło mieć dom i nie mieć grosza. To zamiast domu kupiłem sportową toyotę i nareszcie marnowałem pieniądze. Boże, jaka to była ulga! Odwoziłem córeczkę Zuzię do szkoły. Jechałem sobie, odbijałem się razem z samochodem w oknach sklepów, patrzyłem na Nowy Jork i myślałem: Mam cię!

Widok z okna

W moim pokoju na Manhattanie mam pięć okien. Jeżeli się dobrze wychylę przez jedno z trzech wychodzących na Sto Pierwszą ulicę, widzę rzekę Hudson, w tym miejscu wąską, czyli szerokości czterech Wiseł. Paręnaście ulic stąd Isaac Singer, kiedy się już przeprowadził na Manhattan z Brighton Beach, obserwował cienie nad Hudsonem. Singer się martwił, że w Nowym Jorku za dużo się dzieje i dlatego nic nie widać. Więc żeby spokojnie popodglądać, pod koniec się przeniósł do Miami.

Przez dwa okna wychodzące na West End Avenue, bez wychylania, widzę synagogę, a sto metrów dalej, nad willowymi domkami prowadzącymi w stronę Central Parku, sterczą wieżowce Broadwayu. Na dachu jednego z nich umieszczono ogromną, przykrytą wieńcem trumnę. Pod nią ostrzegawczy napis: „Papierosy cię zabijają". Mnie to akurat wisi, bo nie palę.

Marek Piwowski nakręcił kiedyś antyalkoholową reklamówkę. Ten temat jest mi zresztą bliższy. W otwartej trumnie leżał Himilsbach. Nagle sztywno jak wampir siadał i ostrzegał: „Kto pije, krótko żyje", i kładł się z powrotem. Kiedyś napisaliśmy z Markiem Piwowskim scenariusz filmowy pod tytułem *Ja się do polityki nie mieszam*. Wszystko się miało dziać w międzywojennej Polsce. Najpierw odrzucił go bez podania przyczyn mój były szef Janusz Wilhelmi, a zaraz potem w telewizji mój były kolega redakcyjny, Janusz Rolicki – z przyczyny, że to jest niby o Michniku, co nam akurat do głowy nie przychodziło. W psychiatrii jest taki test nazywany testem białej kartki. Jak się alkoholikowi w ostatnim stadium delirium pokaże kawałek czystego papieru, to on zaczyna bardzo płynnie go odczytywać, wyliczając wszystkie swoje obsesje i wymieniając nazwiska wyimaginowanych nieprzyjaciół. Akurat Janusz Rolicki nie pił w ogóle, ale podobnie jak najrozmaitsze władze i cenzura czytał płynnie.

Piwowski, żeby wyjść z depresji, nakręcił na bardzo drogiej taśmie Kodaka jedyny w PRL-u, krótki, ale piękny film pornograficzny zrobiony za państwowe pieniądze. Film zastrzeżeń cenzury nie wzbudził. Miał intencje szlachetne, bo ostrzegał przed mocno rozpowszechnionymi wenerycznymi chorobami. Akcja polegała na tym, że na ekranie kilka uśmiechniętych par wykonywało prace erotyczne w mniej lub bardziej wyszukanych pozycjach, po czym pojawiał się napis: „Oto najczęstsze sposoby zarażenia". Pamiętam długi szereg młodych aktorek czekających w korytarzu na Chełmskiej na próbne zdjęcia. Film zamówiła Wytwórnia Filmów Oświatowych i Marek bardzo się starał załatwić wyświetlanie tego utworu przed jednym z filmów Krzysztofa Zanussiego. Szefowie wytwórni obejrzeli film kilka razy, uznali za wybitne dzieło sztuki, ale jednak mieli wątpliwości. I film Zanussiego kolejny raz nie zrobił kasy.

No więc siedzę przy oknie, czytam patriotyczne przemówienie George'a W. Busha w sprawie Iraku i terroryzmu utrzymane w tonacji przemówień Edwarda Gierka: „Nie spoczniemy, póki ostatni terrorysta nie zostanie schwytany", oraz, jak zawsze, się zastanawiam, czyby nie wrócić do Polski. Co parę minut zerkam na West End. Przed moim domem poza regularnymi przechodniami i joggerami kręcą się dziennikarze z tak zwanych tabloids, czyli „Daily News" i „New York Post" – czyli czegoś w rodzaju naszego „Super Expressu" i „Faktu". Polują na moją dwudziestotrzyletnią córkę Zuzę, która podrosła i pracuje w „New York Timesie". Chcą ją znaleźć, przepytać, a zwłaszcza sfotografować, bo jej przyjaciel, reporter Jayson Blair, stał się bohaterem afery, jednej z największych w historii amerykańskiego dziennikarstwa. W czystym jak łza i wiarygodnym do ostatniej kropli krwi „New York Timesie" wydrukował jako swój przepisany z jakiejś malutkiej prowincjonalnej gazety artykuł, a także fikcyjne rozmowy z rodzicami walczących w Iraku marines. Dziennikarze z ulicy muszą mieć zdjęcia Zuzi, bo się dowiedzieli, że się z Jaysonem przyjaźniła.

Naprawdę chodzi o to, że Zuzia jest biała i jest blondynką, a Jayson jest czarny. Więc jakby jeszcze byli kochankami, to już by była całkiem przyzwoita story. Zuzia w Nowym Jorku dorastała w tempie przyśpieszonym. Najpierw się zmieniła z przestraszonej małej dziewczynki w ubraną w ciężkie buciory z kolcami i oplecioną łańcuchami uczennicę z artystycznej szkoły PS 41, czyli Public School № 41, w Greenwich Village. Zaraz potem w grzeczną uczennicę z elitarnej szkoły prywatnej dla panienek z dobrych domów, czyli Nightingale-Bamford. Potem w studentkę Liberal Arts w Bard College. I za chwilę już ją przyjęli do „New York Timesa". Po drodze była w samolotowym wypadku. Jumbo jet, którym miała lecieć do Miami, w straszliwą burzę śnieżną się poślizgnął, wypadł ze startowego pasa i ściął skrzydłem betonową wieżę, zgubił silnik, połamał koła i zarył nosem w śniegu. W samolocie kilkanaście foteli zostało wyrwanych, w powietrzu latały walizki, jęczeli lekko i ciężko ranni, a trzynastoletnia Zuzia nakręciła to wszystko kamerą wideo. Chwilę potem otoczyli ją polujący na nieszczęścia szakale z telewizji. Zobaczyli, że kręci, więc pomyśleli, że jest jednym z nich, i kanał Fox 5 odkupił od niej kasetę. A od niego odkupiły kanały inne. Wieczorem wszystkie pokazywały to, co Zuzia nakręciła. Nazywali ją wtedy dzielną, młodą Amerykanką. Ale teraz „Daily News" pisze: „tajemnicza kobieta z Polski". Tak czy inaczej, koniecznie jest potrzebne zdjęcie Zuzi. Bez zdjęć nie ma rozmowy. Same słowa już są do niczego. Czytelnicy tabloidów nie chcą słów. Chcą krwi i mięsa, słowa mają gdzieś. Zwłaszcza że nie każdy czytelnik umie czytać.

Więc reporterzy czekają, wymieniają się, wypytują sąsiadów, przysyłają mi przez portierów listy, że „to wszystko dla prawdy", „tylko prawda nas interesuje", „Dżanus, help us!". Ale ja piszę dla teatru i wiem, o co chodzi, i oni też wiedzą, że ja wiem, ale próbują. A póki co, demaskując kłamstwa Blaira, w poszukiwaniu prawdy kłamią coraz bardziej. To, czego oni nie wiedzą, to jest to, że Zuzia już od roku się wyprowadziła. I trochę się martwię, że jeżeli najbardziej przebojowi reporterzy nie umieją zdobyć nowego adresu i telefonu Zuzi w Nowym Jorku, to czy aby CIA na pewno da radę odnaleźć Osamę bin Ladena.

Ja nie będę ukrywał, że to zamieszanie koło Zuzi i Ewę, i mnie mocno trzasnęło. Zuzia uspokajała nas, że my oboje strasznie chcieliśmy, żeby została prawdziwą Amerykanką, weszła w system i dlatego tak nas cieszyło, że pracuje w „New York Timesie". Ale jakoś zapomnieliśmy, że prawdziwą Amerykanką to ona była od początku, a teraz stała się częścią czegoś o wiele bardziej amerykańskiego niż system, czyli skandalu.

Między reporterami się kręci Japończyk transwestyta. Bo gdyby jego zdjęcia się pokazały na gossipie, czyli plotkarskiej kolumnie w „New York Post", to kto wie, mógłby to być początek kariery. Więc Japończyk trochę histeryzuje i słyszę z czwartego piętra, że odwołuje się do wyższych uczuć. Opowiada o trudnym dzieciństwie, przeprasza za Pearl Harbor, ale transwestyci są już niemodni i nikt nie chce zmarnować na niego kliszy.

Niby powinienem zasłonić okno, się skupić, pisać, ale

ciężko jest przetrzymać ograniczenie ścianami. Tyle że z nieograniczeniem ostatecznym też nie jest zawsze lekko. Josif Brodski powiedział, że nie może wytrzymać oceanu, dopóki nie zobaczy jakiegoś żagla albo komina statku. Jak już jest jakiś najmarniejszy nawet punkt zaczepienia, to się daje wytrzymać. Tak samo jest z mieszkaniem, mimo okien. Na dłuższą metę samemu trudno, więc się kogoś wpuszcza. Kobietę na przykład. I jest chwila ulgi. Ale potem już nie można tego tłoku wytrzymać, się ją wyprowadza i znów można żyć. I potem od nowa. Nie ma wyjścia. Mdłości chwytają, coś jak bohatera w programowej książce Sartre'a. Ale Sartre, żeby przyzwoicie wyłożyć program egzystencjalizmu, potrzebował całej powieści. U nas w Polsce to się daje ująć krócej. Ktoś idzie sobie na przykład ulicą, widzi faceta, który rzyga, i mówi: „Całkowicie się z panem zgadzam". Tyle że polski egzystencjalizm traci czystość, bo się zawsze troszkę politycznie kojarzy. Brodski odradzał mi wymianę kobiet. Bo po trzech latach wszystko jest tak samo, tyle że przybywa rachunków na biurku. Ale wymieniał.

Michał Kott, syn profesora Jana, jeden z najinteligentniejszych ludzi, jakich znam, który przez omyłkę zamiast pisaniem zajmuje się sprawą beznadziejną, czyli nauczaniem wschodnich Europejczyków demokracji, dostał w college'u w Ameryce nagrodę za esej o perwersjach. Napisał, że perwersja to jest głównie brak kontaktu między partnerami. Dlatego za perwersję uznał na przykład zdecydowanie jednostronną nekrofilię, ale w żadnym wypadku wykonywany z pasją i za obopólną zgodą układ sado-maso. Zasugerował natomiast, że jest nią stosunek małżeński, bo mechaniczny, a więc bez kontaktu. Ale co z tego, Michał ma żonę i trójkę dzieci.

No i już czas, żeby wyjrzeć przez okno. Większość reporterów poszła na kawę do Starbucksa, zostali tylko ci z aparatami i siwy bezdomny Murzyn, co sobie śpi na chodniku. Między nimi przepycha się smutna procesja. Starszy, wymęczony mężczyzna ciągnie niską drewnianą platformę do przewożenia mebli, na czterech żelaznych kółkach. Siedzi na niej ogromny i bardzo stary pies. Platformę z tyłu popycha kobieta. Pewnie boi się, żeby mąż nie dostał zawału. Pies siedzi smutny i obojętny. Wiem, gdzie jadą, dwie ulice dalej jest szpital dla zwierząt. Tam się usypia stare i chore zwierzęta. Wygląda na to, że pies odbywa swoją ostatnią podróż i że o tym wie. Stary Murzyn się budzi, uprzejmie podciąga nogi i platforma przejeżdża. Co to jest, że cierpienie zwierząt bardziej mnie porusza niż dramat ludzi. Ze *Zbrodni i kary* poza moimi ulubionymi postaciami, Marmieładowem i Swidrygajłowem, najlepiej pamiętam zatłuczenie konia przez oszalałego z żądzy mordu woźnicę. Czy chodzi o to, że bezbronność zwierząt jest na tle ludzi bardziej bezbronna? Że nie torturują ani nie zabijają dla przyjemności? Sławny reżyser z dawnego Hollywoodu, Cecil de Mille, po obejrzeniu materiału z jakiegoś filmu powiedział: „Nie lubię tego bohatera. Dać mu psa". Tak czy inaczej, psy traktuje się na Manhattanie z większym zrozumieniem niż ludzi, oczywiście nie na tyle, żeby zaraz ten kondukt sfotografować. Po chwili Murzyn znów wygodnie wyciągnął nogi. Transwestyta pokręcił się jeszcze chwilę i zniknął. Zuzia na razie wzięła z „New York Timesa" urlop.

Z dachu mojego domu na West End Ave jest bardzo piękny widok na Riverside Park i rzekę Hudson. Dach jest płaski, szeroki i idealnie nadaje się do opalania. Ja byłem na nim tylko raz, jedenastego września 2001, kiedy drugi samolot uderzył w drugą wieżę. Razem z Zuzią wjechałem windą na dziewiętnaste piętro. Stała tam już i patrzyła na czarny dym i płomienie sąsiadka z piętra czternastego. Przed godziną jej mąż zabrał ośmioletniego synka, żeby pokazać mu World Trade Center. Po pierwszej eksplozji zadzwonił z komórki, że są OK. Po drugiej już nie zadzwonił. Przytuliła Zuzię i powiedziała: „Przepraszam cię, że musisz na to patrzeć. To nasza wina. To nasze pokolenie spieprzyło ten świat, ale ty nie powinnaś za to płacić". Potem pojechała na dół miasta szukać męża i synka. Obaj nie żyli.

W moim pokoju w Warszawie na ulicy Bednarskiej mam okno tylko jedno. Ale też sporo widać. Okno wychodzi na parking samochodowy, od ulicy odgrodzony kamiennym, sięgającym powyżej pasa murkiem oraz po bokach łańcuchami takimi jak na skrzyżowaniach. Po drugiej stronie parkingu jest przekleństwo, moje małe prywatne piekło. Kara za wszystkie świństwa, jakie w życiu zrobiłem i jakie jeszcze zrobię, czyli szkoła muzyczna. Tłum może zdolnych, a może nie, uczniów katuje w niej od rana do wieczora instrumenty i gardła. Wiosną, latem i jesienią stoją w otwartych oknach i grają na trąbkach i tym podobnych. Kiedyś osłaniały mnie dwie topole, ale jedną wycięli, bo alergię wywołuje – a trąbki i wycie nie. Topola druga na szczęście jeszcze żyje. Mieszkańcy dookoła znoszą szkołę pokornie. Są pogodzeni z losem. Socjalizm przyzwyczaił ich, że nic się nie da zmienić. Nie wierzą, że mają jakieś prawa. Ja też nie wierzę. Coś tam próbowałem, ale nie wyszło, więc zamykam okno, wsadzam korki w uszy, a jak już zupełnie nie mogę wytrzymać – jadę do Nowego Jorku.

Jeżeli się dobrze wychylę, przez to jedyne okno widzę agencję towarzyską, wieczorem oświetloną ładnie, na różowo. Ona też ma związek z muzyką. Zawsze wiem, kiedy jest w Warszawie konkurs chopinowski, bo na Bednarską 23 sunie wtedy wężyk Japończyków.

Na lewo od parkingu jest restauracja Pod Retmanem. Teraz jest w niej smutno i pustawo. Co jakiś czas zajeżdżają autokary z zagranicznymi wycieczkami. Wtedy przebrani za krakowiaków skinheadzi obejmują wytatuowane

na ramionach krakowianki i tańczą dla Niemców kuja-
wiaki. Niedawno szedłem wieczorem do domu, a z drugiej strony murku wystawała głowa parkingowego.

– Panie Januszu – zawołał – niech pan pozwoli! – Parę
razy mocno potrząsnął moją ręką. – Pan nawet nie wie,
jak ja pana szanuję. Przepraszam, że w tej chwili oddaję
mocz. – Pomyślałem, że chyba jednak powinienem wrócić
do Polski na stałe.

W latach sześćdziesiątych Pod Retmanem to była kipią-
ca życiem restauracja rzemieślników. Co noc przychodzili
tu twardziele, których nie potrafiła złamać dintojra urzę-
dów podatkowych. Tu obchodzono imieniny i urządzano
wesela. Wpadając na wieczorną setę, nasłuchałem się uno-
szących się w niebo lirycznych westchnień, namiętnych
obietnic i czułych wspomnień o gorących poślubnych nocach: „Dałem jej po pysku, żeby wiedziała, i odbiłem konia, żeby nie myślała, że mi na niej zależy".

Później na parkingu odbywały się porachunki. Kuśnie-
rze tłukli się z producentami plastiku, szewcy ze stolarza-
mi. Uczucia, jak u wielkich pisarzy rosyjskich, wybuchały
nagle i gasły. Raz złodziej, uciekając z czyimś portfelem,
zawadził o łańcuch, runął na ziemię i złamał nogę. Okra-
dziony dżentelmen podbiegł do niego, ściskając w dłoni
rozbitą butelkę, ale kiedy zobaczył, że człowiek zwija się
z bólu, natychmiast doznał migotania uczuć. Mimo że pa-
dało, ściągnął marynarkę, podłożył mu pod głowę i zaczął
pocieszać: „Leż sobie, leż spokojnie, ty biedny złodzieju".
Tyle że za chwilę w związku z wywołanym przez koniak,
winiak, jarzębiak i soplicę wahnięciem, krzyknął: „Odda-
waj, kurwo, złodzieju, marynarkę!"

W tej restauracji, a właściwie w jej podziemiach, umieściłem akcję mojego długiego opowiadania *Paradis*. To
było już dwa czy trzy tomy po *Wirówce nonsensu* i byłem,
jak to często pogardliwie pisano, pisarzem środowisko-
wym, o którym poza kawiarnią Literacką nikt nie słyszał,

na dodatek pozbawionym instynktu moralnego. Na ten mój brak narzekano ze wszystkich stron. Z jednej, że pracuję nie tam, gdzie trzeba, czyli w warszawskiej „Kulturze", na dodatek tak się składa, że ulegam uczuciom z pewnością dalekim od bezinteresowności w stosunku do malarki Bożeny Wahl, siostry żony Romana Bratnego. Do tego Janusz Wilhelmi, chwaląc mnie za jakąś książkę w jednym z felietonów, porównał to, co piszę, z twórczością lansowanego przez partię, znienawidzonego przez opozycję, Andrzeja Brychta. Życzliwy mi Henryk Krzeczkowski zapytał wtedy:

– Dlaczego Wilhelmi chce cię zniszczyć?

Z drugiej, na przykład Zdzisław Andruszkiewicz, redaktor naczelny „Walki Młodych" i późniejszy kierownik wydziału prasy KC, też miał co do mnie wątpliwości, którymi w roku 1970 podzielił się z czytelnikami swojego pisma w poświęconym mi w całości artykule pod tytułem *Wątpliwości zostały rozbudzone*. Pisał tam między innymi:

„Czy literatura ma wychowywać? Czy ma mówić głosem swych bohaterów o trudzie budowania, tworzenia nowych wartości moralnych, nowego człowieka? Czy ma rozruszać, dostarczać przeżyć i sił do walki o świat lepszy, bardziej celowo i po ludzku urządzony? Głowacki powiada, że nie. Głowacki odrzuca społeczne funkcje literatury, jej obowiązek uczestniczenia w socjalistycznej świadomości. [...] Zupełnie wystarczy – powiada – jeśli literatura będzie budzić wątpliwości, zmuszać do refleksji. Oto credo Głowackiego…"

A potem:

„…wystarczy lada podmuch, by spowodować całkowitą bezradność, zagubienie, załamanie. Przypomnijmy sobie postawy wielu studentów w dniach marcowych 1968, postawy tych młodych ludzi, których niedostatecznie wyposażono w umiejętność rozpoznawania, gdzie swój, gdzie wróg".

No i bardzo proszę.

Ale mimo wszystko szło mi nieźle. Zaprzyjaźniłem się z dużym i małym Heniem, czyli Krzeczkowskim i Berezą. Z Markiem Piwowskim wykonaliśmy *Psychodramę* i *Rejs*. Komplementowali mnie Iwaszkiewicz, Słonimski i Kisielewski. A kiedy napisałem opowiadanie *Polowanie na muchy*, Andrzej Wajda zadzwonił, że chce to nakręcić. Opowiadanie było o słabiutkim i bezradnym mężczyźnie, którym manipulują silne kobiety-modliszki. Niby chcąc go uszczęśliwić, ale naprawdę, jak każde uszczęśliwianie na siłę, wpędzając w głęboką depresję. To był troszkę nowy w polskim kinie, a zwłaszcza u Wajdy, rodzaj bohatera, zaplątanego w szarą rzeczywistość, bo mu się po nocach nie przypomina ani wojna, ani obóz, ani chociaż Niemiec z psem owczarkiem. A kiedy rozpina rozporek – to ze środka nie sypią się łuski.

Było to także dość świeże podejście do kobiet i na kolaudacji filmu przedstawicielka Ligi Kobiet oświadczyła, że ten film obraża Polki, które bohatersko zdały egzamin w czasie okupacji. Opowiadanie było cokolwiek mizoginiczne. Mnie akurat rzuciła malarka Bożena Wahl – pierwsza kobieta, z którą mieszkałem, i pierwsza, która mnie namawiała, żebym pisał. Zrobiła to zresztą pod głupim pretekstem, że ją cały czas zdradzam, więc byłem rozżalony. A znów Beata Tyszkiewicz rozstała się burzliwie z Andrzejem Wajdą, więc on też miał coś do powiedzenia na temat niszczących kobiet. Zabawne było to, że zaraz po rzuceniu Wajdy Beata się zgłosiła spokojnie na próbne zdjęcia do głównej roli – czyli kobiety-modliszki. Wajda jej nie wziął, więc już miał drobną satysfakcję. A tę rolę zagrała znakomicie bardzo piękna Małgosia Braunek. Tyle że w czasie kręcenia zakochała się w reżyserze Andrzeju Żuławskim, który ją natychmiast z lekka wyssał. Jak widać, czegoś prawdziwego ta opowieść dotykała. Andrzej Wajda tego filmu nie lubi, a ja też za nim nie przepadam. Opowiadanie jest smutno-szaro-śmieszne, a film je jakoś ubarwił i ugroteskowił. Ale i tak byłem szczęśliwy, bo film z Andrzejem Wajdą to wtedy lepiej w Polsce nie było można. Zresztą – Zygmunt Kałużyński, który miał najwyraźniej jeszcze większy żal do kobiet, napisał entuzjastyczną recenzję pod tytułem *Świat zatruty przez panie*.

Już trochę wcześniej, bo zaraz po *Wirówce*, Jerzy Andrzejewski wypytywał, czy się nie boję sukcesu, bo on po sukcesie *Ładu serca* był przerażony, co będzie dalej. Ja nie byłem, ale mówiłem, że jestem, bo nie chciałem, żeby mnie wziął za jakiegoś niewrażliwca.

Wieczorami wpadałem czasem do Jerzego, bo o Andrzejewskim się mówiło: Jerzy, tak jak o Michniku – Adam, a o Wałęsie – Lechu. Więc u Jerzego na półce z książkami stało zdjęcie pięknego chłopca z jasnymi falującymi włosami. Szczerbaty Bolek z Targowej, który też tu czasami wpadał, krzywił się, że na takich falach by „Batory" utonął. Ale to była czysta zazdrość, bo chłopak ze zdjęcia był piękny naprawdę, i to był Krzysztof Kamil Baczyński. A Jerzy był nim rzeczywiście zafascynowany i ile razy się kimś mniej lub bardziej przelotnie zachwycał, odkrywał w nim fizyczne podobieństwo do Baczyńskiego. Pięknego poetę przypominał mu i Hłasko, i Skolimowski, Krzyś Mętrak i Szczerbaty Bolek z Targowej, i pisarz Andrzej Pastuszek, o którym Jerzy napisał w jakimś felietonie: „Dziś znów odłożyłem Dostojewskiego i wróciłem do Pastuszka. Dobry Boże, cóż to za talent", i pewnie Antoni Libera, kiedy pomagał Jerzemu pisać *Miazgę*.

Ja wpadałem do Jerzego na Pragę z młodziutkim krytykiem Krzysztofem Mętrakiem, który był rzeczywiście do Baczyńskiego podobny, a miał wtedy dwadzieścia jeden lat oraz przeżywał okres świetności. Zadebiutował znakomitym esejem w „Twórczości". A „Twórczość" wydawała wtedy w sprawach literatury wyroki niepodważalne i wszyscy wielcy pisarze z tego miesięcznika, i Stryjkowski, i Andrzejewski, żądali, aby o ich książkach pisał tylko Krzysio. Jerzy się Mętrakiem zachwycał, ale Mętrak wiedział chyba więcej ode mnie, bo bał się naprawdę, co będzie dalej, i zaczął bardzo dużo pić. Piliśmy wtedy wszyscy bardzo dużo, tyle że Krzysztof pił za dużo. Co to było: za dużo, to trudno powiedzieć. Świetny satyryk, Janusz Minkiewicz, jak się go ktoś zapytał, ile codziennie pije, odpowiadał: „Łatwiej mi będzie powiedzieć, ile piję, kiedy nie piję. Otóż, kiedy nie piję, to piję pół litra". Krzysztof pił, pisał i drukował za dużo, rozmieniał swój świetny talent na drobne. Parę lat później Jerzy, któremu falowanie uczuć nie było obce, zapytany o Krzysia, machnął ręką i powiedział: „Przetańczyła jedno lato" – był wtedy modny szwedzki film pod tym tytułem.

Ja mam do Mętraka stosunek sentymentalny. Był pierwszym krytykiem, który w ogóle o mnie napisał. Spędzaliśmy razem sporo chwil, czasem strasznych, czasem zabawnych. Może gdyby trzymał się literatury, nie skończyłoby się to tak smutno.

Ale zaczął pisać o filmie, sztuce w ogóle podejrzanej, i zaraz tłum często podejrzanych reżyserów i aktorów zaczął się z nim zaprzyjaźniać, licząc, że coś tam o nich dobrego napisze. No i potem się już tak porobiło, że Krzysztof coraz częściej pierwszy przychodził do SPATiF-u i prawie zawsze ostatni z niego wychodził. Raz na Festiwalu Polskich Filmów w Koszalinie, co od początku brzmi dobrze, na którym bez powodzenia startowało *Trzeba zabić tę miłość*, Krzysztof był przewodniczącym jury. Ale jak to pięknie i poetycko ujął prezydent Wałęsa, mówiąc o swoim ulubionym współpracowniku Wachowskim – poszedł w ludzkie słabości. I w związku z nimi na posiedzeniach jury się ani razu nie pojawił. A kiedy jurorzy udawali się elegancką nyską na końcowe obrady, minęli Krzysia, który kołysząc się, ale nie padając, siusiał przed głównym wejściem do sali konferencyjnej.

Tyle że po ogłoszeniu werdyktu Krzysztof zaczął odczuwać moralny niepokój i przyszedł się poradzić, czy mu aby na pewno wypada wziąć pieniądze za przewodniczenie jury, w którego obradach nie brał udziału. Ja go namawiałem, żeby brał, bo kasa jest kasa, a co to w ogóle za różnica, ale Krzysztof pokręcił ponuro głową, że jednak nie, nie weźmie. I poszedł poinformować o tym pozostałych jurorów. Ale za chwilę wrócił rozpromieniony i z pełnym portfelem.

– Wpadli w panikę. Powiedzieli, że to będzie odczytane jako votum nieufności i gest polityczny. Ubłagali mnie.

No to poszliśmy się upić. Był między nami rodzaj porozumienia. On mi przebaczał, że nie mam problemu z alkoholem, a ja to, co alkohol z nim robił.

Jerzy był wtedy po *Bramach raju* i *Idzie skacząc po górach*. Zabierał się do *Miazgi* i był w świetnej formie pisarskiej. Ja nie mówię, żeśmy go podziwiali tak jak Szatow czy młody Wierchowienski – Stawrogina. Ale jednak nie mieliśmy wątpliwości, że to jeden z największych pisarzy europejskich, a już co jak co, ale Nobel mu się należy. Zresztą Jerzy się z tym w zupełności zgadzał. W jego mieszkaniu mówiło się dużo o literaturze, alkohol płynął jak rzeka, a czasem Jerzy coś czytał. Wprawdzie Henio Bereza się wykrzywiał, że u Jerzego trochę męcząca jest konieczność chwalenia wszystkiego, od prozy po skarpetki. Ale mnie imponowały Andrzejewskiego książki, sława, złote binokle i drogie garnitury, bo my wszyscy chodziliśmy obdarci w związku z biedą albo modą. No i nonszalancja, z jaką ironizował na temat siebie i świata. Kiedyś powiedział mi, że swój sławny list do prezesa Związku Czeskich Pisarzy, Goldstückera, potępiający inwazję państw Układu Warszawskiego na Czechosłowację, list, który wywołał furię Gomułki i Kliszki, napisał wyłącznie z pychy. „Czułem –

powiedział – że ktoś to powinien zrobić, a wydawało mi się, że ja najlepiej pasuję". Mówił szczerze czy pozował, cóż to za różnica? Komuniści mieli z Andrzejewskim straszny kłopot, bo z jednej strony kochali *Popiół i diament*, z drugiej jawna pogarda Jerzego, wystąpienie z partii, ten list do Goldstückera, a później drukowanie w paryskiej „Kulturze". Ale dysydentom z Jerzym też nie zawsze było lekko.

Ktoś mi opowiedział, że raz przyszedł do Jerzego po podpis na jakimś protestacyjnym liście. A pisarz był bardzo napity, na dodatek akurat odwiedził go Rysio z Bazaru Różyckiego i Andrzejewski powiedział, że owszem, podpisze, ale pod warunkiem, że Rysio też podpisze. I trzeba go było długo przekonywać, że podpis Rysia nie jest konieczny. W końcu Jerzy ustąpił, ale z boku narysował króliczka.

Czasami wieczorem wpadał do niego w poszukiwaniu pieniędzy Janusz Szpotański. Troszkę wcześniej studiowaliśmy obaj polonistykę na tym samym roku. Janusz był mocno starszy, ale miał przerwę w nauce. Opowiadał, że kiedyś kopnął jakiegoś partyjniaka, a ten przeprowadził dowód, że kopiąc w dupę członka partii, Szpot kopnął w dupę całą PZPR. I Szpotańskiego wyrzucili. Podobno zaszkodziła mu też praca na temat „Gribojedow Szekspirem literatury rosyjskiej", którą on wykonał w wersji „Szekspir Gribojedowem literatury angielskiej". Ja tę opowieść ściągnąłem do filmu *Polowanie na muchy*. A z jego opowieści o *Wirówce nonsensu* zrobiłem później tytuł swojego debiutanckiego zbioru opowiadań. Umieściłem tam zresztą Szpota jako Jana B. wygłaszającego o wirówce dłuższy speech.

Szpot był wtedy jeszcze przed operami, więzieniem i dysydencką legendą, a za to jakoś skumplowany przez Jana Józefa Lipskiego z Januszem Wilhelmim. Był ciągle bez forsy. Jedyne pieniądze zarabiał, grając w szachy z badylarzami i eleganckimi mecenasami „na górce" w kawiarni MDM. Kiedyś był podobno sklasyfikowany pod koniec pierwszej dwudziestki polskich szachistów. Wygraną wymieniał od ręki na alkohol, a że wygrywał jak na tę swoją potrzebę za mało, więc bezlitośnie tropił darmowy alkohol we wszystkich zakamarkach Warszawy. Ja na studiach obracałem się w najlepszym towarzystwie, wspomniana już Paszcza i Paskuda, trochę cinkciarzy, którzy ostatnio porobili kariery w biznesie i polityce. Ale głównie Marek Piwowski, aktor Jerzy Karaszkiewicz, Tomek Łubieński, który już za chwilę miał wydać pierwszy tom opowiadań, doktor Arek Uznański, wybijający się pedagog Janek Sosnowski i studiujący prawo Włodek Jurkowski, ksywka Synek, którego zrobiłem bohaterem pierwszego mojego w życiu opowiadania pod tytułem *Na plaży*. Kiedy wpadło nam parę groszy, z rozkoszą przepijaliśmy je ze Szpotem, słuchając jego błyskotliwych, pełnych niewiary w człowieka tyrad. Piło się wszystko, głównie tak zwane wino marki Wino po trzy złote butelka, dużo rzadziej denaturat, czyli tak zwany oślepek, a zagryzało się czasem i trawą. Szpot pił byle co i byle jak, natomiast starannie mieszał życie ze sztuką. Stanowił obiekt straszliwej zawiści wielu początkujących dekadentów z tak zwanych środowisk twórczych.

Mieszkał byle gdzie, chyba najdłużej w wynajętym, ale za darmo, pokoiku na Powiślu, który nazywał dumnie Hotelem, a siebie jego dyrektorem. Hotel był umeblowany wyłącznie przykrytym kocem tapczanem i książkami. W zimie Janusz zabezpieczał się od przeciągów, ustawiając barykadę z niemieckich filozofów, w oryginale, oraz dodatkowo otulając się ulubionym płaszczem – Emilem. Nagle i niespodziewanie zaprosił nas do Zamku, czyli eleganckiej willi na Saskiej Kępie, którą ktoś mu na parę miesięcy powierzył. I tam popijał herbatkę z Zielonooką, czyli piękną żoną sławnego adwokata, w której się podkochiwał. Potem znów lądował w slumsach, pokrzepiając się czystą wyborową, Schopenhauerem oraz zapisywaniem swoich blasków i nędz w formie sonetów. Czasami, polując na szlaku, wpadał na Piwną 4a do rodziców obecnego bogacza z Nowego Jorku – Witka Markowicza.

Witek ma życiorys mocno filmowy. Kiedy się zaczęła wojna, jego rodzice uciekli przed Niemcami do Lwowa. Tam zajęli się nimi Rosjanie i w związku z tym Witek urodził się za Bajkałem. Potem wszyscy wrócili, a następnie przeczuwając rok 1968, trochę wcześniej zabrali się z Witkiem i jego śliczną siostrą Ewą, w której się wszyscy podkochiwaliśmy, do Izraela. Stamtąd Witek już się na własną rękę przeniósł do Nowego Jorku. Jest hazardzistą, więc się zajął loterią, a że w Warszawie studiował matematykę teoretyczną, coś wymyślił, skomputeryzował i został multimilionerem z wszystkimi konsekwencjami.

Państwu Markowiczom powodziło się wtedy o wiele lepiej niż nam wszystkim i wielkodusznie udostępniali nam jeden z pokojów, zawsze pełną lodówkę i alkohol. Więc parę razy w tygodniu odbywała się tam impreza. Wpadał studiujący geologię Maciek Wierzyński, z którym się moje losy od szkoły aż po Nowy Jork raz po raz przecinają i który jest jednym z nielicznych Polaków, jakich znam, w ogóle pozbawionym zawiści. Zaglądał kolega z polonistyki Adam Budzyński, Ewa Frykowska, prawnik Jurek Wężyk i większość wymienionych wcześniej jako towarzystwo, w którym się obracałem. Poza Paszczą i Paskudą, które niestety były dyskryminowane. Stałym gościem była Monika, córka Janusza Minkiewicza, w której się podkochiwali ci, którzy nie wyznali wcześniej miłości siostrze Witka. Później w Ameryce Monika wzięła z Witkiem ślub.

Szpot pojawiał się na krótko, wygłaszał oskarżycielskie tyrady o okrucieństwie życia, które zmusza go do kontaktów z nami, beznadziejnymi półinteligentami, oraz państwem Markowiczami, czyli bezsensownymi drobnomieszczanami. Podkreślał niezasłużony zaszczyt, jakim jest dla nas kontakt z geniuszem, wypijał wszystko, co było do wypicia, wybuchał szyderczym śmiechem, kiedy uprzejmy ojciec Witka pytał: „Czy pan już zaspokoił pragnienie, panie Januszu?", i ruszał w drogę.

Zasypiał tam, gdzie mu akurat zabrakło sił, czasem na schodach przykryty Emilem. Raz opowiadał z oburzeniem, że właśnie w takiej sytuacji obudziła go bezceremonialnie całująca się na klatce schodowej para. „Podniosłem się – powiedział z dumą – i wygłosiłem swój sławny speech zaczynający się od słów: wszyscy zakochani to bydło". Czasem w nocy wpadał do mnie na Bednarską. Kopał w drzwi, budząc moich rodziców, a kiedy szybciutko otwierałem, mijał mnie bez słowa, wchodził do mojego pokoju, padał na małą kanapę i zasypiał. Kiedyś obudziła mnie nad ranem awantura. Okazało się, że Szpot pomylił piętra i zaczął się dobijać do sąsiadów, a kiedy mu otworzono, minął przerażoną kobietę, skręcił tam, gdzie miał być mój pokój, rzucił się na jakiś tapczan i zasnął.

Szpot wpadał też do Jerzego i straszył, że jeżeli ten natychmiast nie pożyczy mu paru setek, napisze, co myśli o tej jego bezsensownej książce *Idzie skacząc po górach i podpierając się chujem*. Jerzy pożyczał, a Szpotański mówił z dumą: „Suchy pedał procentuje", i szedł dalej. Ale i tak napisał bezlitosny paszkwil i wydrukował go u Wilhelmiego. Trochę tego żałował, bo Jerzy przestał mu pożyczać.

Wśród tłumu pijanych wielbicieli i wrogów u Jerzego plątał się mały chłopiec – jedyny trzeźwy. Jerzy usprawiedliwiał go, że „ma teraz okres niepicia". Wszyscy wiedzieliśmy, że to był syn Marka Hłaski i gosposi Andrzejewskiego. Ale Hłasko był już na emigracji, miał inne zmartwienia i machnął na niego ręką. A matka Marka istnienia tego chłopca nigdy nie przyjęła do wiadomości. W końcu chyba Jerzy go usynowił, a potem on gdzieś zniknął. Ma pewnie teraz około pięćdziesiątki. Henryk Bereza po warszawskim pogrzebie Marka Hłaski został przy grobie dłużej. Opowiadał, że kiedy odchodził, z boku podszedł jakiś mężczyzna i bardzo długo stał wśród wieńców. Może to był on... Dziwne i straszne musi być życie nikomu nieznanego syna wielkiej tragicznej gwiazdy polskiej literatury.

Po *Polowaniu na muchy* napisałem jeszcze scenariusz do filmu *Trzeba zabić tę miłość*. Akurat zaprzyjaźniona maturzystka, czyli Janeczka Drewnowska (obecnie Stępińska, świetny kardiolog), zdawała na medycynę. Owszem zdała, ale z powodu zupełnego braku punktów za pochodzenie przyjęto ją pod warunkiem, że się przybliży do życia, czyli odbędzie półroczną chyba praktykę jako salowa. I taką salową z dobrego domu zrobiłem bohaterką scenariusza, a Janusz Morgenstern to bardzo pięknie nakręcił. To był smutno-śmieszny film, w którym wszyscy bohaterowie byli kolejno przez życie przymuszani do kompromisu zrezygnowania z uczciwości oraz marzeń. A jedynym uczciwym człowiekiem jest pies.

Historia jednego obrazu

Jeszcze o Bożenie Wahl. Kiedy się rozstaliśmy, podarowała mi swój autoportret. Na głowie smutnej dziewczyny rozpierał się ogromny, człekopodobny ptak z łysą głową. Opiekuńczo otulał ją skrzydłami, równocześnie dziobiąc w czoło. Bożena uważała, że za szczęśliwą miłość trzeba płacić straszną cenę. Przyjąć głupotę, wyrzec się myślenia, pozwolić wydziobać sobie mózg. Chciała to robić, ale nie umiała. Mówiła wszystkim prawdę i ludzie nie mogli tego wytrzymać. Kiedy ją poznałem, byłem rozkoszniakiem uszczęśliwianym przez modelki i stewardesy. Zamieszkaliśmy razem i po paru miesiącach zacząłem łykać po pięć relanium dziennie i wpychać kilka do pyska Cisi. To był owczarek nizinny, który trząsł się i płakał. Pierwszy pies, jakiego Bożena przygarnęła.

– My to wszystko wytrzymamy – mówiła – ale to jest naprawdę bardzo mały piesek.

Bożena jest malarką tragiczną. Jej świat to tulące się do smutnych błaznów śmiertelne maski i splecione w tańcu miłości i śmierci ludzkie stwory. Byliśmy razem chyba trzy lata. Przez ten czas była zaplątana w o wiele silniejszy związek miłości i nienawiści ze swoją siostrą, Alicją. Też wspaniałą malarką i też kobietą tragiczną.

Były bliźniaczkami, wyglądały tak samo, z tym że Alicja była silniejsza. Obie miały koszmarne dzieciństwo. Obie

uciekły z domu. Alicja wyszła za mąż za Romana Bratnego, pisarza, który mógł wszystko. Bożena wyszła za jego
brata, też pisarza. Małżeństwo Bożeny trwało krócej. Potem zamieszkała na Kaniowskiej, w suterynie willi Bratnego. Mieszkały więc razem. Bożena na dole, a Luśka na
górze.

Miłość i nienawiść wybuchały co chwila. Wiadomo było,
że nie wolno im mieszkać razem. Ale to nie było proste.
Nie mieliśmy pieniędzy, a poza tym, tak naprawdę one
bez siebie żyć nie umiały.

No i stchórzyłem. Wyniosłem się z Kaniowskiej i z tego
uczucia. Parę lat później Bożenie udało się wyprowadzić.
Najpierw na Stare Miasto, gdzie zaczęła się jej historia ze
zwierzętami. Tylko psy i koty dawały jej miłość, której
mogła być pewna. Od ludzkiej oddalała się coraz bardziej.
W końcu wylądowała pod Warszawą, otoczona setkami
zwierząt. Ciągle malując wspaniałe obrazy. Jeżeli jest jakaś sprawiedliwość, to ktoś jej wielkość doceni.

Autoportretem i tragiczną wizją miłości zachwyciła się
Nina Darnton, amerykańska dziennikarka, żona korespondenta „New York Timesa" w Polsce. Więc oddałem ten
obraz Bożenie, ona go sprzedała, a podarowała mi inny.

Kiedy Nina wróciła do Ameryki, powiesiła obraz Bożeny w swoim pięknym letnim domu pod Nowym Jorkiem.
W pokoju gościnnym. Ale obraz przypominający okru-
cieństwem Goyę z okresu czarnego nie pasował do siel-
skiej Ameryki. Goście narzekali na złą energię i skarżyli
się na bezsenność. Więc Nina zdecydowała: niech obraz
wróci do mnie. Teraz autoportret Bożeny jest na Manhattanie. Mnie on bardzo pasuje. Może dzięki Bożenie zacząłem pisać?

Jak zostałem felietonistą

„Ukazały się ostatnio dwie książki, które wybłyskując z szarości naszego życia literackiego, stały się prawdziwymi bestsellerami. Myślę oczywiście o *Ulissesie* Joyce'a i *Głupiej sprawie* Stanisława Ryszarda Dobrowolskiego".

To jest początek mojego felietonu napisanego w końcu roku 1969. Już pisałem, jakim sposobem zostałem surowym teatralnym krytykiem, chwalonym tancerzem, ostro krytykowanym prozaikiem, teraz będzie o tym, jak zostałem felietonistą.

Z tym tańcem to wcale nie były żarty. Kiedy w 1989 roku po prawie ośmioletniej przerwie przyjechałem z Nowego Jorku do Warszawy, nie mając wątpliwości, że jestem znanym pisarzem, spotkałem popularnego aktora kabaretowego Stefana Witasa, który w moim kabarecie Klaps prowadził kiedyś konferansjerkę. Bardzo się ucieszył i zapytał, gdzie teraz tańczę, bo trochę zniknąłem. Odpowiedziałem, że na Śląsku. Pokiwał z aprobatą głową, że „ma pan rację, tam są pieniądze".

Ale teraz parę słów należy się tygodnikowi „Kultura", z którym przez lata byłem związany. Pomysł założenia pisma był na pewno dość paskudny. W roku 1963 rozwiązano za mało posłuszny „Przegląd Kulturalny" i bardziej posłuszną „Nową Kulturę". I stworzono jedno pismo literacko-kulturalne, które miało drukować to, czego partia oczekiwała. Na czele postawiono krytyka Janusza

Wilhelmiego, którego wzięto z „Trybuny Ludu", a jego zastępcami zostali były AK-owiec Roman Bratny, autor sławnych *Kolumbów*, AL-owiec Bohdan Czeszko i Witold Zalewski. Czeszko pismo olewał, bo był posłem. Do redakcji przychodził z sejmu lekkim skosem, z wyłażącą ze spodni koszulą, i już na schodach ryczał do uroczej starszej pani zajmującej się parzeniem kawy i herbaty: „Pani Eleonoro, wody!", a przestrzegający form, zawsze elegancki Janusz Wilhelmi mówił z niesmakiem: „Idzie parlamentarzysta Czeszko".

Bohdan Czeszko był jednym z trzech pisarzy, którzy zasiadali wtedy w sejmie. Opowiadał, że obaj pozostali, czyli Władysław Machejek i Wilhelm Szewczyk, przynosili wódkę w butelkach po wodzie sodowej i pod koniec każdej sesji spadali ze stołków poselskich. Jednego dnia, nie mogąc na to dłużej patrzeć, oburzeni posłowie z Katowic złożyli interpelację do laski marszałkowskiej, że to jest skandal, że towarzyszom pisarzom się wódkę w bufecie sprzedaje, a im nie. Po interpelacji podobno przepisy złagodniały. Czeszko miał do obu pisarzy-posłów stosunek niechętny: „To, że chujowo piszą i że są w dupę pijani, to mniejsza o to. Najgorsze, że pierdolą te potworne posłanki".

Czeszko też pił, i to dużo, ale w przeciwieństwie do Machejka i Szewczyka był w nieprawdziwym sejmie pisarzem prawdziwym, a jego *Tren* to przejmująca opowieść o wojnie. Tyle że władza kochała go zupełnie nie za to, tylko za komunistyczną młodość. W czasie wojny był w AL, miał pseudonim „Agawa" i pod tą ksywką brał udział w akcji na Café Club, z której komuniści zrobili legendę. Ta akcja budziła politowanie AK-owców, bo polegała na wrzuceniu granatów przez okno do warszawskiej kawiarni, w której przesiadywali niemieccy oficerowie, a następnie na szybkiej ucieczce.

Przyzwoitego pisarza Witolda Zalewskiego nikt w „Kulturze" nie słuchał, a Czeszko współpracował z pismem oszczędnie, więc „Kulturą" rządził orzeł dwugłowy, czyli Wilhelmi i Bratny. Tytuł wykradziono złośliwie Giedroyciowi. „Kultura" warszawska długo była przez wielu pisarzy bojkotowana. Później ten bojkot się skończył, bo gdzieś trzeba było drukować, a za dużego wyboru nie było. No, powiedzmy, prawie się skończył.

W sumie to było względnie przyzwoite pismo, oczywiście Wilhelmi od czasu do czasu drukował posłusznie jakiś wstępniak albo prozę członka KC towarzysza Kasaka czy poezję Urgacza. Ale wtedy poza „Tygodnikiem Powszechnym" i chwilami (marzec '68) „Polityką" lepszych tygodników nie było.

Nie twierdzę, że zespół składał się z samych dziewic orleańskich. Herbert czy Słonimski w nim nie drukowali. Ale na przykład, po wielu redakcyjnych zabiegach, wydrukował prozę Jerzy Andrzejewski. Pracowali tam i pisali Andrzej Osęka, Ernest Skalski, Tomasz Łubieński, Maciej Wierzyński, Staszek Grochowiak, Wiktor Osiatyński, Janusz Krasiński, Basia Łopieńska, Mariusz Ziomecki, Krzysztof Mętrak i Leszek Budrecki.

Leszek miał zadziwiającą wiedzę, wspaniałe poczucie absurdalnego humoru i ponury życiorys. Po wojnie został gwiazdą młodej literackiej krytyki, ale potem ktoś zastrzelił Stefana Martykę, dziennikarza radiowego zatrudnionego w paskudnej komunistycznej szczekaczce „Fala 49". Aresztowano ponad sto osób i między innymi bardzo delikatnego Leszka. Żeby przyśpieszyć śledztwo, brano ich trzy razy dziennie na „hełm", czyli elektrowstrząsy. Więc zaczęli naprawdę wariować i umierać. Po paru tygodniach major prowadzący dochodzenie zorientował się, że jak tak dalej pójdzie, to zostanie bez podejrzanych w ogóle i wrócił do metod tradycyjnych. Leszka w końcu zwolniono, ale on się chyba po tym nigdy tak do końca nie podniósł. Pisał erudycyjne eseje i recenzje, ale swój cyniczny humor zachował na rozmowy prywatne. W „Kulturze" świetne felietony pisali Hamilton i KTT, a o sporcie informował z patosem Bohdan Tomaszewski.

Później, kiedy Wilhelmi przeszedł do telewizji, przyłączył się Ryszard Kapuściński, a pod koniec lat siedemdziesiątych partia przestała ufać „Kulturze" w ogóle. Podobno Gomułka po przeczytaniu *Kolumbów* Bratnego powiedział: „Mamy naszego Sienkiewicza". Więc chyba zrozumiałe, że Bratny pierwszego sekretarza pokochał i uznał za wyrafinowanego znawcę literatury. Bratny uważał, że jeśli na jakiś temat nie pozwalają pisać całej prawdy, to lepiej pisać sześćdziesiąt procent niż nic. I na tyle mu, zresztą po długich targach, właśnie dzięki jego działalności w „Kulturze" pozwalano. Dopiero po wybuchu „Solidarności" Bratny naprawdę popłynął, pisząc ten koszmarny *Rok w trumnie*.

Ale wracając do moich felietonów, najpierw spotkałem dawno niewidzianego dziennikarza Ryśka. Jechał z kamerami robić reportaż o straży pożarnej. Strażacy obiecali mu za to załatwić odznaczenie, a i koperta też powinna czekać. Bardzo był z pracy w Dzienniku TV zadowolony, bo łatwa. Jedyny problem to nie pomylić kolejności członków Biura czy Sekretariatu, kiedy coś tam albo kogoś odwiedzali. I ogólnie chwalić.

– Zapamiętaj sobie, Janusz, dobrze – powiedział – mówię ci to po raz drugi w życiu i ostatni, każde, ale to każde bez wyjątku, choćby i najmarniejsze stworzenie, nawet takie paskudne jak kot, i to też lubi, żeby je pogłaskać. A jak pogłaszczesz, to połknie wszystko, ale to wszystko, co mu dasz albo powiesz.

Akurat wtedy się ukazała wyjątkowo wredna i żałośnie napisana powieść ulubieńca władzy Stanisława Ryszarda Dobrowolskiego o marcu '68 pod tytułem *Głupia sprawa*. Złego słowa nie wolno było o niej napisać. No to mając Ryśka w pamięci, napisałem kawałek pod tytułem *Ero-*

tyzm ciemny i jasny, całkiem poważnie porównując powieść Dobrowolskiego z *Ulissesem* Joyce'a. Wskazałem na podobieństwa i różnice w podejściu do literatury pisarza polskiego i jego irlandzkiego kolegi – i cenzura przepuściła.

Jakiś czas potem reżyser Jerzy Passendorfer, sekretarz POP Stowarzyszenia Filmowców, reżyser między innymi *Barw walki* według książki Mieczysława Moczara, napisał w „Ekranie" w roku 1973:

„Ostatnio pojawiły się głosy, że przekaz filmowy stał się dziedziną mającą realizować cel sztuki przede wszystkim. Jest to jeden z najbardziej szkodliwych poglądów, któremu muszą się przeciwstawić zdecydowanie twórcy i marksistowska krytyka". Napisałem wtedy w „Kulturze", że filmy Passendorfera lubię, bo lubię po prostu kino nowoczesne. Pochwaliłem go za odwagę i determinację, z jaką żegna się z ideałami młodości, kiedy to sztuka była mu chlebem powszednim, i dodałem, że nie wolno nam go powstrzymywać, podobnie jak nikt nie śmiał zmienić decyzji Petroniusza.

I tak powolutku uformowała się postać narratora tych felietonów. Cokolwiek ograniczonego umysłowo, ale zaangażowanego po właściwej stronie. Po tym już mogłem śmiało napisać, że „komedie Szekspira są, ogólnie rzecz biorąc, weselsze od jego tragedii".

Oczywiście takie pisanie było trochę ryzykowne, bo nie tylko krytycy, ale i normalni ludzie w Polsce są przyzwyczajeni do czytania wszystkiego wprost. No i zacząłem dostawać listy, że owszem, powieść Dobrowolskiego dobra, ale *Ulisses* jednak lepszy itd. Najciekawiej mi poszło z *Potopem*. Kiedy Jerzy Hoffman ogłosił, kto zagra Kmicica, w gazetach zaczęły się ukazywać paranoiczne ataki na Olbrychskiego. Wtedy zasugerowałem, żeby może w tej roli zamiast niego obsadzić porucznika Klossa. I od razu dostałem parę setek listów od czytelników, że się ze mną absolutnie zgadzają. Tylko i wyłącznie Mikulski – „aktor, którego szanuje cała Polska, ma prawo zagrać naszego Jędrka Kmicica". Najpierw się trochę zmartwiłem, ale potem pomyślałem, że zrobienie kariery dzięki czytelnikom, którzy cenią mnie, bo wszystko, co piszę, rozumieją odwrotnie, jest propozycją świeżą i zbyt kuszącą, aby z niej łatwo zrezygnować. Przy okazji felietonów prowadziłem studia nad tak zwaną nowomową, co nie było bez znaczenia dla mojej prozy.

Najgłupszą rzeczą, jaką zrobiłem, było danie dwóch tekstów – o niewiernym Tomaszu i Attyli – do kabaretu Pod Egidą. Fronczewski i Pszoniak wykonali je tak, że od tej pory cenzura się wzięła za mnie poważnie. Ale Wilhelmi nieoczekiwanie zaczął mnie bronić.

A Wilhelmi to jest zupełnie inna historia niż Bratny. Gdyby mu nawet Gomułka powiedział, że jest Markiem Aureliuszem, to może by mu i na moment błysnęły oczka. Ale zaraz by przetarł okulary i się skrzywił. Kupić go można było, ale nabrać – już na pewno nie. To była postać z Dostojewskiego. Diaboliczna inteligencja, olbrzymia erudycja i absolutny cynizm. Z pisarzy cenił naprawdę tylko Rilkego, Eliota, Céline'a i Dickensa. W połowie lat sześćdziesiątych wydał książkę *Mój gust wiktoriański*, w której zachwyca się *Klubem Pickwicka*. A w połowie lat pięćdziesiątych napisał wstęp do *Nurtu* Berenta, z którego wynikało coś w tym rodzaju, że nie doceniano zbawczej roli kozaków Suworowa, krzywdząco nazywając ich akcję rzezią Pragi. Po 1956 roku straszliwie go za to huknął Mieczysław Jastrun. Ale nie mam wątpliwości, że Wilhelmi, pisząc to, ryczał ze śmiechu. Ale kiedy wczesny Janusz Szpotański zaproponował mu, że przyłoży Leszkowi Kołakowskiemu, „bo nie ma co się czepiać tej opozycji po bokach, trzeba od razu huknąć tę ich Matkę Boską Częstochowską, co to jednym susem z marksizmu dała nogę" – Wilhelmi go wyrzucił. Oczywiście nie z sympatii do

Kołakowskiego, ale uznał za przesadę, aby się nad filozofem pastwił akurat Szpot. A znów kiedy Bohdan Zadura zaproponował mu esej porównujący *Przedwiośnie* i *Popiół i diament*, powiedział, że to nie ma sensu, bo pomijając inne różnice, główna jest taka, że *Przedwiośnie* powstało w wolnej Polsce. Wilhelmi gardził ludźmi, uważał, że każdego można kupić. Zapewne poprawiało mu to samopoczucie. Jak kogoś nie szanował, to go lubił upokarzać. Pewien krytyk przynosił na przykład słuszny ideologicznie tekst. Wilhelmi czytał go, krzywiąc się z obrzydzenia, potem przy autorze wrzucał do kosza i na koniec mówił: „Niech pan to wyciągnie, będziemy drukować".

Ja wtedy zaczynałem pisać i myślę, że Wilhelmi traktował mnie trochę jak najzdolniejszego ucznia. Miał do mnie słabość, a ja słuchałem z otwartymi ustami jego porad: takich właśnie, żebym nigdy nie ufał swoim pierwszym reakcjom, bo mogą być uczciwe, albo że „nie należy zbyt daleko odchodzić od moralności, bo to się na dłuższą metę po prostu nie opłaca", czy „że trzeba mieć odwagę pisania rzeczy niepopularnych". On tę odwagę miał. Ale były to rzeczy u władzy bardzo akurat popularne. Słuchałem i pisałem swoje, ośmieszając na ostatniej stronie rzeczy, których on się domagał na pierwszej. Jego ta gra jakoś bawiła. Może tak naprawdę się ze mną zgadzał. A może uważał, że kiedy dorosnę, to zmądrzeję. W każdym razie nie mam wątpliwości, że gdyby nie on, trzy czwarte moich felietonów by się nie ukazało. Kiedyś napisałem tekst *Obrona Poloniusza*, czyli ironiczną pochwałę wysługującego się zbrodniczemu władcy urzędnika.

Zaczynało to się tak:

„Nie tak dawno omawiałem na łamach »Kultury« sztukę angielskiego literata Williama Szekspira pt. *Makbet*. Nie ukrywałem wrażenia, że głęboki pesymizm uzdolnionego skądinąd autora nie wydawał mi się zgodny z interesami polityki krajowej i zagranicznej Anglii w końcu XVI wieku. Dziś chciałbym przyjrzeć się proponowanemu przez Szekspira bohaterowi w innej jego sztuce pt. *Hamlet*, zastanowić się, na ile lansowany przez pisarza model mógł być atrakcyjny dla lojalnej w stosunku do królowej, a więc najwartościowszej części angielskiego rycerstwa. Czy lordowie wychodzili z teatru zachęceni do bitew i wypełnieni szacunkiem dla królowej Elżbiety, czy dopuszczalne było pokazanie Poloniusza, urzędującego ministra, oddanego funkcjonariusza i świetnego fachowca, jako półinteligenta, poczciwca i królewskie ucho".

A kończyło:

„I tak oto, gdy zabrakło Poloniusza, Rosenkrantza, Guildensterna i innych oddanych lojalnych funkcjonariuszy, na tronie duńskim rozpanoszył się Norweg".

Cenzura oczywiście to zdjęła. Wilhelmi przy mnie zadzwonił do wydziału kultury KC i powiedział:

– Słuchajcie, ten Poloniusz to mam być ja. Puśćcie to. Pozwólcie mi walczyć z Głowackim przy pomocy pióra, a nie pałki. Inaczej przyznacie mu rację.

Oczywiście nie dla każdego był taki liberalny. Zresztą później do mnie też się zniechęcił. A kiedy przeszedł do kinematografii, nie puścił mi już żadnego scenariusza. W ogóle w kinematografii był straszny.

Napisałem na przykład scenariusz o piłce nożnej. W tym celu pojeździłem z drużyną Kazimierza Górskiego na międzynarodowe mecze, przegrałem parę złotych w pokera ze sławnym sprawozdawcą Janem Ciszewskim, a moim konsultantem został inny redaktor z TV – mężczyzna bez złudzeń. Dzięki niemu się trochę więcej dowiedziałem o sławnych mistrzostwach w Niemczech, kiedy orły Kazimierza Górskiego zadziwiły świat, a ja płakałem ze szczęścia razem z całym krajem.

Otóż według mojego konsultanta sprawy miały się tak: Strategia zakładała, żeby przegrać najpierw z Argentyną, potem z Włochami i się wrócić. Aż tu nagle sukces po

sukcesie, czyli panika, bo nie ma nawet szmalu na hotel. Kiedy go już dowieziono w walizkach z Warszawy, to
te pieprzone zera z reprezentacji poczuły się ważne i zaczęły udzielać nieuzgodnionych wywiadów telewizji ob-
cej, za szmal, i potem seta, seta i na miasto. Co do drzwi,
to ich oczywiście strzegli na zmianę przez całą noc prezes
PZPN, wiceprezes, asystenci trenera i sześciu ludzi ze
służb specjalnych, zatrudnionych umownie jako masa-
żyści. Tyle że piłkarze nie byli głupi, tylko przez okno
z pierwszego piętra i na kurwy. Błagało się ich, chłopaki,
nie bądźcie jak dzieci, nie pijcie i nie dymajcie jeszcze tydzień. Bądźcie ludźmi! Kraj się patrzy! Ale gdzie tam. Od-
powiadali: „My, panie trenerze, ze Szwecją czy Holandią
nawet na czworakach wygramy", i chodu. Wtedy kierow-
nictwo ekipy po całonocnej burzliwej naradzie powzięło
dramatyczną decyzję: sprowadzić żony. Obiją chłopaków
po mordzie i położą rękę na szmalu. Oczywiście się to
przedstawiło opinii jako piękny gest wdzięczności ze strony partii i narodu za świetną grę. I proszę bardzo – po-
działało. Potem na finały przyjechał z Ameryki multimi-
lioner Peszek, król mrożonek, który handlował mapami
Polski, zwołał nadzwyczajne zebranie drużyny i zapowiedział: „Jeżeli zdobędziecie mistrzostwo, możecie mnie
prosić o tyle szmalu, ile chcecie. Mówcie, ile?". I wtedy,
twierdził z nienawiścią, chyba już wyrzucony z pracy
konsultant, „te karły, zera, alkoholicy siedzieli w strasznym milczeniu i uderzali udami o uda ze strachu, bo bali
się powiedzieć za mało".

Wysłuchałem i napisałem na tym tle scenariusz mocno
metaforyczny.

Wilhelmi to zatrzymał. Ale zaprosił Andrzeja Wajdę,
który chciał to robić, i mnie na rozmowę. Wilhelmi dał
wtedy pokazówkę.

– Panie Andrzeju – mówił szef kinematografii wielkiemu reżyserowi znajdującemu się u szczytu sławy i talen-

tu – przecież pan jest człowiekiem inteligentnym. Pan przecież świetnie wie, że film to nie jest żadna sztuka. Rilke, Eliot, Céline to co innego.

Scenariusza oczywiście nie puścił. Powiedział:

– Czyś ty, Januszku, zwariował? Chcesz pierwszemu sekretarzowi wymachiwać pięścią przed nosem?

Wilhelmi jak każdy delikatny inteligent chciał władzy. Zazdrościł Rakowskiemu, że jest członkiem KC. Ale on nie miał szans. Był właśnie za inteligentny i partia nigdy mu do końca nie ufała. Był w AK. A i pochodzenie miał niejasne. Jakaś spolonizowana włoska rodzina, której część osiedliła się w Niemczech. Gardził chamstwem prezesa telewizji, Macieja Szczepańskiego, nazywał go pijanym Mongołem. Ale jakoś mu to jego chamstwo imponowało, że tak można upokarzać ludzi. Kupił sobie potężnego psa boksera i bardzo lubił, jak ten pies zachowywał się jak sukinsyn, strasząc inne i ciągnąc swojego pana razem ze smyczą.

Bardzo długo czekał, żeby zostać ministrem, bo ciągle był tylko kierownikiem kinematografii. Nominacja przyszła, kiedy był w Bułgarii. Ale samolot, którym wracał po upragniony tytuł, rozbił się czy go przez pomyłkę zestrzelono. Szekspir, a może Ilf i Pietrow?

Pewien sławny reżyser, zapewne po długiej walce wewnętrznej, kupił kwiaty i pojechał na lotnisko z gratulacjami. Obecność reżysera odnotowano. A samolot nie doleciał.

Jak nie dostałem nagrody warszawskiej „Kultury"

W roku 1972 wyszedł w Czytelniku pierwszy zbiór moich felietonów pod tytułem *W nocy gorzej widać*, drukowanych głównie w „Kulturze", i w redakcji zdecydowano, że dostanę za to doroczną nagrodę pisma. Ucieszyłem się, bo to było dwadzieścia tysięcy złotych, a miałem pensję dwa tysiące. Poza tym, cokolwiek by mówić – pierwsza nagroda w życiu. Jeszcze nic oficjalnie nie ogłoszono, ale już było wiadomo i członkowie jury mi gratulowali.

Niestety, w tym samym czasie zostałem razem z redaktorem Andrzejem Markowskim z pisma „Szpilki" nakryty przez milicyjny patrol na opalaniu się bez majtek na dzikiej plaży w Chałupach na Helu. Była to starannie przygotowana akcja. Patrol wyczołgał się zza wydm i ruszył w naszą stronę, maskując się gałęziami jak Las Birnamski w *Makbecie*. A wtedy czasy były takie, że opalać się nago u nas mogli tylko i wyłącznie Niemcy wschodni. Otrzymaliśmy obaj wezwanie na kolegium orzekające za obrazę moralności i pewnie by się na tym skończyło, gdyby nie mój głupi pomysł opisania tego w felietonie w „Kulturze". Felieton się nazywał *Polowanie na rozbierańca*. I zaczynał od tego, że z redaktorem Markowskim analizowaliśmy bez majtek, za to na szachownicy, bo akurat się kończyły szachowe mistrzostwa świata, wariant obrony Nimzowitscha, zastosowany w partii Fischer–Spasski, aż tu zza gałęzi wychylił się plutonowy milicji. Dalej w felietonie było tak: „Ciekawe, gdzie trzymacie dowody osobiste?, zapytał i zaproponował mi zbicie konia".

Cenzura to przepuściła, ale się zrobiła afera. Rzecznik prasowy MSW, pułkownik Kudaś-Bronisławski, przysłał w tej sprawie pełen oburzenia list do „Kultury". A Janek Pietrzak, komentując to wydarzenie w kabarecie Pod Egidą, powiedział, że „pułkownik Kudaś przysłał w tej sprawie do »Kultury« list otwarty... Chyba z przyzwyczajenia".

Na kolegium orzekające w Pucku zjechali się prawie wszyscy znajomi z Chałup. A tam spędzała wakacje cała tak zwana elita towarzyska: pisarze, aktorzy, reżyserzy. Przyjechał też z kroniką filmową Marek Piwowski.

Posadzono Markowskiego i mnie na regularnej ławie oskarżonych, na której powiesiłem majtki, prezentując je potem przed kamerą jako poszlakę. Rozwścieczony plutonowy wykrzykiwał, że „świetnie wie, jakiego konia miałem na myśli". A ja się broniłem, że nie mogę odpowiadać za skojarzenia świadka. Podekscytowany obecnością kamery i sławnych ludzi przewodniczący kolegium spytał dramatycznie:

– Co oskarżony chce powiedzieć w ostatnim słowie? –

No to wpadając w odpowiedni ton, powiedziałem:

– Chciałem prosić kolegium o darowanie mi życia.

W kronice to nie poszło, a nas skazano na najwyższy wymiar kary. Nie pamiętam ile, ale ponad trzy tysiące. Sprawa się zrobiła głośna. No i odebrano mi tę nagrodę. Członek Biura Politycznego towarzysz Łukaszewicz powiedział Wilhelmiemu, że chciałem ośmieszyć powiatowy wymiar sprawiedliwości i że nie można dopuścić do tego, żeby w prasie się ukazały rysunki gołego Głowackiego zasłaniającego się nagrodą „Kultury". Nagrodę zamiast mnie dostał Wiktor Osiatyński za książkę *Zrozumieć świat.* To były zresztą świetne wywiady z amerykańskimi naukowcami. A ja na pociechę dostałem jako męczennik odznaczenie niemieckiego towarzystwa nudystów i zaproszenie na jakieś wakacje na Renie, gdzie już ze strachu nie pojechałem.

Ale pamięć o moim czynie nie zginęła. Wiele lat później na Manhattanie zaczepił mnie wzruszony rodak:

– Czy pan Janusz Głowacki? – zapytał. – To pan się rozebrał na plaży w Chałupach. Chciałem powiedzieć, że pana podziwiam.

1989 w Warszawie

Przez pierwszych kilka lat po przyjeździe do Stanów, kiedy już mi się udawało zasnąć, bo bezsenność męczyła, dopadał mnie ciągle ten sam koszmar: jechałem na chwilę do Polski, a kiedy miałem już wracać, odbierano mi paszport. Opowiedziałem sen paru znajomym i się okazało, że to był klasyk. Wszystkim co do jednego emigrantom, z Czesławem Miłoszem włącznie, to się kiedyś przyśniło. Oczywiście jako człowiek z wyższym wykształceniem w takie głupoty jak sen nie wierzyłem. I tuż przed historycznymi wyborami 1989 roku pomyślałem, a może by tak i pojechać... Nie miałem jeszcze obywatelstwa amerykańskiego, więc musiałem jechać na polski, wydany przez Pagart na wyjazd do Londynu paszport, który konsul w Nowym Jorku w związku z głasnostią przedłużył.

– Czy jest pan pewien, że nie będę miał żadnych problemów? – zapytałem na wszelki wypadek.

– Panie Januszu – uśmiechnął się – żyjemy w innych czasach.

Ale o tej zmianie nie została powiadomiona urzędniczka Pagartu. Jak niektórzy pamiętają, w PRL-u, odbierając paszport, zostawiało się dowód osobisty i matka namówiła mnie, żebym go odebrał, bo tam był stempelek, że jestem na Bednarskiej zameldowany.

Urzędniczka Pagartu poprosiła, żebym jej na chwilę

paszport pokazał, a ja jak głupi się zgodziłem. Wzięła, zniknęła na piętnaście minut, wróciła z triumfującym uśmiechem i powiedziała, że paszport jest nieważny, bo bez pozwolenia przedłużyłem pobyt za granicą, a mój dowód został już zlikwidowany. I mam się zgłosić w biurze paszportowym na Koszykowej, gdzie już na mnie czekają.
— Ale konsul w Nowym Jorku obiecał mi...
— Konsul nie ma tu nic do gadania.
— Ale głasnost...
— Niech mnie pan nie straszy Rosjanami.
— Ale ja muszę za trzy dni wyjechać...
— Nigdzie pan nie pojedzie.
— Mnie się zaczynają w Los Angeles próby sztuki...
— Niech mnie pan nie rozśmiesza.
No i wylądowałem na ulicy bez żadnych dokumentów, co było w krajach socjalistycznych w ogóle nielegalne. Bo jak pisał poeta Auden: „Pan Konsul walił pięścią w stół i krzyczał w swym gabinecie: Jeżeli nie macie paszportu, to dla mnie wy nie żyjecie"...

Przeklinając swoją głupotę, prawie z płaczem pobiegłem do Ministerstwa Kultury. Na moje szczęście dyrektorem departamentu był człowiek, z którym kiedyś piłem w SPATiF-ie i który mnie zapamiętał, bo zapłaciłem rachunek. On słyszał o głasnosti, ale nie był pewien. Tak czy inaczej wzruszył się i zadzwonił do kolegi z MSZ-u, który o głasnosti wiedział na pewno. Ten zadzwonił do kolegi z MSW na Koszykowej i w trzy dni później, z miną biorącego odwet hrabiego Monte Christo, wkroczyłem do Pagartu i ta sama urzędniczka, patrząc na mnie z nienawiścią, oddała mi paszport.

Jak wiadomo, „Solidarność" wybory wygrała. Poszedłem to uczcić do SPATiF-u i powiem prawdę, szykowałem się na chwilę triumfu. No bo jednak przyjeżdżam po sukcesie, jako uznany w Ameryce pisarz. Wszedłem. Inne kelnerki, poza tym tak dużo się nie zmieniło. Przy stolikach pochylało się nad flaszkami paru znajomych. Pomachali do mnie ręką. I nic. Wyglądało, że w ogóle nie zauważyli, że mnie przez osiem lat nie było. Ale jeden reżyser dokumentalista się jednak ucieszył.

– Cześć, Głowa, zrobisz jeszcze jedną flaszkę?

– Toś ty od tamtego czasu nie wytrzeźwiał? – zapytałem.

Już wtedy łatwo dawało się spostrzec, że pieniądze przestały być sprawą wstydliwą. Jacek Kuroń powiedział mi, że parę tygodni wcześniej spotkał się z grupą młodych opozycjonistów, którzy chcieli się przykuć przed czeską ambasadą na znak protestu przeciw aresztowaniu Václava Havla. Wręczyli mu projekt budżetu: kajdanki – siedemdziesiąt dolarów, stalowe szyny – dwadzieścia pięć dolarów.

Dzień później na Nowym Świecie pomachał do mnie Rysiek. Siedział w nowiutkim mercedesie benz. Zapytałem, jak leci?

– W porządku – powiedział. – Pogoniliśmy komunę. Dobrze, że przyjechałeś, Janek. Szkoda tylko, że tak późno. Kiedy myśmy walczyli, ty się bawiłeś w Nowym Jorku.

Miałem naprawdę tę premierę i musiałem wracać do Ameryki. Mamusia uparła się, że zrobi mi na pożegnalną kolację kotlet schabowy. Więc ustawiłem się w kolejce do delikatesów na Nowym Świecie, gdzie się miało mięso pokazać. Trochę dalej przed kościołem Świętego Krzyża zebrało się kilkudziesięciu studentów, krzycząc: „Rosjanie do domu!". Podjechała milicja, ale ani nie pałowała, ani nie puszczała gazu, czyli nawet jak na standardy demokratyczne zachowywała się nadzwyczaj poprawnie.

– Widzi pan – powiedział siwy emeryt, który wynajmował się do stania w kolejce, biorąc pięćset starych złotych za godzinę. – Ci studenci zaraz zaczną rzucać petardami w tę milicję. Tak było wczoraj, jak tu stałem. Że ja tego dożyłem...

Ale ogólny nastrój w kolejce był ponury.

– Nawet jak wygraliśmy te wybory, to co to pomoże, jak nie ma co jeść – narzekała kobiecina w kraciastej chustce na głowie.

– Spokojnie – pocieszał ją emeryt – będzie dobrze. Ktoś Polskę wykupi. Proszę bardzo, Barbara Johnson już wykupuje stocznię.

– Jedna stocznia to za mało.

– Spokojnie, wykupią może i cały kraj.

– Niby kto?

– Albo Bush, albo Mitterrand. Spokojnie, Bóg nie da Polsce zginąć.

Za chwilę okazało się, że mięsa zabrakło, więc kolejka się rozeszła. Studenci też, może zabrakło im petard.

Ale mamusia nie rezygnowała, więc wieczorem pożyczyłem samochód i pojechałem szesnaście kilometrów za Warszawę. Księżyc wysrebrzył konary wierzb i otuloną welonami mgieł polną drogę, z radia płynął polonez As-dur Chopina. Szukałem wieprzowiny.

Zaprzyjaźniony dyrygent orkiestry symfonicznej podał mi adres, gdzie chłopi nielegalnie bili świnie. Przeraźliwy kwik rozdarł nocną ciszę. Zwolniłem. Jeszcze jeden obiecujący kwik bólu. Stara kobieta, wygięta do przodu jak rączka parasola, wynurzyła się zza drewnianej chaty. W dłoni ściskała zakrwawioną siekierę. Przedstawiłem jej swoje referencje. Pokręciła głową.

– Dziś bijemy tylko dla dyplomacji – pokazała siekierą zaparkowane w obejściu dwa mercedesy z tablicami dyplomatycznymi.

Kiedy wróciłem do Warszawy, ulice były puste i ciemne, tylko przed ambasadą amerykańską na Pięknej stała długa kolejka. Na pewno będzie tak stała do rana.

Obory

Siedzenie w oknie na Bednarskiej to przymierzanie się do mojego ojca i jego gier z czasem. Jeszcze tu jestem, niedługo wyjadę do Nowego Jorku. Pewnie tu wrócę, ale co to można wiedzieć. Więc ta Bednarska jest jakaś przejściowa i nie do końca rzeczywista.

Już pisałem, ile znaczą i co robią nazwy ulic w literaturze i życiu. W Nowym Orleanie szukałem śladów Tennessee Williamsa i ulicy, na której mieszkał bohater jego sztuki *Tramwaj zwany pożądaniem*.

Polak Stanley Kowalski to postać paskudna, ale kiedy zagrał ją w nowojorskim Actors Studio młodziutki Marlon Brando, cała publiczność się w nim zakochała. I nic nie pomogły protesty reżysera Elii Kazana i jego krzyki, że Brando rujnuje sztukę, bo zabija jej sens. Williams pokochał Marlona jeszcze goręcej niż reszta publiczności i powiedział, że ma gdzieś sens sztuki, a Brando jest wielki.

Kiedy *Tramwaj* oglądałem bardzo dawno temu w Ateneum, nie wiedziałem, że Pożądanie to jest po prostu nazwa ulicy; końcowy przystanek tramwaju, który wtedy jechał ulicą Bourbonów i przecinał całą zabytkową część miasta, czyli Dzielnicę Francuską.

Tramwaj już tam nie jeździ, tylko stoi w muzeum. A ja długo błagałem, żeby mnie ktoś na Pożądanie podrzucił. Wszyscy się migali, bo to teraz w Nowym Orleanie dzielnica najniebezpieczniejsza. No i w końcu aktor grający tu

w *Karaluchach* główną rolę odważył się. I stało się jasne,
że południowy Bronx czy Harlem w porównaniu z Pożądaniem to Buckingham Palace. Przed rozpadającymi
się domkami bez szyb leżeli czarni mieszkańcy, patrząc
na elegancki samochód jak pająk na muchę. I sobie pomyślałem, że ciekawe, co i jak bym pisał, gdybym urodził się na ulicy Pożądanie. Albo na sąsiednich Ekstazie
czy Nostalgii.
Ale póki co na Bednarskiej siedzę przy oknie.
Od czasu studiów kombinowałem, jak się z ulicy Bednarskiej wydostać. Chciałem mieć własne mieszkanie,
a nie miałem pieniędzy, żeby kupić. Owszem, należałem
do jakiejś spółdzielni i czekałem, jak wszyscy, całymi latami. Pisałem też rozmaite podania. Raz, próbując wzruszyć
władze miasta, napisałem, że mieszkam z matką alkoho-
liczką i ojcem chorym psychicznie, ale matka się oburzyła,
bo nie znosiła alkoholików, i kazała mi zmienić, że ona będzie chora psychicznie, a alkoholikiem ojciec. Ojcu akurat
było wszystko jedno. Nawet przyszła komisja. Matka wy-
padła nieźle, bo zaczęła się awanturować: „To skandal,
żeby młody pisarz nie miał własnego mieszkania!", więc
uwierzyli, że to wariatka. Ale ojciec, któremu kupiłem po-
łówkę żytniej, nawet trochę wypił, ale odmówił położenia
się na podłodze oraz śpiewu. I nie przyśpieszono mojego
podania w spółdzielni. Potem wyjechałem, rzucało mną
po całym świecie, namęczyłem się okropnie, a teraz znów
siedzę na tej Bednarskiej.
Czyli może tak miało być i nie było po co fikać? Albo
tylko mi się wydawało, że się chciałem wyprowadzić?
Napisałem już któryś raz „siedzę przy oknie" i przypomniały mi się felietony *Z dnia na dzień* Jerzego Andrzejewskiego w „Literaturze". Kiedyś pojechał w lecie do Sopo-
tu. Godzinami siedział na plaży, nie za bardzo miał o czym
pisać i każdy felieton się zaczynał od: „Siedzę w koszu".
Antoni Słonimski w swoim felietonie w „Tygodniku Po-

wszechnym" napisał wtedy: „Pewien wybitny polski pisarz, który obecnie przebywa w koszu..." Potem Jerzy pojechał do szpitala na Nowowiejską walczyć z alkoholem, który coraz mocniej niszczył mu talent i zdrowie. I wtedy nagle te felietony ożyły. Obok Jerzego zakręciły się strach, obłęd, choroba, ból i rozpacz. Coś się tu nagle pojawiło z klimatu *Zapisków z martwego domu* Dostojewskiego.

Bardzo piękne w prawosławiu jest to, że na cmentarzach mówi się nie do grobu, powiedzmy, Siergieja Jesienina, tylko po prostu do Siergieja Jesienina – czyli tak, jakby żył.

Czy aby nie jest tak, że o pisarzach, którzy przetrwali, mówi się w czasie teraźniejszym nie „był", a „jest"? No to jak to jest z Jerzym? Był czy jest?

Czesław Miłosz to wiadomo. A Gombrowicz, Schulz, Witkacy, Dąbrowska, Herbert, Gałczyński, Białoszewski, Tuwim? A moi koledzy Grochowiak, Iredyński, Himilsbach? A Iwaszkiewicz i Słonimski? W Oborach, czyli w tak zwanym domu pracy twórczej literatów – pod Konstancinem, kiedy w telewizji szły *Panny z Wilka* albo *Sława i chwała*, Słonimski zawsze organizował brydża.

– Chodźmy zagrać – mówił – bo w telewizji pokazują coś tego szpiega rosyjskiego, Jarosława.

Pan Antoni oczywiście żartował, ale nie mógł wybaczyć dawnemu przyjacielowi, wielkiemu Jarosławowi, że nie włączył się do opozycji i akceptuje miłość Edwarda Gierka. Był zawzięty. W poemacie autobiograficznym *Popiół i wiatr* w wersie

Julku miły i Leszku, drogi Jarosławie,

Kaziu – wszystkich najczulej przyzywam z imienia – przesunął w 1973 roku do przodu jeden przecinek i wyszło:

Julku miły i Leszku drogi, Jarosławie...

Kiedyś, rozdając karty, opowiedział, że zgłosił się do niego Lesław M. Bartelski, partyjny prezes oddziału warszawskiego ZLP, i niepewnie oświadczył, że postanowił zaryzykować i będącemu w niełasce u władz pisarzowi urządzić jubileusz.

– Czy taki, jaki miał Jarosław, z dzwonami, armatami i przyjęciem w Belwederze? – zapytał pan Antoni.

– Nie, nie – spłoszył się Bartelski. – Taki skromniutki, w naszym związku, w tej salce na pierwszym piętrze.

– Niech pan się nie martwi, panie Bartelski. Odmawiam.

– Strasznie panu dziękuję – ucieszył się Bartelski.

To jak to jest z Iwaszkiewiczem i Słonimskim? Byli czy są? Tylko jeden czy obaj?

Obory były mocno zhierarchizowane. Pan Antoni należał oczywiście do arystokracji. Siadywał głównie z Julią Hartwig, Arturem Międzyrzeckim, Marianem i Kazimierzem Brandysami, Ewą Fiszer i Julianem Stryjkowskim.

Ja, zanim zacząłem być zapraszany do brydża, tłukłem się po obrzeżach w towarzystwie, owszem, utalentowanym, ale obdartym, przeklinającym i ostro pijącym. Jako debiutant nosiłem za Staszkiem Grochowiakiem walizkę z nabywanymi w sklepie alkoholowym w Jeziornie, równiutko ułożonymi butelkami czystej, soplicy, jarzębiaku i winiaku, które, zamiast tworzyć arcydzieła, opróżniałem potem najczęściej ze Staszkiem, Krzysiem Mętrakiem, Jurkiem Górzańskim i reżyserem Januszem Kondratiukiem. Nic dziwnego, że będąc prezentowany żonie Jerzego Putramenta, Zofii Bystrzyckiej, kiedy pochyliłem się, aby ucałować jej dłoń, a ona gestem starego frontowca z Armii Ludowej szarpnęła rękę do dołu, przeleciałem koło niej i rozbiłem się o ścianę. Kiedy indziej, wchodząc gwałtownie do wspólnej dla całego piętra toalety, szarpnąłem tak mocno drzwiami, że otworzyłem siedzącą na sedesie Magdalenę Samozwaniec.

Raz złożyli nam wizytę sławni już w związku z *Rejsem* Zdzisio Maklakiewicz i Janek Himilsbach. I kiedy cała arystokracja Obór poszła spać, wydaliśmy na cześć naszych gości w pięknej sali pałacowej bankiet, w którym zgodziły się uczestniczyć pokojowe i kucharki. Przerażających szczegółów przyjęcia wolę nie wspominać. Kilka dni później napisaliśmy w trójkę z Krzysiem Mętrakiem i Januszem Kondratiukiem nowelę filmową pod tytułem *Duo, czyli 24 godziny z życia artystów,* z rolami dla Himilsbacha i Maklakiewicza. Była to historia o dwóch muzykach wirtuozach, którzy w XVIII wieku przybywają na dwór księcia i kwestionują jego politykę kulturalną. Miał to reżyserować Janusz Kondratiuk. Nie chce mi się wymieniać nazwisk szefów telewizji, którzy to odrzucili.

Z pięciu zamieszanych w tę aferę trzech już nie żyje, więc film nigdy nie powstanie.

W Oborach zawiązywało się wiele romansów i przyjaźni twórczych. Na przykład Jerzy Andrzejewski mieszkał zawsze w apartamencie na parterze z widokiem na klomb, koło którego miał zwyczaj joggingować w samych kąpielówkach Jerzy Skolimowski – wówczas młodziutki poeta. I raz po pokoju wielkiego pisarza jakby wicher przeszedł, firanki zafalowały i następnego dnia zaczęli pisać razem piękny liryczny scenariusz *Niewinnych czarodziei,* filmu, który wyreżyserował potem Andrzej Wajda.

W Oborach zaczyna się też akcja mojego opowiadania *My sweet Raskolnikow.* Naprawdę to było tak, że Wala Hoffmanowa, żona reżysera Jerzego, przywiozła tam śliczną młodziutką pół Francuzkę, pół Rosjankę – Nadine, córkę bogatego przemysłowca, no i jak to się mówi, niespodziewanie nawiązało się między nami uczucie.

A konkretnie to było tak, że Wala poinformowała mnie, że Francuzica ma na mnie oko, więc żebym się nie wygłupiał, tylko się zachował i kraju Chopina i szwoleżerów nie skompromitował. No to zacisnąłem zęby, przywołałem na pomoc całą wiedzę zdobytą w Trójkącie i pamiętając o świętych prawach gościnności, ruszyłem głową do przodu. Nadine wychowana na madame Bovary wprawdzie musiała zaraz wracać, ale szlochała i wspominała o uczuciu nieśmiertelnym oraz arszeniku, jeżeli natychmiast wszystkiego nie rzucę i do niej nie przyjadę. Więc przyrzekłem na honor Polaka, że za trzy dni będę na Champs Elysées. Potem nastąpiła wielka scena pożegnania na Okęciu. Natychmiast po wylądowaniu w Paryżu zadzwoniła z lotniska, że nie może wytrzymać, bo ciągle ma przed oczami mój uśmiech. Szczerze mówiąc, na mój uśmiech zwrócił już wcześniej uwagę Jerzy Andrzejewski, upierając się, że uśmiecham się jak Gioconda. Mnie się uśmiech Giocondy wcale nie podobał, ale jak tak, to stanąłem przed lustrem i zdecydowałem, że może i coś w nim jest. Za bardzo w świat wtedy mnie nie ciągnęło. Głównie przez to, że spędziłem już parę lat na „Bermudach" przy ulicy Mokotowskiej i raczej chciałem odpocząć od egzotyki.

Do tej pory za granicą byłem tylko dwa razy na handlowym szlaku, a na Zachodzie w ogóle raz. Otóż w czasach, kiedy już pracowałem w „Kulturze", pojechałem do Sztokholmu z dwoma kolegami, żeby zarobić na samochód. Przepracowałem tydzień jako pomywaczka w modnej restauracji na Kungsgatan i zdecydowałem się wrócić, chociaż otwierała się przede mną kariera nieźle płatnego zabójcy myszy w laboratoriach naukowych, gdzie na tych zwierzątkach wypróbowywano leki. Czasem taka mysz niezadowolona z przebiegu eksperymentu się wyrywała, więc trzeba ją złapać i zlikwidować, pociągając energicznie za łepek i ogonek. Była to robota kusząca i wysoko płatna, ale ja już byłem osłabiony zmywaniem. Zamiast samochodu kupiłem póki co maszynę do pisania i krawat i opisałem to w opowiadaniu *Volvo dla mousekillera*, które na pociechę przedrukowało główne pismo szwedzkie „Dagens Nyheter".

Ale ponieważ do tej pory nikt się dla mnie nie chciał

truć, więc uśmiechając się skromnie, wsiadłem do samochodu fiat 127 p i ruszyłem do Paryża. Na granicy miałem małe opóźnienie, ponieważ celnicy dostali jakiś cynk, rozłożyli mi samochód i nie chcieli złożyć. Zatrzymałem się też na chwilę w Berlinie Zachodnim, gdzie winni mi byli jakieś pieniądze za słuchowisko. Odebrałem, zakupiłem marynarkę, zegarek, miałem na benzynę i już byłem w Paryżu.

Podróż w sumie przeciągnęła się do dwóch dni. I okazało się, że tak długie rozstanie było dla miłości Nadine próbą zbyt trudną. Kiedy dojechałem i zaparkowałem, wyznała szczerze, że się omyliła i jest obecnie śmiertelnie zakochana w młodym słuchaczu prawa z Ghany, ale oczywiście mogę z nimi zamieszkać, a już koniecznie muszę go poznać. Nawet nie spytałem, jak on się uśmiecha, tylko skrzywdzony i poniżony włączyłem silnik i odjechałem w stronę domu polskiego naukowca na spotkanie z ludźmi nauki, czyli modelami moich dwóch późniejszych bohaterów: politologiem doktorem Marciniakiem, który każde zdanie zaczynał od zwrotu „u mnie jest taka sytuacja", i docentem doktorem habilitowanym Dłubniakiem, który w moim opowiadaniu pisze pracę „Ahumanistyczny charakter zakładów zamkniętych w państwach kapitalistycznych na marginesie teorii przymusowej alienacji", a że go do żadnego kapitalistycznego zakładu karnego jako komunistę nie chcą wpuścić, jest przedmiotem ogólnej zawiści, bo będzie tu siedział latami. Zaprosiłem ich do baru. Politolog powiedział:

– U mnie jest taka sytuacja, że chętnie bym się napił.

Docent też nie odmówił i po pijanemu wróciłem do kraju.

Najpierw chciałem, żeby to opowiadanie o naszych za granicą, kompleksie niższości i biedniutkim sprycie, pamiętając o tęsknotach krajowych panienek, nazwać *Jadę się żenić do Paryża*. Ale pisząc, pomyślałem, że warto się odrobinę ironicznie, oczywiście, odnieść do Dostojewskiego i przy jego pomocy pokazać wyraźnie, jak świat spsiał. I wprowadziłem cycatą, obwieszoną złotem starą Amerykankę, która trochę przypominała jedną naszą rodaczkę, która bogato wyszła za mąż za granicą i przyjeżdżała do Polski jako mecenaska sztuki. Krążyła po Warszawie cadillakiem z szoferem, wzbudzała pożądanie wynędzniałych warszawskich artystów, a minister kultury kłaniał jej się w pas.

I ta amerykańska przebogata starucha staje się dla mojego narratora podstawioną przez diabła pokusą. Odżywają w nim echa rosyjskiej klasyki. I sobie myśli, a jakby tak starą trzasnąć? Uwolnić od niej świat w imię wyższych ideałów, a przy okazji się wzbogacić? Tyle że w chwili zbrodni ręka z młotkiem zadrżała i zamiast staruchę zabić, przeżywa z nią w łóżku szał erotyczny i już na stałe zostaje jej kochankiem oraz utrzymankiem. Przy okazji przemieszałem troszeczkę klasykę rosyjską z naszą, bo przez skołataną głowę niedoszłego mordercy, ostrzącego młotek na szczycie wieży Eiffla, przelatują pośród wielu literackich motywów i uzasadnień także elemenciki z monologu Kordiana na szczycie Mont Blanc, a całość zatytułowałem za radą Berezy My sweet Raskolnikow.

Jak dotąd, to w felietonach robiłem sobie rozmaite zabawy, wymyślając nowe wersje Poloniusza, Attyli, Tyberiusza czy Karola Wielkiego. To teraz sobie pomyślałem: niby dlaczego w prozie nie spróbować?

Bo świat zawsze mi się wydawał gigantyczną biblioteką zapchaną mitami czy innymi archetypami, w których się można poprzeglądać. I sobie popisać na drugiej stronie czegoś już napisanego.

Ponieważ w Polsce tylko pojedynczym krytykom się udaje zauważyć, że bohater literacki niekoniecznie jest identyczny z osobą autora, odkryto, że podniecają mnie stare kobiety i mam kompleks Edypa.

Rosja i pies łańcuchowy

Do Rosji pierwszy raz w życiu pojechałem z Ameryki. W tymże roku 1989 i znowu w związku z *Kopciuchem*. Ta sztuka była w Rosji przez dziesięć lat zabroniona, a teraz grano ją w dwudziestu teatrach; nawet w Omsku, Tule i Nowosybirsku.

Była głasnost i imperium się trzęsło. Trafiłem na zjazd partii. Przemawiał Jewtuszenko w hollywoodzkiej połyskującej marynarce. Potem był pogrzeb Sacharowa, tysiące ludzi stało w kolejkach, żeby zobaczyć jego ciało. Szeptano, że to KGB go otruło. Przyjechałem na krótko, ale udało mi się odwiedzić już bardzo chorego Wieniedikta Jerofiejewa. Spotkałem dysydentów z grupy April, która podobno zaczynała pierestrojkę. Ich nazwisk nie znałem, ale byli brodaci jak na filmach, dostojni i rozmawiałem z nimi pokornie. Któryś powiedział, że śledzi uważnie polską literaturę, bo co tydzień czyta „Szpilki". Nie byłem pewien, czy żartuje. Poznałem też emerytowanego generała, którego było stać na to, żeby jeść mięso trzy razy do roku: na pierwszego maja, w rocznicę rewolucji i zakończenia wojny. Był straszny mróz, okna w hotelu Ukraina się nie domykały. Nie było mydła. Etażna zapytała, ile będę dni. Powiedziałem, że cztery. Odmierzyła cztery porcje toaletowego papieru. Przed sklepami tłoczyły się smutne tłumy. Ludzie mieli na twarzach zmęczenie, jakiego nie znałem. Ale głasnost czuło się wszędzie. Chętnie pokazano mi Łubiankę. W knajpach kelner tłumaczył, że kawy nie ma, bo komunizm wszystko zrujnował. Obejrzałem dom Bułhakowa. W *Mistrzu i Małgorzacie* mieszkał w nim najpierw nieszczęsny Berlioz, a potem szatan. Cała klatka schodowa była pokryta rysunkami, malowidłami i błagalnymi prośbami. Był tam i Azazello, i Kot Behemot, i Małgorzata. Przy ogromnym portrecie Wolanda ktoś napisał: „Woland, przyjeżdżaj! Ratuj! Strasznie się dużo drani w Moskwie namnożyło". Na piętrze najwyższym było malutkie muzeum Bułhakowa. Na drzwiach ktoś napisał: „Pukajcie, a będzie wam otworzone". Zapukałem i otworzył mi facet z rewolwerem.

W Leningradzie, jeszcze nie Petersburgu, okna mojego hotelu wychodziły na Newę. Przy brzegu była zacumowana „Aurora". Pordzewiały rekwizyt spektaklu, który właśnie schodził z afisza. A w Teatrze im. Puszkina w Moskwie przedstawienie *Kopciucha* się zaczynało od tego, że na scenę wchodził mężczyzna z aparatem i robił zdjęcia publiczności. Takie pasje fotograficzne kojarzyły się w Moskwie nie tyle z turystami z Tokio, co z KGB.

Pomysł był świeży, więc się roześmiałem, zresztą jako jedyny. Widzowie popatrzyli na mnie ze zdziwieniem, w końcu ktoś powiedział: „Eto inostraniec". Wszyscy pokiwali ze zrozumieniem głowami i przestali zwracać na mnie uwagę. Wyglądało na to, że mimo głasnosti KGB jeszcze ludzi nie śmieszyło.

A w Leningradzie, w Teatrze im. Leninowskiego Komsomołu scena była oddzielona od widowni żelazną kratą. Aktorki się z nią szarpały, próbując wyłamać. Śpiewały przy tym piękną piosenkę o tęsknocie do Ameryki. Wszyscy na widowni mieli łzy w oczach. Poza mną. Ja tej piosenki nie napisałem, dopisał ją za mnie rosyjski pisarz. Za to już od dawna byłem po drugiej stronie kraty. Napisałem nawet o tym sztukę. Smutną komedię o przestraszonej parze emigrantów spędzających bezsenną noc w biedniutkim nowojorskim mieszkanku, w otoczeniu ka-raluchów.

Na *Polowanie na karaluchy* cenzorzy w Warszawie krzy-wili się, że antypolskie. Potem nie było sensu sztuki wy-stawiać, bo się zrobiła antyamerykańska. Zrobiono ją, ale brzmiała fałszywie. Takie to się robią w ciekawych cza-sach ze sztukami zabawy.

W Las Vegas, na przykład, *Kopciuch* był tylko i wyłącz-nie sztuką o manipulacji mediów, za to w Buenos Aires, gdzie rządzili generałowie, czy na Tajwanie był o totalita-ryzmie, i to tak, że bardziej nie można.

Z Tajwanem było od początku dziwnie. Przyjechałem na lotnisko J.F.K. w Nowym Jorku bez wizy, bo byłem pe-wien, że z paszportem amerykańskim, gdzie jak gdzie, ale do kraju, który na poparciu Ameryki wisi, to już nie bę-dzie żadnych problemów. No i zawrócono mnie z lotniska do konsulatu, chociaż machałem wielkim kolorowym za-proszeniem wydanym nie przez byle kogo, bo przez Teatr Narodowy w Tajpej.

Arthur Miller mnie potem pocieszył, że Chińczycy mają inne poczucie czasu i dlatego przewodniczący Mao zapytany, co sądzi o rewolucji francuskiej, powiedział, że jest jeszcze za wcześnie, żeby wydawać jakieś opinie. A już biurokrację to mają prosto z Kafki. I na przykład Millerowi na początku lat dziewięćdziesiątych odmó-wiono wizy, bo w związku z odmową składania zeznań przed Komisją do Badania Działalności Antyamerykań-skiej, zaledwie czterdzieści lat wcześniej, ciągle był zare-jestrowany jako komunista. A stosunek do komunizmu i możliwość ewentualnego przyłączenia do Chin Ludo-wych wywołuje u ludności Tajwanu taki sam atak radości, jaki nad Wisłą wywoływał pomysł zrobienia z Polski ko-lejnej radzieckiej republiki.

National Theater stoi w Centrum Kulturalnym im. Czang Kaj-szeka i jest świecącym w nocy trzema kolorami dziełem sztuki w kształcie pagody. Nad teatrem i sąsiednim gmachem opery wznosi się posąg otaczanego czcią przywódcy, który Tajwańczyków wyprowadził z domu niewoli na tę niespokojną wyspę.

Czang Kaj-szek na pomniku wygląda dużo lepiej niż na karykaturach, które znałem z lat pięćdziesiątych, czyli czasów szkolnych. Był tam przedstawiany najczęściej jako łańcuchowy pies imperializmu. Jego kukła w warszawskich pochodach pierwszomajowych pojawiała się w ramach tak zwanego cyrku Trumanillo, w towarzystwie innych lokajów Wall Street, którym przewodził prezydent USA Harry Truman z wysuniętą na pół metra do przodu kwadratową szczęką. Wśród pozostałych lokajów wyróżniali się Tito z zakrwawionym toporem w dłoni i plikiem dolarów wystających z rzeźnickiego fartucha, de Gaulle, którego nos był zakrzywionym nożem wymierzonym w plecy Francji, Krzyżak Adenauer, czasem przedstawiany też jako mało atrakcyjna panna młoda w białym welonie, poślubiająca prezydenta USA. I oczywiście Franco, który był prawie zawsze tłustą ropuchą, podobnie jak Tito wymachującą pokrwawioną siekierą służącą do obcinania głów hiszpańskich komunistów. Jednym słowem, cały Trumanillo z wizami na Tajwan nie miałby kłopotów.

Oczywiście wystawienie *Kopciucha* w centrum zbudowanym ku czci łańcuchowego psa miało dla mnie urok dodatkowy. Mogłem też popatrzeć, jak w Tajpej mieszka i żyje koło siebie w zgodzie zupełnej wiek XVIII i XXI. Wieżowce jak się należy, hotele nowoczesne, że bardziej nie można. Odbijające słońce w szklanych ścianach fabryki supernowoczesnych komputerów, a obok ponury nocny rynek. Na nim siedziały na ziemi albo tłoczyły z wachlarzami, a czasem bez, w strasznym lepkim upale setki mężczyzn i kobiet. Co do mężczyzn, to ustawiali się głównie w kolejkach przed straganami, na których wisiały sobie w pętlach długim, wijącym się szeregiem żywe kobry i pomniejsze pytony. Uśmiechnięty właściciel straganu starannie podrzynał im gardła, klienci podstawiali plastikowe kubeczki i duszkiem pili cieplutką, pienistą krew, co to miała działać lepiej niż viagra. Zaraz obok alei węży stoją uliczne burdele, czyli domeczki parterowe z prościutkimi trzcinowymi ścianami i rozsuwanymi drzwiami, za którymi czekają, leżąc na podłodze na wymienianych co godzina albo przynajmniej wyżymanych prześcieradłach, kobiety, dziewczyny albo dziewczynki kupione za bezcen, na wyprzedaży, od rodziców z Chin Ludowych, których na te dzieci nie stać, i przeszmuglowane na wyspę. No i przed rozsuwającymi się co parę minut drzwiami też stoją kolejki mężczyzn wzmocnionych już świeżutką krwią i ocierających spocone twarze, bo duszno, jak to w tropiku. Patrzy na to wszystko świątynia – mroczna, wypełniona migotliwymi światełkami, pomnikami Buddy i smokami skrzydlatymi albo bez skrzydeł. A na dziedzińcu śpią, a może umierają bezdomni.

Tylko troszeczkę dalej jest muzeum zapchane zatykającymi oddech arcydziełami. Wazami, pałacami rzeźbionymi z kości słoniowej, małymi i ogromnymi obrazami sprzed tysięcy lat, malowanymi bez perspektywy na jedwabiach albo płótnach, które Czang Kaj-szek, uciekając przed nadchodzącym przewodniczącym Mao, przytomnie zabrał ze sobą. A trochę dalej sławna szkoła teatralna, do której uczniów przyjmują od szóstego roku życia.

Uczniowie mieli przerwę i od razu wpadły mi w oko dwie dziewczynki mniej więcej siedmioletnie, które sobie odpoczywały, trzymając w każdej ręce po dwa patyki, a na końcu każdego wirował jeden talerz. A one się śmiały i wesoło rozmawiały. Po przerwie zobaczyłem akrobacje łamiące większość praw natury i grawitacji, bo ciało w operze chińskiej to instrument ani trochę mniej ważny od głosu.

Wiadomo, że jak się pisze dla teatru, to trzeba robić tak,

żeby inaczej chodził i mówił dwudziestolatek, a inaczej czterdziestolatek, inaczej bogacz, a inaczej nędzarz, inaczej kulturysta, a inaczej kobieta, która utyka. W chińskich operach jest do wyboru tylko pięć zawsze tych samych postaci. A różnice między nimi są tak ogromne, że jeżeli ktoś jest szkolony do jednej z tych pięciu, czyli na przykład do roli Pana Młodego, to do tej jednej i jedynej w życiu roli uczy się go mówić, ruszać i śpiewać czasem trzydzieści, a czasem więcej lat. I często jest tak, że kiedy nauczyciele uznają, że uczeń jest gotów, to on już nie może w żaden sposób zagrać tego Pana Młodego, bo jest za stary. A żadna inna rola, na przykład Małpy albo Złego Ducha, nie wchodzi w grę w ogóle. Jedyne, co pozostaje, to statystowanie w filmach kung-fu. I taki jest właśnie smutny los większości absolwentów tej ekskluzywnej szkoły.

Bo na scenę opery docierają uczniowie nieliczni. A raz na wiek, czasem na pół wieku, pojawia się wielka gwiazda. Wykreowana tak, że pozbawiona płci, odczłowieczona, mówiąca i śpiewająca głosem mocno nadprzyrodzonym. W ogóle opery chińskie śpiewane są tak, że nawet u stałych bywalców pojawiają się wątpliwości. I tylko najstarsi koneserzy przymykają oczy, słuchają i chyba coś rozumieją.

Najwięcej pieniędzy na Tajwanie w związku z ponurym sąsiedztwem Chin Ludowych ma wojsko, więc to właśnie armia jest najczęstszym producentem oper, czyli oglądałem próby przedstawień sponsorowanych przez generałów, a po drodze do teatrów nasz samochód co chwila zatrzymywały uzbrojone posterunki. Sprawdzały, puszczały, znów sprawdzały. Potem był ten niewiarygodny show, a na końcu ryżowa wódka i w prezencie mały albo jeszcze mniejszy komputer. Chciałbym nieskromnie dodać, że europejskie sztuki pojawiają się w Narodowym Teatrze w Tajpej przeciętnie raz na lat dziesięć. A *Kopciuch* został wybrany, bo sławna reżyserka chińska zobaczyła go w Nowym Jorku i cztery lata walczyła, żeby wystawić.

Przed premierą przejechałem się samochodem po zatłoczonym tysiącami rowerów i mercedesów mieście. Potem wyjechałem gdzieś daleko wąziutką szosą przyczepioną do urwiska, nad samym brzegiem Chińskiego Morza tak nagrzanego, że straciło całą możliwość przynoszenia ulgi. Po drugiej stronie szosy była dżungla. Nadciągała tropikalna burza i nagle podniósł się niewiarygodny wrzask i śpiew podnieconych małp, papug i jakichś jeszcze ptaków. Potem w jedną chwilę zrobiło się czarno, strasznie i ten dziki koncert ucięły fale deszczu.

Przez chwilę byłem ciekaw, gdzie się pochowały te wszystkie zwierzęta. Ale potem myślałem już tylko, czy ulewa nie zmyje mnie razem z samochodem do morza.

I pewnie coś z tej gwałtowności miało przedstawienie w Narodowym Teatrze. Pełne dziwnego śpiewu, krzyku, a może i płaczu. Muzykę skomponował Cong Su, który dostał Oscara za film Bertolucciego *Ostatni cesarz*. Na scenie łamano charaktery dziewcząt, czyli podłość, rozpacz i bunt. Dżungla oswojona i zinstytucjonalizowana. A ja chwilami przymykałem oczy i tylko słuchałem. To wszystko nie nadawałoby się zresztą do pokazania w Polsce, czyli w kręgu kultury chrześcijańskiej, bo nagle dziewczyna grająca Księcia zaczęła onanizować się krucyfiksem.

Na premierze, zanim spektakl się zaczął, cała widownia wstała i odśpiewała hymn narodowy. Pewnie łączyło się to z wdzięcznością dla psa łańcuchowego, który ich raz uratował, smutkiem, że już go nie ma, i pewnością, że już wkrótce wolny świat odsprzeda Tajwan Ludowym Chinom za małe pieniądze.

Antigone in New York

Ktoś napisał o *Antygonie*, że temat leżał na ulicy. Ja na bezdomnych miałem w Nowym Jorku oko od samego początku. Najpierw sobie myślałem, że ci śpiący pod nogami przechodniów w dzień, bo to bezpieczniej, a czuwający po nocy, kiedy ich gwałcą i napadają – migotanie Times Square czy Empire State Building obniżają i stawiają przy nim znak zapytania. Ale zmądrzałem i do mnie doszło, że bez bezdomnych powalające bogactwo Wall Street czy Rockefeller Center niepełne by było i puste. Bo człowiek to jest tylko człowiek i połowa przyjemności z sukcesu to widoczna tuż pod bokiem katastrofa oraz rozpacz i poniżenie, w których sukces się raz po raz wesoło przegląda. A także ogromnie lubi spacerować z nimi pod rękę, chociaż się do tego w życiu nie przyzna. Tak więc dosyć zręczna imitacja nieba z Park Avenue czy Fifth Avenue wymaga całkiem realnego piekła ulicznego i głównie parkowego.

Ja przez parę lat krążyłem po mieście, sprawdzając, czyby się znalazło dla mnie miejsce na tej karuzeli, i raz po raz zerkałem na tych z chodnika albo parku, bo nie wykluczałem i takiej możliwości. Tak więc się cieszyłem, kiedy byli uśmiechnięci, a martwiłem, kiedy nie. Nie piszę tego, żeby kogoś wzruszyć, taki głupi nie jestem i szkoda na to czasu. Ale w Nowym Jorku wszystko idzie szybciutko. W górę i w dół. Jak kogoś z pracy wyrzucą, a dom ma niespłacony, to na jedyną pociechę czasem mu zostaje park właśnie. Chyba żeby pójść do biura czy banku, który go wyrzucił, i postrzelać, zanim jego trafią. Albo samemu siebie obsłużyć, tylko delikatnie, żeby wyglądało na wypadek stuprocentowy, bo firmy ubezpieczeniowe się na takich chciwych cwaniakach samobójcach znają.

Nowojorczycy z mieszkaniami tych bez mieszkań się boją i lubią myśleć tak samo jak u nas, że są sami sobie winni. Nie sprawdzili się w życiu, pewnie dlatego, że to wariaci albo alkoholicy. I nie warto im nic dawać, bo i tak przepiją. Owszem, tak jest często, ale nie zawsze. A bezdomnym alkohol jest potrzebniejszy niż jedzenie albo ubranie.

Anatol France napisał, że bogacz ma takie samo prawo spać na ławce jak nędzarz. Oczywiście, ale nędzarz ma dwa razy większe prawo pić niż bogacz. Żeby zapomnieć to, co zostało do zapomnienia, znieczulić, a więc łatwiej i weselej doczekać śmierci, która się i spóźnia, i grzebie. A to jest czekanie ani lepsze, ani gorsze od niecierpliwości, z jaką wujaszek Wania u Czechowa sobie wylicza: „O Boże mój... Mam czterdzieści siedem lat, jeśli dajmy na to, mam pożyć jeszcze do sześćdziesięciu, to pozostaje mi jeszcze trzynaście... To długo. Jakżeż ja przeżyję te trzynaście lat?" Równie ponure jak w *Ślepcach* Maeterlincka albo w *Końcówce* u jego ucznia Becketta.

Dlatego ci wszyscy, którzy tłumaczą nędzarzom, że mają przed sobą setki możliwości, i żałują im na wódkę, to pozbawieni wyobraźni głupcy. Tego się też nauczyłem szybciutko, spędzając w parkach wiele nocy, często strasznych, czasem śmiesznych. Łażąc po kilku kręgach nieszczęścia i poniżenia, słuchając tych, którzy jeszcze mówią. I patrząc na tych, którzy już nie chcą, bo wszystko, co mieli do powiedzenia, powiedzieli. Podpatrując, jak im się przeszłość, teraźniejszość i przyszłość wymieszała. I jak swoje marzenia, wiedząc, że się nie mają prawa spełnić, traktują jako rzeczywistość. Zaprzyjaźniałem się z policjantami, podciągając w trudnym policyjnym amerykańskim. I bardzo ostrożnie przymierzałem do napisania o tej miniaturze świata i zawalonej wieży Babel. Pierwsze delikatne podejście zrobiłem w *Polowaniu na karaluchy*, w którym spod łóżka polskich emigrantów, wśród innych sennych koszmarów, wyłazi bezdomny, zachęcając, żeby się z mieszkanka, na które ich nie stać, przeprowadzili do parku.

A rok później już poważnie zacząłem tę opowieść parkową o portorykańskiej Antygonie – Anicie, Polaku Pchełce, którego ksywka bierze się stąd, że wysoko podskakuje do góry w epileptycznych atakach; rosyjskim Żydzie emigrancie, niegdyś sławnym malarzu – Saszy; no i rodowitym amerykańskim policjancie. Zacząłem sprawdzać, czyby z takiej kombinacji, której punkt wyjścia jest jak z głupiego dowcipu, że się w parku spotyka Polak, Ruski, Portoryk i Amerykan, nie dałoby wybudować czegoś tak bolesnego, jak tylko można, a przy tym uśmiechniętego. O miłości, samotności i marzeniach. Komedyjkę, słowem, o rozpaczy.

O tym, jak Pchełka, mały cwaniaczek z Polski, strasznie chciałby tym Żydem Saszą gardzić, ale go tak kocha, że żyć bez niego nie może i się dzień i noc w jego nieszczęściu przegląda. Tak jak Sasza w Pchełki obrzydliwości. No i jest Anita, której ukochany zamarzł w parku, a policja zabrała jego ciało na Potters Field. Więc ona płaci tym dwóm, daje im wszystko, co ma, a ma prawie dwadzieścia dolarów, żeby to ciało wykradli, przynieśli do parku i tu wspólnie pochowali. Bo każdemu człowiekowi co jak co, ale prywatny grób to już się należy.

Metro w Nowym Jorku dochodzi prawie wszędzie, ale jak się jedzie na Potters Field, czyli Pole Garncarza, to trzeba potem jeszcze kawałek dojechać autobusem albo dojść. Minąć pole golfowe, rybną restaurację, przystań jachtów i dopiero jest molo odgrodzone żelaznym płotem, pilnowane przez trzech strażników i rudego psa. Bo samo Pole Garncarza leży na terenie więzienia na małej wysepce, z brzegu dobrze widocznej. Tam zwozi się z całego Nowego Jorku ciała bezdomnych albo zwykłych umarłych, takich, po których się nikt nie zgłasza. To znaczy najpierw się ich zwozi na to molo w drewnianych skrzyniach i układa na kupie. Potem raz na tydzień przypływają z wysepki pilnowani przez strażnika więźniowie, ci łagodniejsi z krótkimi wyrokami. Ładują skrzynie na prom, zawożą na samo pole i tam się je w trzech warstwach, bo z miejscem w Nowym Jorku jest krucho, zakopuje. Niektóre skrzynie są wielkie, ale te dla dzieci tak małe, że więźniowie noszą po dwie naraz. A groby oznaczone są tylko: „czarny mężczyzna" albo „biała kobieta" czy „żółte dziecko".

Nazwa Pole Garncarza się wzięła, jak wiadomo, z Biblii. Bo kiedy Judasz wydał Jezusa, zaczęły go męczyć wyrzuty sumienia i odniósł srebrniki kapłanom. Ale ci ich mimo wszystko nie mogli przyjąć do świątyni, bo to były krwawe pieniądze. Szczęśliwym zbiegiem okoliczności jeden garncarz sprzedawał pole. On nie miał żadnych oporów, przyjął srebrniki, sprzedał ziemię i właśnie na niej urządzono cmentarz dla cudzoziemców. I tak ta nazwa zawędrowała do Nowego Jorku.

Bezdomni w parku są przesądni i bardzo nie lubią jej wymawiać, bo oni w stolicy światowej demokracji mają oczywiście mnóstwo możliwości i planów na przyszłość i nikt się do tego głośno nie przyzna, ale po cichutku wszyscy wiedzą, że albo prędzej, albo później na Potters Field wylądują. I się z tym nie za bardzo chcą pogodzić, bo nieudane życie to jedno, ale nieudana śmierć to już jest duża przykrość. Jedna Murzynka w parku powiedziała mi:

– Słuchaj, mam nadzieję, że jesteś bogaty. Bo jeżeli jesteś biedny, to pójdziesz prosto do piekła. A jak masz pieniądze, to może coś sobie w tej sprawie załatwisz.

Kiedy wymyślałem *Antygonę w Nowym Jorku*, chciałem koniecznie to Pole Garncarza zobaczyć. Ale żeby się tam dostać, trzeba było mnóstwo zezwoleń. Więc pojechałem na to molo i powiedziałem strażnikom, że na ulicy umarł mój kuzyn i go szukam. Zapytali, jak się nazywał. Powiedziałem pierwsze nazwisko, jakie mi przyszło do głowy – Kowalski. I za chwilę zdrętwiałem, bo strażnik powiedział:

– Zaczekaj, zdaje się, że go mamy.

Zadzwonił na wyspę. No to fajnie, pomyślałem, zaraz dowiozą mi obce ciało i będę mu urządzał na swój koszt pogrzeb. Ale okazało się, że to jednak nie Kowalski, tylko Kowalewski. Strażnicy powiedzieli, że jeżeli chcę, to mogą mi go tak czy inaczej przywieźć. Ale powiedziałem, że Kowalewskiego nie chcę.

W tragedii Sofoklesa jak wiadomo Antygona musi wybierać między prawem ludzkim a prawem boskim. Kiedy wracałem z Potters Field, sypał gęsty śnieg. I sobie myślałem, że niebo jest już tak na stałe zachmurzone, że Boga nie widać. A prawo ludzkie zastąpił porządek pilnowany przez nieprzyjazną nędzarzom policję. Więc Anita w mojej sztuce, chcąc zapewnić ukochanemu Johnowi przyzwoity pogrzeb, nie ma się na co powołać i może się kierować tylko własnym moralnym instynktem. Wtedy pomyślałem też, że Pchełka i Sasza powinni się omylić. Ukraść z tej piramidy skrzyń niewłaściwe ciało i że Anita musi w tym obcym trupie rozpoznać ukochanego. No bo w końcu Kowalski czy Kowalewski... nie bądźmy drobiazgowi. Jeden i drugi człowiek, i coś mu się należy. A Anita rozpaczliwie potrzebuje byle kogo, niech będzie i nieżywy, żeby przelać na niego tę całą ogromną miłość, która ją wypełnia.

Prapremiera *Antygony w Nowym Jorku* się odbyła w Ateneum w Warszawie. Dwa tygodnie później obejrzałem tę sztukę w Waszyngtonie. Przedstawienie było całkiem dobre, ale Waszyngton to nie Nowy Jork. Miasto jest rozpolitykowane i pokręcone nie mniej od Warszawy. I w głównej gazecie „Washington Post" recenzent uznał sztukę za „barbarzyński wschodnioeuropejski atak na administrację Clintona". Tę recenzję sobie wyciąłem, oprawiłem i powiesiłem.

Na szczęście „Time Magazine" wstawił sztukę na listę dziesięciu najlepszych w tym roku w Ameryce. Potem była premiera nowojorska i Clive Barnes w „New York Post" napisał, że „bezdomność w tej sztuce to nie brak dachu nad głową, ale stan duszy". A potem *Antygona w Nowym Jorku* poszła po dwudziestu paru krajach.

Sztuki jak gąbka wchłaniają rzeczywistość kraju, w którym są wystawiane. Przy *Antygonie w Nowym Jorku* największe różnice były w pokazywaniu policjanta, który po trochu jest Kreonem, a po trochu też i Chórem.

W Rosji grano go jako KGB-istę, w Pradze czeskiej jako szwejkowską nadrabiającą miną postać niezgrabną i komiczną, w Polsce to było skrzyżowanie ubeka z gestapowcem.

W Nowym Jorku zagrał policjanta znany czarny raper Monti Sharp. Wziął tę rolę, bo był zmęczony estradą. To znaczy nie tyle samym rapowaniem, ale tym, że musiał co dwa tygodnie łamać prawo, dawać się aresztować, brać dragi i zatrudniać bodyguardów. Bo inaczej nikt nie chciał przychodzić na jego koncerty ani kupować płyt. W *Antygonie w Nowym Jorku* z trudem ukrywał rozbawienie nieszczęściem bliźnich i bardzo był groźny.

W Madrycie obejrzałem *Antygonę w Nowym Jorku* całkiem niedawno, tuż przed uderzeniem Al-Kaidy, w teatrze Galileo, który się świetnie do tej sztuki nadawał, bo sto lat temu była tam miejska kostnica. Policjant był najlepszy z całej obsady. Trochę groził, trochę tańczył, uwodził publiczność i bardzo tęsknił za medialnym sukcesem. Kiedy się dowiedziałem o premierze w Teheranie, powiedziałem tłumaczowi, że pewnie to zrobią jako sztukę antyamerykańską. Ale pokręcił głową, że to nie takie proste, bo oni palą amerykańskie flagi, a następnie po cichu przychodzą i mówią: „We love America".

Potem kupiono *Antygonę* do filmu, napisałem scenariusz, reżyserować miał John Coles i już, już się zdjęcia zaczynały, kiedy nagle umarł Piotrek Sobociński, który miał być operatorem i wszystko już wspaniale wymyślił. A potem do wielkiego hollywoodzkiego filmu zabrali Geoffreya Rusha, który miał grać Saszę, i się wszystko na razie rozpadło.

Rejs 1 i Rejs 2

Po kolaudacji *Rejsu* wymknęliśmy się, to znaczy Marek Piwowski i ja, z małej salki na tyłach kina Kultura, w której mieści się teraz kino Rejs, z głowami opuszczonymi. Udawaliśmy, że nikogo nie widzimy, a dookoła pomykali wybitni polscy reżyserzy, scenarzyści i kierownicy zespołów, udając, że nas nie widzą. Ta najbardziej elitarna Polska publiczność obejrzała komedię w ponurym milczeniu. Na początku, żeby ratować sytuację, próbowaliśmy zachęcająco chichotać, potem daliśmy spokój.

Wszyscy zebrani się zgodzili, że *Rejs* to klęska. Był tylko problem, co z tą klęską zrobić. Ktoś zaproponował, żeby film pociąć na dziesięciominutowe kawałki i puszczać w telewizji po *Dzienniku*. Reszta rozkładała ręce, radząc po przyjacielsku, żeby film dla dobra reżysera zakopać i o nim zapomnieć. Po pisarzach i artystach film obejrzała władza, to znaczy wydział kultury KC, urzędnicy z Ministerstwa Kultury i cenzura. I oni nas uratowali. Władza uznała, że film jest tak zły, że absolutnie należy go pokazać. Zatrzymanie go byłoby poważnym błędem politycznym. Nie chodziło o żadne tam wyrzucone pieniądze, ale w sprawę mogłyby się wmieszać wrogie ośrodki i zaczęłoby się pieprzenie o braku demokracji, duszeniu swobód i kompletnemu gównu nadałoby się znaczenie.

Oczywiście i ci widzowie orzekli, że w żadnym wypadku nie należy *Rejsowi* urządzać regularnej premiery. Ale jak to się puści po cichu, w bocznym kinie, na zasadzie tak zwanego wąskiego rozpowszechniania, to film pójdzie dwa czy trzy razy, zdechnie śmiercią naturalną i będzie po problemie. Owszem, narzekano, że statek płynie pod prąd, koryto robi się coraz węższe i zapada noc, co robi na widzach przykre wrażenie, a nawet ich zasmuca. Na dodatek Himilsbachowi ginie z talerza kiełbasa, co już jest aż za nachalną aluzją do trudności na rynku mięsnym. Ale w związku z tym, że film jest tak zły i głupi, potraktowano go łagodnie. Mianowicie po przycięciu paru scen, wyrzuceniu maski świni ze sceny balu, bo wszyscy wiemy, o kogo chodzi, i wyrzuceniu gry w dwuosobowego salonowca, żeby sobie ktoś nie pomyślał, że to partia bije inteligencję po dupie, zapadła decyzja na tak.

Tyle że nam salonowca było okropnie żal. Bo ta scena, po pierwsze, miała sens. Po drugie, jej wycięcie psuło precyzyjną konstrukcję. Niektórzy krytycy narzekali, że *Rejs* jest opowiadany chaotycznie. Nie mieli racji. Montaż był zabiegiem przemyślanym głęboko. W pokoju hotelowym we Wrocławiu, bo tam Marek film montował, położyliśmy na podłodze kilkadziesiąt kartek. Na każdej był napisany tytuł sceny. Na przykład: Bal, Rozmowa o filmie polskim, Piosenka zaangażowana. I stawialiśmy stopnie: piątka, czwórka, trójka, dwójka. Dwójki i trójki wyrzuciliśmy od razu. Czwórki i piątki układało się w rozmaite kombinacje, aż do skutku.

Więc poszliśmy do ministra kinematografii, prosząc, żeby nam salonowca darował. Minister niedawno w wywiadzie stwierdził oficjalnie, że śmiech uważa za rzecz ważną i potrzebną. I on osobiście śmieje się codziennie dziesięć minut z zegarkiem w ręku, dla higieny psychicznej. Więc zaczęliśmy go przekonywać, że kiedy Tym wali Dobosza w tyłek, to nie żadna aluzja, tylko rzecz zwyczajnie i po ludzku kurewsko śmieszna. Minister patrzył na nas ze zdziwieniem. Miał zresztą zawsze zdziwiony wyraz twarzy. Kiedy na przykład w telewizji informował naród, że film polski zakupił dwie nowe kamery filmowe, ze zdziwieniem wytrzeszczał oczy. Teraz też mocno zdziwiony poprosił, żebyśmy mu wyjaśnili, dlaczego jego ta scena nic a nic nie śmieszy. I czyby to znaczyło, że coś z nim jest nie tak. Zaprotestowaliśmy, wyjaśniając, że to po prostu humor niższego gatunku, i zaczęliśmy salonowca tłumaczyć, a następnie w gabinecie odgrywać. Wszystko na nic. W końcu powiedzieliśmy, że jak nie będzie salonowca, to wycofujemy z filmu nazwiska. Wtedy się zamyślił, bo sprawa się zaczęła robić polityczna, potem machnął ręką i wysłał do Łodzi, gdzie trzymano kopię filmu, nie pozwalając się do niej zbliżyć, telegram: „Przywrócić scenę dupnika. Minister Kultury i Sztuki".

A potem to wiadomo. Po paru miesiącach poszliśmy znów do ministerstwa z prośbą, żeby zrobiono więcej kopii. Normalnie robiło się ich ponad trzydzieści, a *Rejs* miał trzy. Więc po paru setkach seansów wszystko na ekranie migotało jak w pionierskich niemych filmach braci Lumière. Odpowiedziano nam, że nie ma sensu robić więcej kopii, bo film nie ma reklamy.

– To – powiedzieliśmy – zróbcie reklamę.

– Nie ma sensu, bo film ma tylko trzy kopie.

Powodzenie filmu i władza, i artyści przyjęli ze smutkiem oraz goryczą. Społeczeństwo kolejny raz ich zawiodło. Tylko Andrzej Wajda wysłał do tygodnika „Film" list otwarty, iż obejrzał film raz jeszcze z tak zwaną zwykłą widownią i przyznaje, że się w jego ocenie pomylił. Czyli niby wszystko było OK, ale nigdy więcej żaden ze scenariuszy, cośmy je z Markiem napisali, nie został zaakceptowany. Po prostu nieoficjalnie zdecydowano, że z parą Piwowski–Głowacki się zadawać nie warto. No to zaczęliśmy pracować osobno, próbując tu i tam coś z *Rejsu* przemycić. Ja wymyśliłem dla Himilsbacha, Dobosza i pana Józia rolę w *Trzeba zabić tę miłość*, a Marek też ludzi z *Rejsu* zatrudniał przy każdej okazji, ale nie było tych okazji zbyt wiele. Teraz producenci kuszą ciągle, żeby nakręcić *Rejs 2*. Po pierwsze, czy to wypada bez Janka i Zdzisia?... Poza tym bełkot i zidiocenie, cwaniactwo, kurewstwo w naszym wolnym kraju już tak nie kusi jak tamto z PRL-u. Bo wolno o nim pisać, nikt się go nie wypiera i zostało przez naród uznane za rzecz ludzką i naturalną, oswojoną tak jak dialogi z *Rejsu*, które sobie weszły do języka. Kiedy dawniej się coś próbowało przez cenzurę przepchać, to było i ryzyko, i przyjemność, a niekiedy nawet ciutka nadziei, że gdzieś coś się kiedyś może i zmieni. A teraz już się zmieniło. I ta lawa, co to płonęła wewnętrznym ogniem pod plugawą skorupą tak, że jej sto lat nie wyziębiło, wypłynęła na powierzchnię, i aż się zimno zrobiło. I jakoś się nie za bardzo chce ośmieszać aferę Rywina razem z tą komisją i całym sejmem, księży molestujących, kradnących SLD-owców czy Radio Maryja.

Myślałem czasem o *Rejsie*, pisząc swoje sztuki „wyjazdowe", o tych, co tak jak ja się zdecydowali ze statku nie wysiadać, tylko popłynąć, polecieć albo przekraść dalej. I potem lądowali na przejściu granicznym w Słubicach, kiedy Niemcy już znudzeni kompleksem winy zamknęli granicę. Więc zaczynali czekać jak u Becketta. No, niezupełnie, bo między nimi krążyli ludzie z mafii – wysłannicy nadziei. I ci, co mieli sto dolarów albo ładne żony i córki, przedostawali się do wolnego, bogatego kraju, tyle że lądowali w płonących raz po raz domach dla uchodźców w byłych Niemczech Wschodnich, bo Niemcy zza Odry nie po to się delektowali wolnością i możliwością dobrobytu, żeby im się wpieprzała konkurencja z krajów ciągle okupowanych i beznadziejnie biednych. I tak sobie podróżowały trzy siostry z Rumunii, trzy siostry z Ukrainy. A gdzieś daleko na Pacyfiku, dobrze schowane pod pokładem statku, marzyły o karierze prostytutek w Chinatown trzy siostry z Pekinu.

Najszczęśliwsi dotarli aż na Manhattan, ale na więcej nie mieli sił i wylądowali w jakichś ciupkach z karaluchami albo w jednym czy drugim nowojorskim parku. Wymieszani z tymi, którzy przed strachem, głodem czy dzikim nacjonalizmem uciekli wcześniej; z Kosowa i Puerto Rico, Meksyku, Białorusi czy Afganistanu, licząc na lepsze życie dla siebie i swoich dzieci. Ci, którzy uciekli, przywieźli ze sobą sporo nadziei, ale też dużo wspomnień, czyli jakże ludzkie pragnienie odwetu. A nienawiść na dnie jest jeszcze silniejsza niż na górze, więc czarni dalej nienawidzili białych, biali czarnych. Polacy tłukli się z Ukraińcami, Portorykanie z Jamajczykami i Serbami, a wszyscy mieli żal do Żydów.

Ale ostatnia nienawiść ma czasami, jak u Szekspira, kłopoty z pierwszą miłością. Niekoniecznie aż w Izraelu, gdzie nastolatek Ophir Rakhani zakochał się, za pomocą Internetu, w młodziutkiej Palestynce, olał wszystkie ostrzeżenia, wymknął się z domu na randkę i w dzień później znaleziono go w mieście Ramallah naszpikowanego piętnastoma kulami. Co się stało z palestyńską Julią, nie wiadomo. Nawet nie wiadomo, czy była w ogóle, bo ktoś mógł za nią stukać w komputer.

Ale wiem na pewno, że była Juanita i mieszkała w nowojorskim Tompkins Square Park. Urodziła się w San Juan, miała rozmarzone oczy, krzywe nóżki i była ogólnie jak laleczka. Taka słodka i malutka, że jak z rozrzewnieniem mówiono, w parku mogła spokojnie robić laskę na stojąco. Ale Juanita miała większe ambicje. Znalazła starą maszynę do pisania, trochę papieru i jak tylko ktoś w parku miał gorszą chwilę, taką, że nie najlepiej znosił samotność i zaczynał od tego wyć, to Juanita go zapraszała, żeby się poskarżył. I te skargi wystukiwała na maszynie, żeby w parkowym bałaganie nie przepadły. Raz w ta-

221

kiej trudnej chwili przysiadł się do niej Wańka, który był w komandosach w Czeczenii, i ledwie zdążył otworzyć gębę, chcąc opowiedzieć, jak przeszedł na czeczeńską stronę, kiedy się na Juanitę tak głęboko zapatrzył, że przestał mówić. Zresztą dużo by z tego gadania i tak nie wynikło, bo ona nawet nie zaczęła pisać, tylko też patrzyła i nie mogła przestać. Wtedy Wańka spokojnie, jakby nigdy nic, wyszedł z parku. Na rogu Siódmej ulicy i Avenue A wymienił pamiątkowy skórzany pasek, który miał ozdobną klamrę z rosyjską gwiazdą, na dziewięć róż. To akurat nie za dobrze zostało zrozumiane, bo kwiaty w San Juan są traktowane jak bezużyteczne badyle, a wyrażanie uczuć zaczyna się od dużego pudła czekoladek albo nawet najmarniejszego łańcuszka, byle ze złota. Więc Wańka, który się uczył szybko, najpierw przystrzygł włosy przed szybą zaparkowanego na Avenue B mercedesa benza, a potem jakoś wytrzasnął łańcuszek, mało że złoty, to z serduszkiem.

Tu już nie było wątpliwości. Juanita spuściła oczy, włożyła łańcuszek, odstawiła maszynę i zaczęła pomagać Wańce budować z tekturowych pudeł domek dla dwóch osób, pokrywany na dachu plastikowymi torbami marlboro. Ukraińcy patrzyli na to, kręcili głowami i spluwali, ale nic nie mówili, bo Wańka był trochę dziki i miał komandoskie przeszkolenie. Za to portorykańska aleja szumiała.

Ja byłem wtedy w okolicy parku, poszukując Antygony. I od dawna bez skutku namawiałem Juanitę, żeby mi coś niecoś ze swoich kartek pokazała. Aż nagle przyszedł Wańka i powiedział, że Juanita chce mi czytać.

Malutka Juanita siedziała sobie na ławce, w pojemniku na śmieci wesoło buzował ogień, bo był już listopad i na drzewach osiadała mgła. Wańka poszedł poszukać w śmieciach czegoś wartościowego. A Juanita przeczytała: „Był piękny, ciepły wieczór" i spytała, jak mi się podoba. Powiedziałem, że to bardzo ładne i żeby czytała dalej.

– To jest wszystko. Cała reszta to było, zanim się zakochałam, czyli pełne nieszczęścia i bezużyteczne. Spaliłam – pokazała ogień buzujący w żelaznym kuble.

Godzinę później Wańkę obskoczyło pięciu Portorykańczyków. Nic nie wiedzieli ani o Afganistanie, ani o Rosji czy Czeczenii i nic ich nie obchodziło poza tym, że Rusek się dobiera do ich kobiety. Więc Wańka im kolejno odbierał noże i rzucał w krzaki, nie robiąc żadnej większej krzywdy. Tak by się wszystko niewinnie skończyło, gdyby nie gruby Pablo Gonzales, który był ambitny, za dużo sobie wyobrażał, miał rewolwer marki Interarms i ochotę, żeby go użyć. W szarpaninie interarms wystrzelił i było po Pablu.

Kiedy policja zabierała Wańkę, wiadomo było, że nie wróci. W więzieniu Mohawk siedzieli prawie sami Portorykańczycy, a wiadomości rozchodzą się szybko.

Dwa dni później z East River wyłowiono ciało Juanity. Wszyscy się dziwili, bo przez ostatnie pięć lat nie wychodziła z parku w ogóle, a tu nagle chciało jej się iść taki kawał tylko po to, żeby się utopić.

Następnego dnia przez godzinę albo i dwie, czyli tyle, ile trwa uczciwy film, omawialiśmy historię miłości Wańki i Juanity.

Brali w tym udział długobrody Bizon, który kiedyś kierował niezależną kulturą we Wrocławiu, a ostatnio został skazany za kradzież kufla z baru na coś tam z zawieszeniem, ale nie wiedział do tej pory, na co, bo nikt mu w polskiej części parku nie umiał przetłumaczyć wyroku. A także Cygan przezywany Poszukiwaczem, który kiedyś po pijanemu trafił do piwnicy. Przysięgał, że stało w niej czwórkami sto butelek wódki czystej Bols. Cygan delikatnie wziął dwie tylko flaszki, a jak wrócił po resztę następnego dnia, to już tej piwnicy nie było. Ale on wiedział, że gdzieś musi być, i już szósty rok szukał. Przysiadł się też Maluszek spod Kielc, tak niefartem Juanity przejęty, że na

223

chwilę przestał zazdrościć szczęściarzowi Kijance, co to spadł z drabiny, pucując japoński bank, pękł mu kręgosłup i dostawał co miesiąc rentę. A Maluszek narzekał, że ma syfa, który jest też poważną chorobą i nikt mu za nią ani centa nie płaci. Przyszedł też Amerykanin Billy, co to kiedyś pracował w ośrodku lotów kosmicznych imienia Kennedy'ego, ale zaczęły mu się trząść ręce i dopiero w parku przestały. I bardzo ładny Andrzejek Golc, który przyjechał z zamiarem studiowania dziennikarstwa na Columbia University, ale zaczął pić i się minął z powołaniem.

A gdy się zrobiło ciemno, Indianin, co grał kiedyś w filmie *Mały wielki człowiek*, zaczął brzdąkać na jakimś dziwnym instrumencie. I pomyślałem, że to by była całkiem dobra dekoracja do *Rejsu 2*. Zwłaszcza gdyby tak jeszcze mógł się przysiąść Janek, Zdzisio, Andrzej Dobosz czy poeta Missisipi, bo on potrafił pięknie mówić o miłości. Ale zaraz przestałem myśleć o filmie, ponieważ jak gdyby nie było dosyć na jeden dzień, przyszedł do parku mój były współlokator, Bronek, niosąc na rękach Roksanę znowu z nogą w gipsie. Bo Bronek, zauroczony przez miłość, utracił i pracę, i mieszkanie. Posadził Roksanę koło nas, a w ukraińskiej części parku od razu zaczął się pomruk.

Bez happy endu

Po filmach na ekranie często pojawiają się napisy informujące o dalszych losach bohaterów. W tej historii, której nikt nie nakręci, prawie wszystko skończyło się źle. Cygan nie znalazł tej piwnicy, więc się powiesił. Andrzej Golc znalazł w parku rewolwer. Poszedł z nim do najbliższego sklepu, w którym go wszyscy znali, żeby dostać trochę dolarów. Dostał siedem lat. W więzieniu zaczął pisać opowiadania. Kilka wydrukował „Nowy Dziennik" i Andrzej sobie marzył, że wyjdzie z pudła z gotową książką. Ale nie wyszedł w ogóle. Zgwałcono go i zarażono AIDS, rok później umarł. Bizon, potem Maluszek i Indianin zapili się na śmierć. Kijanka zniknął z parku wcześniej. Mam nadzieję, że się uratował. Bronek uratował się na pewno i ożenił z Roksaną. Jest kelnerem w restauracji Gastronom Moskwa na Brooklynie.

Bez happy endu 2

Jak wiadomo, ani Zdzisio, ani Janek na omówieniu historii miłości Wańki i Juanity w żaden sposób pojawić by się nie mogli. Już bardzo dawno temu, to znaczy, jeszcze zanim wyjechałem do Ameryki, sprawy z dwoma ulubieńcami publiczności wyglądały całkiem źle. Nie chodzi mi o konwencjonalne wizyty składane przez Himilsbacha o piątej rano, poprzedzone długim dobijaniem się do drzwi. Kiedy to artysta wpadał, żeby się napić albo coś opowiedzieć, na przykład fragment swojego nie drukowanego antyspielbergowskiego opowiadania o tym, jak to grupa mężczyzn idzie do gazu i strasznie się kłóci, bo ktoś komuś ukradł koc. Aż jeden facet przerywa i mówi: „Panowie, jak rany Boga. Wstyd. Idziemy do gazu. Wznieśliby panowie lepiej jakiś okrzyk albo hasło…"

Tuż przed nakręceniem sceny rozmowy o filmie w *Rejsie*, artyści, ostro zamroczeni, zamknęli się w kotłowni i odmawiali wyjścia. Mieli na dole hydrant i dość długo się bronili, zanim się poddali i zgodzili wziąć udział w kręceniu filmu. Scenę powtarzano wiele razy. Zdzisio był profesjonalistą, mógł grać w każdym stanie i miał starannie przygotowany tekst. Natomiast Janek szalał i mimo próśb i błagań ciągle przerywał opowieść Zdzisia i kompletnie go zagłuszał. Straciliśmy już wszelką nadzieję, kiedy Janek nagle osłabł, zapadł się w sobie, zamilkł i na jego twarzy pojawił się ten wyraz rozpaczliwej koncentracji i uwagi, który słusznie tak zachwycił swym aktorskim kunsztem publiczność i krytyków. Wszystko cudnie, tylko że w parę dni później, kiedy statek płynął, Janek odstawił nagle szklankę z wódką i z górnego pomostu skoczył do Wisły. Wynurzył się na chwilę, krzyknął: „Olaboga!" i poszedł pod wodę. Marynarzom, którzy wskoczyli za nim, udało się go wyłowić. Janusz Kondratiuk opowiadał mi, że przy kręceniu *Wniebowziętych* Janek po wypiciu poważniejszej ilości alkoholu miał zapaść i zawieziono go na pogotowie. Dostał jakieś zastrzyki i powoli odzyskiwał przytomność. W tym czasie lekarze i pielęgniarki wydali z okazji wizyty artystów stosowny bankiet. Spirytus płynął jak rzeka. W pewnej chwili kierowca, też już zamroczony, przypomniał lekarzowi o zgłoszonym z miasta pół godziny wcześniej przypadku sinicy. Lekarz spojrzał na zegarek i machnął ręką, że już za późno. Bankiet dalej się rozwijał. W pewnej chwili Janek sztywno jak dziecko Frankensteina usiadł na stole, złapał stojącą z boku szklankę spirytusu, wypił i stracił przytomność. Lekarz rzucił się go ratować. Bankiet na chwilę przerwano.

Niby ciągle mieli talent i sukces. Prasa pisała o nich dużo i ciepło, chociaż głupio. Tak zwane lepsze towarzystwo – jak nazywali je Janek i Zdzisio – cytowało ich przygody i nasładzało się nimi. Ale oczywiście za żadną cenę nie zgodziłoby się w nich uczestniczyć. Chętnie pokazywano sobie okna mieszkania Maklakiewicza – dokładnie te, które wskazuje palcem Chrystus uginający się pod krzyżem przed kościołem na Krakowskim Przedmieściu. I opowiadano z rozkoszą, co też tam się wyprawia. Tyle że na widok artystów ich wielbiciele najczęściej przechodzili na drugą stronę ulicy albo chowali się po bramach.

Naród ich ciągle kochał. Ale wiadomo, jak to jest z miłością narodu. Kochał, lecz nie szanował. Bo szanował to jednak Beatę Tyszkiewicz, po której od razu było wiadomo, że jest pani i ma wyższe studia.

Oczywiście, i Janek, i Zdzisio byli za inteligentni, żeby nie zdawać sobie sprawy z całego małpiarstwa, które się wokół nich wyprawiało. O lepszym towarzystwie mieli wyrobione zdanie. Ale sobie nie umieli, kurwa, z tym wszystkim poradzić. Zwłaszcza że w przeciwieństwie do olbrzymiej większości sławnych pisarzy, reżyserów, aktorów, krytyków i dziennikarzy – traktowali siebie serio. Przez co wydawali się im jeszcze śmieszniejsi.

Kiedyś Gustaw Holoubek powiedział w kawiarni literatów do Himilsbacha: „Wiesz, że ty jesteś podobny do Kirka Douglasa?". Jasio pokręcił przecząco głową i powiedział z rozmarzeniem: „Spencer Tracy". Wszyscy się roześmieli – poza Jankiem.

W pewnym momencie zaczęto o nich mówić w liczbie mnogiej. Owszem, bardzo się lubili i cenili, ale bez przesady. Byli za wielkimi indywidualistami, uczyli się w innych szkołach. Zdzisio najczęściej powtarzał: „Zbyszek Cybulski", Janek odpowiadał: „Marek Hłasko". Czasem podpierając się Dostojewskim. Byli też cokolwiek zazdrośni o swoje sukcesy. I nie byli żadną parą nierozłączek. Choćby z tego powodu, że Janka już nie wpuszczano do prawie żadnej restauracji w mieście. Miał szlaban i w SPATiF-ie, i w Ścieku. Role dostawali coraz gorsze albo wcale. Jednym słowem istniały, jak to się kiedyś pisywało w PRL-u, podejrzenia graniczące z pewnością, że ta para uwielbianych przez prasę „uroczych gawędziarzy" była dosyć nieszczęśliwa.

We wspaniałych bluźnierczych i absurdalnych improwizacjach Maklakiewicza w SPATiF-ie po północy coraz częściej pojawiały się motywy całkiem konkretne. Czyby nie dało się opchnąć jednego z jego nigdy nie dokończonych scenariuszy do NRF-u, zarobić trochę pieniędzy i odpieprzyć się od tego wszystkiego. A nad ranem bardzo często bardzo długo ściskał mi rękę, powtarzając po

kilkanaście razy, jakby niepewnie, ze swoim smutno-
-śmiesznym uśmiechem: „Ale jestem wielki, co?".

Warto też pamiętać, że w tej historii dwóch – cytuję
z pamięci – „królów życia towarzyskiego", „mistrzów
humoru", „współczesnych Franców Fiszerów", i „nazna-
czonych palcem Bożym geniuszy" nie ma szczęśliwego
zakończenia. Obaj odeszli bez sensu i za wcześnie. A naj-
wolniejszy z wolnych, Janek Himilsbach, będąc bardzo
ciężko chory, musiał jeszcze – żeby mieć ubezpieczenie –
zapisać się do „wojennego" Związku Literatów, którym
szczerze gardził.

Dookoła Gombrowicza

Bezdomni bezdomnymi, ale te zapiski raz po raz krążą po Nowym Jorku, mieście, cokolwiek by powiedzieć, wielkiego sukcesu, gdzie eleganckie towarzystwo najpierw idzie na aerobik, a potem na jodze medytuje, gdzie by coś zjeść, kupić albo sprzedać. Na przykład torebkę od Gucciego, nuklearną głowicę, psa, wyspę albo ropę. No i przestraszyłem się, że ja jako ja – jak powiedział pewien poseł w polskim sejmie, dla żartu nazywanym Wysoką Izbą – się za bardzo z tą bezdomnością, Saszą, Pchełką i Anitą rozpycham. Więc żeby polscy czytelnicy nie pomyśleli, że mają do czynienia z jakimś prymitywem, przysięgam, że obracałem się też w lepszym towarzystwie. Ale przysięga przysięgą, dowód jest potrzebny. Niedawno w Waszyngtonie białoruski dyplomata źle zaparkował samochód, na którym nie miał jeszcze odpowiednich tablic. Policjant poprosił go o dowód, że jest dyplomatą. A ten dyplomata oświadczył:

– Chcesz dowód? To masz dowód – i dał mu po mordzie.

Otóż ja, jako dowód swoich wysokich koneksji towarzyskich, wkładam do tej książki kawałek o Gombrowiczu, który wygłosiłem w obcym języku na sesji amerykańskiego Pen Clubu poświęconej panu Witoldowi przy okazji wydania *Dzienników*. A razem ze mną teksty na ten sam temat odczytali nie żadna Anita, Pchełka czy Sasza, tylko

Susan Sontag, Czesław Miłosz i John Simon, czyli osoby, których nie warto się czepiać, bo można zarobić.

Szło to tak.

„W drugiej połowie lat sześćdziesiątych, w czasie największego napięcia w stosunkach rosyjsko-chińskich, żołnierze chińscy wychodzili całymi oddziałami na brzeg rzeki Amur, spuszczali spodnie i wypinali gołe tyłki na stronę sowiecką. Rosjanie wpadli wtedy na dość świeży pomysł. Udekorowali swój brzeg rzeki portretami Mao. Nie mogąc wypinać się na twarz przywódcy, Chińczycy odpowiedzieli zamknięciem wydziału rusycystyki na uniwersytecie w Pekinie. Historię tę opowiedziała mi chińska tłumaczka. Kiedy zabroniono jej tłumaczenia Dostojewskiego, przełożyła na chiński *Klub Pickwicka*. Najlepiej wyszedł na tym Dickens.

Druga część historii bliska jest w klimacie książkom Kundery. Pierwsza – to interesujące zastosowanie gombrowiczowskiego pojedynku na miny, grymasy i maski. Gombrowicz zawsze uważał się za realistę.

Na wydany przed wojną egzemplarz *Ferdydurke* wpadłem w połowie lat pięćdziesiątych. Miałem wtedy lat czternaście i na dwa lata przed maturą byłem wszechstronnie przygotowany do życia. Z literatury współczesnej znałem kilkanaście książek, które zaczynały się zdaniem: »Komendant i komisarz w milczeniu patrzyli na siebie, wszystko było jasne bez słów«, i kilkanaście, które się tym zdaniem kończyły. Z historii literatury polskiej znałem na pamięć dwie pierwsze księgi *Pana Tadeusza*, a z literatury światowej zakończenie poematu *Cyganie* Puszkina. Puszkin się z Mickiewiczem przyjaźnił, co było jednym z dowodów na długie tradycje przyjaźni polsko-sowieckiej. Nie znałem Dostojewskiego, który się z żadnym Polakiem nie przyjaźnił i wierzył w Boga. Fakt nieistnienia Boga został później, dzięki bezpośredniej obserwacji, potwierdzony przez sowieckich kosmonautów. Na egzaminie z historii powiedziałem, że historii nie należy się uczyć, tylko należy ją tworzyć. Nauczyciel się przestraszył i zdałem. Owszem, czasami nie wszystko mi się zgadzało. Ale kiedy pytałem ojca: »Dlaczego oni co innego robią, a co innego mówią?«, odpowiadał: »Zaczekaj, synku, jak dorośniesz, to zrozumiesz«. Tak harmonijnie rozwijała się moja osobowość do czasu, kiedy sąsiad, który prowadził prywatną bibliotekę, został aresztowany za szpiegostwo przemysłowe na rzecz Japonii, a jego żona zaczęła z płaczem rozdawać książki. Wziąłem dziesięć na próbę. *Ferdydurke* była wciśnięta między *Niepokoje wychowanka Törlessa* i *Notatki z podziemia*. Oznaczało to, że szpieg przemysłowy wiedział sporo o literaturze. W takim stanie ducha zanurzyłem się w żywiole gombrowiczowskiego absurdu.

Dekoracje się nie zgadzały. Polska ziemiańsko-szlachecka już nie istniała. Ale nad krajobrazem po bitwie gęba i pupa, czyli deformacja i degradacja, świeciły pełnym blaskiem. Wychowany na literaturze, w której erotyzm manifestował się głównie w nieodwzajemnionej miłości do ojczyzny, wpadłem w świat erotyzmu wysoce nielegalnego. Oto powodowany postępowym masochizmem panicz próbuje przełamać bariery klasowe i pobratać się z parobkiem. Robi mu wykład z egalitaryzmu, po czym, aby go ośmielić, prosi, a następnie błaga: »Daj mi po mordzie«. Wszystko na nic. Dopiero kiedy doprowadzony do ostateczności panicz wrzeszczy: »Daj, psiakrew, kiedy ci każę«, hasła rewolucji francuskiej triumfują i paniczowi »świeczki stanęły w oczach«.

Czytałem tę książkę w czasach, kiedy podział na wyższych i niższych został już w Polsce zastąpiony podziałem na równych i równiejszych. A parobek walił pana w pysk bardzo chętnie i z własnej inicjatywy.

Najbardziej jednak zachwycił mnie w *Ferdydurke* język. Język żywiołowej parodii, przezabawna kombinacja stylów, konwencji i epok. Przedrzeźniający rzeczywistość i przedrzeźniający siebie. W czasach obowiązującej nowomowy obcowanie z nim to była rozpusta. Nowomową Gombrowicz nigdy się nie zajmował. Na szczęście dla siebie był od niej za daleko. Ale parodia i groteska nie dopuszczają do głosu uczucia. Programowo spontaniczne pisarstwo Gombrowicza przypomina niekiedy po mistrzowsku rozgrywane partie szachów. W terminologii szachowej istnieje pojęcie: gra czarnymi. Jak wiadomo, partię rozpoczynają pionki białe. Czarne są spóźnione o jeden ruch. Odpowiadają, kontrują, dopiero później mogą przejąć inicjatywę. *Ferdydurke* to pastisz wolteriańskiej powiastki filozoficznej. *Trans-Atlantyk* kontruje *Pana Tadeusza*. *Ślub* i *Iwona, księżniczka Burgunda* parodystycznie odwołują się do Szekspira. Gombrowicz zawsze gra czarnymi.

Napisał kilka znakomitych sztuk. Ale sam do teatru nie chodził. Prawdopodobnie rola widza, nawet widza własnej sztuki, wydawała mu się za mało atrakcyjna. Wolał sam grać i reżyserować. Robił to codziennie, ale był aktorem wybrednym, rolom, które oferowało mu życie, przyglądał się z wyższością. Przerabiał je, wywracał do góry nogami, pomnażał o kilkanaście wariantów i dopiero wtedy zapraszał publiczność. Próby generalne odbywały się w kawiarniach, premiery na stronach książek, recenzje ukazywały się w *Dziennikach*.

Grał, czyli był, był szczery, ponieważ był sztuczny. Oskar Wilde napisał w *Portrecie Doriana Graya*: »Tylko zupełny prostak nie sądzi po pozorach«. Gombrowicz pozory absolutyzuje. Podnosi je do rangi religii. Niebo jest puste. Pomiędzy ludźmi zaplecionymi bez pomocy węży w grupę Laokoona pracowicie uwija się maska.

Inny specjalista od maski, Alfred Jarry, tak całkowicie wcielił się w swojego bohatera, błazeńskiego króla Ubu, że umierając, wykonywał ku przerażeniu obecnych serię grymasów, zdecydowany nie przyjąć drażniąco uroczystej maski końcowej. Umarł, nie poddając się powadze śmierci, z wciśniętą między zęby wykałaczką.

Na koniec jeszcze parę słów o kraju, emigracji, poczuciu humoru i poczuciu tragizmu. Schopenhauer napisał w swoich *Aforyzmach*, że:»Najmniej wartościowym rodzajem dumy jest duma narodowa. Kto bowiem się nią odznacza, zdradza brak cech indywidualnych... każdy żałosny dureń, który nie posiada nic na świecie, z czego mógłby być dumny, chwyta się ostatniej deski ratunku, jaką jest duma z przynależności do danego narodu. Z wdzięczności gotów jest bronić rękami i nogami wszystkich głupstw, jakie ten naród reprezentuje«.

Gombrowicz opracował i przygnębiająco udokumentował polskie w tej dziedzinie osiągnięcia. Schopenhauer zauważa brak cudzoziemców, którzy chcieliby udawać Niemca. Wszyscy podają się z reguły za Francuzów bądź Anglików. Obawiam się, że jeszcze trudniej byłoby znaleźć kogoś, kto podszywałby się pod Polaka. Gombrowicz nie miał co do tego złudzeń. Wiedział doskonale, że w międzynarodowej licytacji na liczbę geniuszy »z naszym półfrancuskim Chopinem i niezupełnie rdzennym Kopernikiem« nie mamy żadnej szansy.

Witkacy, także wyprzedzający swój czas i równie przez rodaków nierozpieszczany, powiedział, że »jest tylko jedna rzecz gorsza od urodzenia się garbatym, to jest urodzenie się garbatym artystą w Polsce«. Tyle że bycie polskim pisarzem za granicą to też niezły koszmar. Wilhelm Kostrowicki wprawdzie uważał się za Polaka, ale pisał po francusku, drukował pod pseudonimem Guillaume Apollinaire i przez całe życie rozpaczliwie próbował zostać legalnym Francuzem. W czasie wojny zgłosił się nawet na ochotnika do francuskiej armii i popadł w rodzaj patriotycznego szaleństwa, które wprawiało w osłupienie jego francuskich przyjaciół. Gombrowicz, jak wiadomo, zrobił odwrotnie. Ze swej polskości i prowincjonalizmu zbudował bastion obronny. Zamiast Europę naśladować, wypowiedział jej wojnę, patriotyczne slogany kwitował szyderczym grymasem. »Nigdy żaden naród nie potrzebował śmiechu bardziej niż my dzisiaj i nigdy żaden naród mniej nie rozumiał śmiechu, jego roli wyzwalającej« – napisał w *Dzienniku*.

Z kilkoma wyjątkami Polacy, i w kraju, i na emigracji, zareagowali na gombrowiczowską kurację śmiechem ponurą dezaprobatą.

Twórczość Gombrowicza zrobiła światową karierę... Odkąd umarł, także i Polacy są z niego dumni. My, Polacy, jesteśmy także bardzo dumni z Jana Pawła II. Ale nie mam wątpliwości, że gdyby to Polacy wybierali papieża – wybraliby Francuza".

Piąty żywioł

Kiedy krowy wchodzą do obory, najpierw idzie najstarsza, potem trochę młodsze i tak dalej. Na końcu idą cielaki. To znaczy tak chodziły kiedyś. Pierwszym objawem choroby wściekłych krów jest zakłócenie hierarchii, czyli porządku, i ogólny bałagan. Krowy przepychają się, cielaki chcą iść z przodu i tak dalej. Tak się oczywiście zaczynają rewolucje. Ale to pomieszanie z poplątaniem w naszych porewolucyjnych czasach, pod panowaniem piątego żywiołu, kiedy wszystkie wartości przeszły już w fazę cynizmu, jeszcze jakby się stale wszechpowiększa.

Część krytyków na świecie uważa, że to, co piszę, jest naturalistyczne, a część, że to surrealizm. Wygląda na to, że jedni i drudzy mają rację, bo na początku naszego wieku XXI odróżnienie naturalizmu od surrealizmu robi się coraz trudniejsze. Wszystko, co piszę, dzieje się w świecie realnym. Jest tak realne, że brzmi nierealnie.

Jakiś czas temu wracałem do Ameryki przez Niemcy. Na parę dni zatrzymałem się w Berlinie. Na Alexanderplatz spotkałem byłego szekspirowskiego aktora z Warszawy, który ostatnio zarabia pieniądze, sprowadzając z Niemiec do Polski używane samochody. Miał podbite oko, rękę na temblaku i poradził, żebyśmy rozmawiali po angielsku. Parę dni wcześniej tuż przed polską granicą kilku podstarzałych skinheadów, gdzieś tak koło czterdziestki, wyciągnęło go z turkusowego bmw rocznik '79, okradło, pobiło i zostawiło na szosie.

Zaprosiłem go na drinka i zacząłem pocieszać, ale mrugnął, że wszystko jest już w porządku. Właśnie nawiązał kontakt z bardzo wpływowym odłamem berlińsko-moskiewskiej mafii i zamówił dla siebie budzące ogólny szacunek dokumenty: dowód, że jego matka była folksdojczką, a ojciec służył w SS.

– Żartujesz – powiedziałem z niedowierzaniem.

– Ja wiem – pokiwał głową. – Tego ojca w SS to jest szalenie trudno załatwić, bo to są najbardziej poszukiwane papiery, ale obiecali mi w najgorszym razie Wehrmacht.

Zapisałem tę rozmowę i wydrukowałem parę lat temu. Nikt mi nie uwierzył.

Zaraz po aferze Moniki Lewinsky bardzo popularna nowojorska popołudniówka wydrukowała listę najobrzydliwszych postaci XX wieku. Na pierwszym miejscu był Hitler, na drugim Bill Clinton, na trzecim Stalin. Na piątym Mengele, na szóstym przycupnęła Hillary Clinton, siódmy był Saddam Husajn, a ósmy Adolf Eichmann. Dwudziestkę zamykał Kuba Rozpruwacz. Gazeta ma oczywiście sympatie prorepublikańskie, ale i tak ta kompozycja robi wrażenie.

Jak wiadomo, żyjemy w czasach, w których dzięki pracy paru tysięcy absolwentów Harvardu zatrudnionych w Pentagonie, CIA, mediach czy reklamie nie ma tego, co jest, a jest to, czego nie ma. Saddam Husajn raz jest dobry, raz jest zły. Broń masowej zagłady to się pojawia, to znika. Z rzeczy mniej ważnych, na przykład J.F.K., prezydent--playboy do ostatniej kropli krwi dymający na prawo i lewo, mógł spokojnie być symbolem wzorowego męża i ojca. A jako taki wyciskać łzy wzruszenia z oczu gospodyń domowych w stanie Iowa czy Nebraska. Nie ma też żadnego znaczenia, czy na przykład luksusowe wydanie naszej

Trędowatej – Stefci Rudeckiej, czyli lady Dianę, choć przez chwilę interesowały miny lądowe i czy kiedykolwiek słyszała o Matce Teresie, zanim specjaliści od public relation wepchnęli ją do samolotu, żeby sfotografowała się z przyszłą świętą w otoczeniu chorych na AIDS czarnych dzieci. Wprawdzie poleciała na to spotkanie obwieszona brylantami i prywatnym samolotem, ale zapłakane kobiety na ulicach Londynu i Nowego Jorku powtarzały za mediami, że „księżna jest jedną z nas". Tak więc nic dziwnego, że potem, kiedy lady Diana zginęła z Dodim w samochodzie, cały świat płakał przez co najmniej cztery dni. Tego samego dnia w Rwandzie poderżnięto gardła czterystu kobietom i dzieciom, ale to już nie był w ogóle żaden news. A niedługo po ataku na World Trade Center jedna z angielskich gazet napisała, że ta tragedia poruszyła londyńczyków niemal tak jak śmierć Lady D.

Po tragicznej śmierci księżnej z Dodim w samochodzie lady Dianie poświęcono setki telewizyjnych programów, napisano setki tysięcy artykułów, wydano tysiące książek i albumów, a producenci świeczek zarobili fortuny. Pisano o jej dobroci i urodzie. Naczelna „Vogue", płacząc, oświadczyła, że księżna była najważniejszą kobietą XX wieku. Bo nikt nigdy nie zrobił tyle dla światowej mody co ona. Ale nikt i nigdzie nie próbował napisać słowa, że księżna była inteligentna. Pisano wiele o bezduszności dworu, ale czy ktoś litował się nad jej byłym mężem, który musiał z najlepszą przyjaciółką pana Versace nie tylko chodzić do łóżka, ale jeść z nią śniadania, obiady, kolacje oraz wspólnie podróżować?

Media są najważniejsze. To one decydują, co jest dobre, a co złe. W czasie słynnego ataku Czeczenów na moskiewski teatr akcja komandosów rosyjskich nie skończyła się kompletną masakrą tylko dlatego, że przywódcy terrorystów byli zajęci montowaniem materiałów filmowych ze swojej akcji. Materiały te miały być natychmiast przekaza-

ne telewizjom na całym świecie. Zebrani w pokoju monta-
żowym i zajęci autoreklamą przegapili atak, dali się za-
skoczyć i nie zdążyli przekazać Czeczenkom sygnału do
zdetonowania samobójczych bomb.

Wracając do Clintona, to spotkałem Amerykanów, którzy uważali, że był sam sobie winien. Że mediom nie star-
czyłoby odwagi, żeby tak się na niego rzucać, gdyby ich
nie rozpuścił. Na przykład kilkadziesiąt lat temu nie do
pomyślenia było sfilmowanie czy sfotografowanie prezydenta Roosevelta o kulach. Jedyny fotograf, który takie
zdjęcie wykonał, został wyrzucony ze wszystkich związ-
ków i zawodowo skończony. A nowoczesny Clinton,
chcąc uwieść młodzież, wystąpił w MTV, odpowiedział na
pytanie, jakie nosi majtki, i w ten sposób odebrał urzędo-
wi prezydenta Stanów Zjednoczonych całą tajemniczość
i charyzmę. Jeden republikanin powiedział mi ze smutkiem, że kiedyś, jak się pytało czarne dzieci, kim chcą zostać, to mówiły, że koszykarzami z NBA albo bokserami,
a teraz spokojnie odpowiadają, że chcą zostać prezyden-
tem. I to wszystko przez majtki Clintona.

Ale z Rooseveltem to były inne czasy. Dzisiaj nikt by
mu nie przepuścił. Media będą szaleć coraz bardziej i bardziej, z bardzo prostego powodu. Bo media to się zrobił
w ogóle najlepszy finansowy interes na świecie. Lepszy
niż handel bronią, prostytucja czy narkomania, a do tego
i legalny, i szanowany.

A że piąty żywioł rządzi, to widać także choćby z gorączki przedwyborczej w Stanach Zjednoczonych. Na
pierwszym miejscu przy omawianiu szans nie są wymie-
niane jakieś tam, takie czy inne wady czy zalety kandydatów, ale suma pieniędzy, jakie mogą przeznaczyć na kam-
panię wyborczą.

Rozmawiałem o tym niedawno z moim byłym studen-
tem, kapitanem drużyny baseballowej z Bennington.
Spotkaliśmy się w eleganckim domu towarowym Bloo-

mingdale. Ja szukałem marynarki, a prawie dwumetrowy Billy urządzał wystawę na drugim piętrze dla znanego designera. Miał kolczyk w uchu i zwierzył mi się, że po długim namyśle ze względów ekonomicznych zdecydował się zostać gejem. Bo to jest po prostu o wiele taniej, mieszka się w kilku, nie wydaje pieniędzy na kształcenie dzieci i w grę nie wchodzi podział majątku na wypadek nieudanego małżeństwa i rozwodu. Dodał, że ogromne pieniądze na designerów płyną z kieszeni potężnych prezesów i wiceprezesów wielkich korporacji, którzy jeżdżąc po świecie z asystentkami kochankami, chcą mieć pewność, że żona śpi sama, więc na wszelki wypadek otaczają ją gejowskim dworem, z którym ona spędza większość czasu i który doradza jej w najtrudniejszych życiowych decyzjach: kupnie kolejnych domów, biżuterii, wyboru perfum, fryzury czy masażysty. Kiedy Billy zobaczył, że przymierzam marynarkę na trzy guziki, załamał ręce. Zaprowadził mnie do stoiska Armaniego, wybrał zapinaną na jeden guzik i załatwił zniżkę.

Moskwa po raz drugi

W zimie 1996 roku pojechałem do Moskwy, żeby popatrzeć na *Antygonę w Nowym Jorku*. Pokazywał ją Teatr Sowriemiennoj Piesy – pierwszy kontraktowy w Rosji, czyli że tak jak w Nowym Jorku, aktorzy są angażowani tylko do tej jednej sztuki i grają ją tak długo, jak się da. A w czteroosobowej obsadzie powinny być i były dwie gwiazdy. Tak więc ogromny billboard nad teatrem informował, że znana z wielu filmów Ljubow Poliszczuk – to Portorykanka Anita. A wspaniały aktor Władimir Stiekłow, który jak każdy wielki tragik potrafi być zabawny, zagra Saszę.

Do teatru odprowadzała mnie czternastoletnia Swietłana, córka kierowcy z rosyjskiego ministerstwa kultury, który przez parę dni obwoził mnie po Moskwie. Minęliśmy dyskotekę Młot i Sierp, gdzie o trzeciej nad ranem nadzy chłopcy nurkują między rybami i żółwiami w gigantycznym akwarium, sklep Armaniego, który osobiście otwierał sławny designer, cokolwiek mafijnie wyglądającą restaurację Up and Down, w której przy wejściu zostawia się pięćsetdolarowy depozyt, i długi sznureczek weteranów z Afganistanu, wyciągających ręce po pieniądze. Ci bohaterowie przegranej wojny mieli ordery, ale nie mieli nóg. Na rękach trzymali szczeniaki. Wśród wielu darów, które otrzymaliśmy od Boga, na jednym z pierwszych miejsc stawiałbym nieczułość. A w Rosji też zostało udowodnione, że pieski bardziej wzruszają przechodniów niż ludzie. Tyle że z psami jest kłopot, bo się szybko starzeją.

Wtedy się je wyrzuca i bierze nowe. Wyrzucone zbierają się w stada i biegają po mieście, szukając jedzenia. W Petersburgu nazywa się je dziećmi Newskiego Prospektu. Weterani, dawniej otaczani szacunkiem, ponuro patrzyli na policjantów, którzy kiedyś tam ścigali przestępców, a teraz salutują przejeżdżającym limuzynom mafii.

Domu Bułhakowa już nie było. To znaczy kamienica stała, ale ktoś ją wykupił, wyrzucił muzeum i kazał zamalować klatkę schodową na szaro, żeby to jakoś wyglądało.

Dzień wcześniej w Moskwie znowu wybuchła bomba i zginęli ludzie. Oficjalnie oskarżano Czeczeńców, ale po ulicach szeptano, że może to robi KGB, żeby uzasadnić wojnę z Czeczenią i odwrócić uwagę od biedy. Już do tego doszło, że ludzie nawet KGB nie ufają. Na Białorusi próbuje się z tym walczyć. Miejscowe KGB uruchomiło nawet dla wygody mieszkańców specjalny telefon zaufania. „W żadnym wypadku nie po to, żeby donosić", zapewnił zastępca szefa służby prasowej, „tylko żeby pomóc obywatelom przełamać pewną barierę psychologiczną w kontakcie ze służbami specjalnymi".

Minęliśmy pomnik Puszkina, nas minął sznur karetek pogotowia i wojskowych transporterów, a Swietłana trzęsła się z oburzenia. Z furią wyjaśniła, że przeczytała ostatnio artykuł, jakoby największym artystą XX wieku był Yves Saint-Laurent, a przecież każdy głupi wie, że nie on, tylko Versace. Zajrzałem też do publicznej toalety, brudnej i zatłoczonej. Mieszkały tu dzieci może siedmio-, a może dziesięcioletnie. Te dzieci wyglądały starzej i często nie miały zębów, ale umiały strzelać. Na zamówienie mafii zabijały ludzi, których nigdy przedtem nie widziały. Oczywiście są tylko dziećmi, więc się czasem mylą i zabijają niewłaściwych. Wtedy za karę nie dostają obiecanej paczki marlboro. No i w czasie tego krążenia po Moskwie pomyślałem, że następna moja sztuka będzie o Rosji.

Przed teatrem tłoczyły się już mercedesy i rolls-royce'y, których sprzedaż w Rosji jest największa na świecie. I wysiadały panie w futrach z norek i panowie w garniturach od Armaniego. No, jednym słowem, przyjechała najnowsza moskiewska elita. Jak mi wyjaśniono, niekoniecznie w związku ze sztuką czy nawet obsadą, ale dlatego, że w tytule jest Nowy Jork.

A tu proszę, zamiast Donalda Trumpa i dolce vita, sztuka o trójce bezdomnych w nowojorskim parku. I patrząc na wypełniającą teatr elitę, pomyślałem, że to się źle skończy, bo za chwilę wszyscy wyjdą.

Ale nie wyszli. Czyli że może koleżanki i koledzy Berezowskiego, Gusinskiego, nieszczęsnego Chodorkowskiego pamiętają swoją niedawną biedę, obiady w gastronomach, a także nie są za pewni swojej przyszłości. Tak czy inaczej, sztuka miała sukces, jakich mało. Grano ją pięć lat i gdyby nie zginął w wypadku aktor grający Pchełkę, graliby ją dalej. Lepiej szło wtedy w Moskwie tylko *Wesele Figara*, jak mi wytłumaczono, ze względu na piękne stylowe kostiumy i pałacowe wnętrza.

Po premierze był bankiet uroczysty w teatrze z ministrami i ambasadorami, a potem pojechaliśmy na już nieoficjalny do tutejszego SPATiF-u. Wsiadłem do samochodu z Ljubow, a ona po wypiciu paru szklanek smirnoffa prowadziła po nocnej Moskwie sto dwadzieścia na godzinę. Spytałem się, czy nie może trochę wolniej, ale wyjaśniła, że nie, bo ulica jest jednokierunkowa, a że jedziemy pod prąd, co jest niedozwolone, więc trzeba przejechać jak najszybciej.

W Klubie Aktora wszystko było przygotowane, czyli przed każdym nakryciem stała butelka stolicznej. Resztę wieczoru i jego zakończenie pamiętam o tyle o ile. Wydaje mi się, że czeczeński aktor rezydujący w Moskwie upierał się, że sztuka jest aktualna jak najbardziej, bo Czeczeńcy w Groznym ciągle szperają w masowych grobach, szukając swoich pomordowanych, zmarłych, żeby im zapewnić uczciwy pogrzeb. Na to się wykrzywiał moskiewski aktor, że co to za wielki szum koło jednego ciała, kiedy wczoraj w gazecie pisali o tysiącach ciał albo raczej kościotrupów, które przyozdobione strzępami mundurów i zardzewiałą bronią leżą na jakichś leśnych pobojowiskach od czasów wojny ojczyźnianej. Ktoś inny opowiedział chorwacką wersję *Antygony*, w której uczciwe pochowanie Polinika jest niemożliwe z przyczyn technicznych. Ziemia po prostu kipi trupami i na żadne dodatkowe ciało nie ma miejsca.

Kilkadziesiąt dni po masakrze jedenastego września, kiedy już dawno pozmiatano z ulic Nowego Jorku setki komórkowych telefonów i tysiące butów na szpilkach, które pogubiły uciekające kobiety, na ruinach World Trade Center rozpoczęła się parogodzinna bitwa strażaków z policjantami. Poszło o to, że strażakom powiedziano, iż ich rola przy poszukiwaniu zabitych jest skończona. Nie ma żadnej szansy, żeby ktoś pod gruzami przeżył, i od tej pory kopać będą tylko robotnicy miejscy. Ale strażacy uważali, że mają prawo dalej szukać swoich, których pod gruzami zginęło z górą trzysta. Że ich obowiązkiem jest odnaleźć ciała i zapewnić im honorowy pogrzeb. Policjanci zagrodzili im drogę. Strażakami dowodził dowódca całej straży pożarnej w Nowym Jorku, czyli dygnitarz. I wyglądało to naprawdę groźnie.

Nad walczącymi unosił się duch Antygony, a z boku rzucała upiorny cień kilkunastopiętrowa wieża parkingowa. Wciąż stały na niej dziesiątki samochodów pokryte grubą warstwą żółtego kurzu. Ten kurz pochodził ze spalonych mebli i spalonych ciał. Między luksusowymi samochodami krążyli agenci ubezpieczeniowi, dogrzebując się do rejestracyjnych numerów. Ten parking był drogi i stać na niego było tylko tych z górnych pięter.

Rosja po raz trzeci

Niedługo potem znów byłem w Moskwie. Niemiecki producent filmowy Chris Sievernich, któremu to i owo opowiedziałem, a który właśnie otworzył w Hollywood studio Pacifica Entertainment, dał mi pieniądze na tak zwany research, czyli dokumentację do scenariusza, który miał się nazywać *Trzy śliczne siostry*. Tym razem zamieszkałem elegancko, nawet bez etażnej, w hotelu dla cudzoziemców Kempinski. Akurat po Moskwie krążył Andrew Nagorski, zaprzyjaźniony pisarz i dziennikarz z „Newsweeka". Kiedyś był tu korespondentem, ale go za jakiś artykuł, jeszcze za Breżniewa, wyrzucono. Potem był szefem biura w Warszawie, gdzie jego bardzo piękna żona Krysia prowadziła tak zwany dom otwarty. Ostatnio przenieśli się do Nowego Jorku. A ich córka Ewa, pisząca scenariusze do najlepszych amerykańskich show TV, takich jak *Law and Order* czy *Las Vegas*, zaczęła ze mną pracować nad tłumaczeniem moich sztuk i scenariuszy.

Otóż Andrew wziął mnie na promocję wydanego ozdobnie nowego magazynu „Tiełochranitiel", czyli bodyguard, czyli ochroniarz, połączoną z pokazem mody żeńskiej pod tytułem „Kobieta i broń". W magazynie reklamowały się głównie Ferrari i Porsche, ale Mercedes też się wcisnął, a na widowni zasiadła znana mi już z premiery *Antygony w Nowym Jorku* elita. Andrew pisał o tym dla „Newsweeka", więc podejmowano nas z honorami. Płynął szampan, kawior był jak się należy, astrachański. A na scenie defilowały śliczne modelki, ubrane tylko w pistolety, kabury, ciemne okulary i stylowe kapelusze. Kusząco się uśmiechając, celowały w nas głównie z pistoletu, czyli „z małego przyjaciela wielkiego człowieka", ale także z innej broni. Konferansjer, była gwiazda kontrwywiadu, informował, że w naszych czasach broń to żaden luksus, tylko zwykłe ubranie, a piękne ochroniarki demonstrowały obezwładnianie, rozbrajanie i zabijanie. Poinformowano nas też, że te ochranitielki biorą za towarzystwo zaledwie tysiąc dolarów dziennie, z tym że przyjmują pracę tylko po dwie naraz, bo dopiero wtedy robi się względnie bezpiecznie. Pokazano nam też ogromne zdjęcie cmentarza, czyli tego, co w najbliższej przyszłości czeka zaproszonych gości, gdyby z usług uzbrojonych kobiet nie zdecydowali się skorzystać. Widownia zareagowała na to owacją na stojąco.

Potem z córką Andrew, Ewą, która też odwiedziła Moskwę, poszliśmy do nocnego klubu Titanik. Titanik się mieścił w podziemiu, czyli jakby już mocno tonął, a na ścianach wypuszczały aluzyjne bańki liczne akwaria. Było miło i bezpiecznie, bo przy wejściu przechodziło się przez bramki, takie jak na lotnisku. I jeżeli ktoś miał broń, to musiał ją oddać do szatni na numerek, tak jak się w Żyrardowie oddawało wiadra.

Następnego dnia Nagorscy odjechali, a ja łaziłem po Moskwie. Blisko mojego hotelu, tuż nad rzeką Moskwą, w pobliżu parku Gorkiego, kilka metrów nad jezdnią, stała naturalnej wielkości kukła mężczyzny w garniturze, z rękami wyciągniętymi do przodu, szykującego się do skoku. Pod nim wielki napis: „Zanim skoczysz, zastanów się. Połknij stress-tab". Wyglądało na to, że w naszych czasach czymś, co łączy ludzi bardziej niż Internet, popkultura i tak zwany wolny rynek, jest poczucie silnej depresji popychającej do skoku. Przy Dworcu Białoruskim stare kobiety zachęcały do kupna trzymanych w dłoniach małych kawałków mięsa i wielkich bochenków chleba. Kupiłem też za dwadzieścia dolarów metalową piersiówkę ozdobioną młotem i sierpem. Sprzedawca namawiał mnie na taką samą, ale droższą o dziesięć dolarów, bo z emblematami KGB. „Droższe, bo KGB torturowało i mordowało" – wyjaśnił.

W Muzeum Czechowa byłem jedynym zwiedzającym i staruszeńka z włosami upiętymi w koronę, jakby kobieca wersja Firsa z *Wiśniowego sadu*, osobiście mi pokazała oryginalny plakat z prapremiery *Trzech sióstr*. Żeby się za bardzo nie wzruszać, zadzwoniłem do Siergieja, właściciela sieci najnowocześniejszych zakładów mięsnych w mieście. Kontakt z nim dano mi w Nowym Jorku na Brighton Beach, kiedy to brat prezydenta Clintona, Roger, całkiem dobry śpiewak rockandrollowy, występował dla rosyjskiej mafii w restauracji National. Przekazałem Siergiejowi pozdrowienia od siostry, a on oprowadził mnie po jednym z zakładów. Zaczynając od hali pierwszej, w której kobiety stały po kostki we krwi i ochłapach, odłupując od kości kawałki mięsa i wkładając do tnących i mielących błyszczących maszyn, aż do ostatniej, chyba piątej, w której z taśmy zjeżdżały gotowe i gorące, soczyste paróweczki, pachnąca szyneczka i pikantne salami, którymi zostałem uroczyście poczęstowany. Zapytałem, czy te biednie wyglądające kobiety z hali pierwszej nie kradną. Ale Siergiej uspokoił mnie, że nie, bo wiedzą, że za to obcina się dłoń.

Wieczorem w luksusowej restauracji dostaliśmy najlepszy stolik, i pod palmą, i przy oknie, na sześć osób, bo było z nami dwóch tiełochranitieli oraz dwie śliczne dziewczyny, Tania i Katia, które może już miały skończone siedemnaście lat, a może jeszcze nie. Obie nosiły wysokie skórzane buty z cholewkami pod kolana i bardzo krótkie mini. Katia miała na głowie baseballową czapeczkę z napisem „New York", Tania budionnówkę z czerwoną gwiazdą, a tiełochranitiele byli modnie wygoleni.

Rozmawialiśmy o rozpadzie imperium, Polsce, Ameryce i Bogu, o tym, kto rządzi Putinem, o terroryzmie, Czeczenach, chwiejnych cenach na ropę, braku prawdziwej miłości i o tym, że w Moskwie wcale nie jest tak bezpiecznie, jak się na pierwszy rzut oka komuś może wydawać. Że kiedyś było lepiej, a teraz nie wiadomo, jak to się wszystko skończy.

Wtedy przypomniałem sobie, że Czechow ponad sto lat temu napisał, że Rosjanie kochają przeszłość, nienawidzą teraźniejszości i boją się przyszłości tak bardzo, że nawet nie zauważają, kiedy przyszłość, której się boją, staje się teraźniejszością, której nienawidzą, a zaraz potem przeszłością, za którą tęsknią. I pewnie coś podobnego by się dało napisać o Polakach, ale nikt tak ładnie nie potrafi.

Jeden z tiełochranitieli opróżnił na talerzyk sporą torebeczkę kokainy i zaczął robić działki. Trochę się speszyłem, bo nie byliśmy sami. I to ogromnie Siergieja rozbawiło. Kazał wezwać kierownika sali, który podszedł troszkę na twarzy zielony, ale Siergiej uspokoił go, że wszystko gra, a chodzi tylko o to, że nasz przyjaciel z „maleńkoj Polszy" niespokojny jest, czy nikt nie ma nic przeciwko temu, że przyjmiemy coś na depresję.

– Ale skąd – rozpromienił się kierownik – wdychajcie sobie na zdrowie – i się z ulgą oddalił.

Nad ranem Tania odprowadziła mnie do hotelu Kempinski i nagle w pokoju wpadła w panikę, bo sobie przypomniała, że miała przeczytać do szkoły *Annę Kareninę*. Nawet zaczęła, ale skończyć nie dała rady. Więc nalałem sobie whisky i zacząłem opowiadać. A Tania, przebierając się w mundurek z białym fartuszkiem, który nosiła w torbie od Gucciego, zalewała się łzami nad losem okrutnie porzuconej Anny i zmarnowaną wielką miłością.

Po Moskwie krążyły wtedy, szukając sensacji, tłumy amerykańskich fotografów. Niedawno magazyn „Time" wydrukował zdjęcia siedmioletnich chłopców jako męskie prostytutki zaczepiających klientów. A potem się nagle okazało, że to nie jest takie proste, bo ci chłopcy są niewinni jak dzieci i czyści jak łza... Tylko rodzice postanowili coś niecoś zarobić, a że dziewczynki prostytutki to już banał, więc chłopców uszminkowano, przyklejono im sztuczne rzęsy i wystawiono za parę setek zielonych do fotografii. Z tego oszustwa zrobił się mały skandal. A ja już wtedy miałem w głowie nie tylko scenariusz *Trzy śliczne siostry*, ale także sztukę *Czwarta siostra*, czyli taką sobie ironiczną aluzję do Czechowa. Sztuczkę smutną, śmieszną i liryczną, bo i o strachu, i marzeniach, i tęsknocie, i manipulacji. W której najczęściej powtarzać się będzie zdanie: „Jestem w depresji".

A w tej depresji są wszystkie trzy siostrzyczki, którym Dostojewski myli się z Versacem, a Bułhakow z Britney Spears. Siostrzyczki naiwne, bo rozpaczliwie poszukujące w życiu prawdziwej miłości. I opłakujący dawną potęgę emerytowany generał, a także gangsterzy przepracowani, więc co chwila popełniający omyłki, i tygrys, któremu w zoo podkradają mięso, oraz dzieciaki niewinne, strzelające do nieznajomych za paczkę wywołujących raka marlboro.

I że ta opowieść o Rosji będzie o Rosji tylko o tyle o ile, bo i Polska się w niej przegląda, i Ameryka, a może inne kraje też. A zacznie się w ogóle w Hollywood w czasie rozdawania Oscarów, która to msza popkultury oglądana jest i celebrowana dzięki CNN na całym świecie. Podziwiana tak jak *Titanic* i *Matrix* przez tych, którzy ambasad, dworców czy lotnisk bronią, i przez tych, którzy je w powietrze wysadzają. Bo CNN oglądają i czerpią z niego mocno niepełną wiedzę o Ameryce wszyscy. A potem egipski pisarz, którego spotkałem na Manhattanie, dziwił się, że w Ameryce można spotkać ludzi religijnych i zobaczyć kościoły.

Dla trzech sióstr Czechowa nadzieją na lepszy los

i szczęście była Moskwa. Dla mnie, kiedy mieszkałem w Polsce, ziemią obiecaną była Ameryka, a bohaterki *Czwartej siostry* to już w ogóle nie wiedzą, gdzie uciekać. Przed wyjazdem na lotnisko kupiłem na Starym Arbacie Wańkę-wstańkę, czyli rosyjskiego supermana. Jakkolwiek by się go pchnęło, zawsze stanie na nogi.

– Uważaj – pogroził mi palcem sprzedawca – nikt nigdy nie pokona Rosji.

Zakupiłem też Matrioszkę. Nie tę modną z Osamą bin Ladenem, w której siedzi Husajn, w nim Kadafi, a na końcu Chomeini, tylko tradycyjną. Czyli kolorową lalę, w środku której jest następna mniejsza, niby taka sama, ale z trochę inną twarzą, potem jeszcze jedna i jeszcze jedna. I jadąc na Szeremietiewo, sobie pomyślałem, że ciekawe, jaką też twarz pokaże światu Rosja za lat dziesięć, a jaką za dwadzieścia.

Czwartą siostrę przyjęto w Polsce jak najgorzej, więc już wiedziałem, że na świecie będzie sukces, bo to się zrobiła reguła. Profesor Janusz Degler, teatrolog i specjalista od Witkacego, po prapremierze we Wrocławiu przysłał nawet list protestacyjny do „Gazety Wyborczej", który wyciąłem, oprawiłem i powiesiłem koło tamtej recenzji z *Antygony* w „Washington Post". Zaczynał się tak: „Sztuka jest wulgarna, przedstawienie haniebne, a wszystko razem podłe. Podłe w znaczeniu liche i w najgorszym stylu. Ale i podłe w tym sensie, że niegodziwe". Przeczytałem to przez telefon Janowi Kottowi. Powiedział:

– To niemożliwe. Sam to sobie napisałeś.

W samolocie do Warszawy spotkałem dawnego kolegę – Ryśka. Ucieszyliśmy się obaj, że żyjemy, i żeby to uczcić, zamówiliśmy parę razy Jacka Danielsa. Rysiek przyznał się, że go ciągnie, aby parę złotych w Rosji zainwestować, ale trochę strach. Znowu coś zamówiliśmy. Rozrzewniony Rysiek zaczął wspominać, jak to jeździł kiedyś do Moskwy Pociągiem Przyjaźni na rocznicę Wielkiego Października, a w walizce tłukły mu się dżinsy, peruki damskie i Biblie na sprzedaż. Przeszliśmy na dżin z tonikiem, a Rysiek opowiadał, że w czasie samej defilady był mróz, ale wewnątrz trybuny działał bezpłatny barek dla czarnych, białych i żółtych postępowych alkoholików z całego świata. A wyglądało to tak, że na końcu wielkiej sali stał stół. Przed stołem wiła się długa kolejka mężczyzn i kobiet. Za stołem stała komsomołka w czerwonym krawacie, przed nią litrowa butelka wódki i jedna szklanka, a za nią kilkanaście skrzynek wódki i dwaj uzbrojeni czerwonoarmiści. Kolejka się przesuwała szybko, bo komsomołka nalewała szklankę do pełna, delegat duszkiem wypijał, oddawał i się ustawiał grzecznie na końcu. A kiedy flakon był pusty, czerwonoarmiści zabierali go i ustawiali nowy. Było przyjemnie, bo z zewnątrz słychać było muzykę, śpiewy i okrzyki, a dzięki temu, że szklanka była tylko jedna, przy stole tłoku nie było.

Po kolejnym dżinie Rysiek opowiedział, że pierwsze duże pieniądze zarobił na politycznym instynkcie, który mu się w *Dzienniku TV* odpowiednio wyostrzył. Przewidział mianowicie wraz z grupą przyjaciół z MSZ-u i MHZ-u, że głęboko krzywdzący i niesprawiedliwy podział Niemiec musi się skończyć. A kiedy ten haniebny mur runie, marka wschodnia powinna się z zachodnią wyrównać. W związku z tym sprzedał wszystko, czego się w telewizji dorobił, czyli działkę nad Narwią, willę w Konstancinie, mercedesa, a nawet zegarek marki Rolex. Zapożyczył się i z paroma kolegami z czarnego rynku oraz tymi właśnie z Ministerstwa Handlu i Ministerstwa Spraw Zagranicznych zaczął skupować gówno warte marki wschodnie. Poszły w ruch wielkie transakcje międzynarodowe, w których rupie, lewy i ruble wymieniano na wschodnie marki. Nie zawsze był czas wszystko przeliczyć, więc te marki niekiedy przywożono w workach i rzucano na wagę.

A kiedy nadeszła dla Niemców wschodnich upragniona wolność, Rysiek i jego koledzy mieli już po trzy albo i cztery miliony równouprawnionych marek na łeb. Rysiek najpierw, zgodnie ze swoją pasją do rzetelnej informacji, kupił trochę gazet i stacji radiowych, ale potem to sprzedał, założył parę spółek, a ostatnio postanowił otworzyć bank. Trochę się martwił, że jak to przy pieniądzach, musi pracować z ludźmi znajdującymi się na niskim poziomie moralnym i intelektualnym, ale w końcu na pociechę, poza złodziejami i bandytami, miał też w spółce jednego byłego dysydenta. Pocieszałem go, że niedawno obejrzałem w Nowym Jorku w teatrze sztukę mojego przyjaciela Michaela Wellera, zresztą scenarzystę kilku filmów Formana, o tym jak powstawały wielkie rody i wielkie fortuny w Ameryce. Bo na Dzikim Zachodzie też wszystko się zaczynało gwałtownie i od strzelaniny. Tyle że ludzie z instynktem i wizją szybko pochowali spluwy i zamiast samemu strzelać, zaczęli rewolwerowców podnajmować. A sami otwierali banki właśnie, zajmowali stanowiska sędziów albo i gubernatorów.

Poradziłem mu, żeby tak jak to teraz robią w Ameryce potomkowie wizjonerów, założył fundację popierającą sztukę, kulturę, demokrację i walczącą z nędzą, na co się trochę skrzywił.

Przy okazji spytałem, czy się tej rosnącej w Polsce nędzy, która może doprowadzić do wybuchu i wyprawia z ludźmi dziwne rzeczy, nie obawia. Bo na przykład sam widziałem parę lat temu, że kiedy ktoś zamordował kilka kobiet i ochroniarza w podziemiach warszawskiego banku, to telewizja zrobiła wywiad z sąsiadem złapanego mordercy. Sąsiad był całkowicie po stronie bandyty i zapytał: „A co miał robić, jak nie miał z czego żyć? Jak miał utrzymać żonę i dzieci?" Ale Rysiek wyjaśnił, że się gniewu ludu nie obawia w ogóle, bo do tego czasu wróci nasze przeszkolone antyterrorystycznie wojsko z Iraku.

Żart bogów

W połowie lat sześćdziesiątych, kiedy trenowałem boks, zgłosił się do klubu sportowego Gwardia Władek Danczewski, szesnastolatek z dobrym bokserskim pochodzeniem, bo akurat uciekł z poprawczaka. Miał absolutny talent do bicia, ale miał też problem. Władek uważał umieszczenie go w poprawczaku za niesprawiedliwość. Wysłał w tej sprawie list do Władysława Gomułki, ale nie dostał odpowiedzi, więc z zemsty kazał sobie wytatuować na czole: „Chuj w dupę Gomułce". Chuj się wtedy pisało bez „c", czyli była jedna litera mniej.

Trener kazał mu ten wzorek usunąć, ale Władek powiedział, „że w życiu i jeszcze długo nie". Trener był zmartwiony, bo się w zasadzie z treścią napisu zgadzał, ale perspektywa kłopotów była za duża i Władka wyrzucił.

Trochę wcześniej na ćwiczeniach u profesora Jana Kotta zajmowaliśmy się tragizmem i jego rodzajami. Otóż przypadek Władka można było od biedy podciągnąć pod tragizm w rozumieniu młodego Marksa. Władek miał rację moralną, ale nie historyczną. Bo podobnie jak wielcy rewolucjoniści za bardzo wyprzedzał swój czas. Tak więc Władek był tragiczny, ale nie do końca. Jak wiadomo, solidna tragedia musi mieć porządek matematyczny: jeżeli „A" to „B" i tylko jeżeli „A" to „B", co w sytuacji Władka nie do końca się zgadzało. A i śmierć, koniecznie wymagany do budowy tragedii element, jakoś tu w grę nie wchodziła.

W marcu 2004 roku przyjechałem do Polski i akurat

Gustaw Holoubek wyreżyserował *Króla Edypa* w Ateneum. Nie mam pewności, czy taki Edyp się spodoba postępowym warszawskim krytykom, bo Piotr Fronczewski ani nie gra pedała, ani nie chodzi goły, ani nawet nie dyma na scenie Budzisz-Krzyżanowskiej, co jest na pewno stratą. Z drugiej strony, dzięki tym lekkomyślnym ograniczeniom rzecz zrobiła się czystym, chłodnym i przez to mocno przerażającym wykładem o losie człowieka, z którego bogowie sobie zażartowali. No bo wiadomo, skazali go jako dziecko na zabicie ojca i małżeństwo z matką, potem – dla śmiechu – pomogli mu zabić Sfinksa, ożenić się, zostać królem i dopiero wtedy – łup! Ten tragizm Edypa jest bardziej okrutny od tragizmu Antygony, bo bardziej absurdalny. Czyli pasujący do naszych czasów, tak że bardziej nie można.

Kiedy Jerzy Kosiński popełnił w Nowym Jorku samobójstwo, napisałem do albumu Czesława Czaplińskiego takich kilka zdań.

„Parę dni temu znów otworzyłem *Biesy* Dostojewskiego. Przyglądałem się »opętanym«: Stawroginowi, Kiryłowowi, młodemu Wierchowieńskiemu i myślałem o Jerzym Kosińskim. O jego mrocznym, gwałtownym życiu, o krótkich spojrzeniach, które rzucał za siebie, jakby ciągle obawiał się ataku z tyłu. Wymyślał książki i własną biografię. Wciąż ją przerabiał, uatrakcyjniał, ozdabiał nowymi odcieniami zła. Miał wielkie sukcesy i wielkie niepowodzenia. Pojawili się ludzie, którzy uznali jego książki i jego życie za sprytną mistyfikację. Był wielkim mistyfikatorem, ale demony, których obecność stale wyczuwał za plecami, były prawdziwe. Pewnej nocy otoczyły go w mieszkaniu przy Pięćdziesiątej Siódmej ulicy ciasnym kręgiem".

A teraz sobie myślę, że Dostojewski Dostojewskim oczywiście, ale coś w historii Kosińskiego pobrzękuje żartem bogów. No bo Kosiński się urodził jako dziecko żydowskie niedługo przed holokaustem, czyli był wyrokiem najwyższym od początku skazany. Ale wyrok zawieszono, pozwolono mu pofikać, zrobić zawrotną karierę, poczuć się bezpiecznie i dopiero potem sobie o nim przypomniano. Oczywiście to są inne czasy, cudownie tak jak Edyp ocalony Kosiński zachowuje się całkiem inaczej niż król Teb. Nie prowadzi przeciw sobie żadnego śledztwa, wprost przeciwnie, zaciemnia i manipuluje. Bo też poznał reguły działania i cyrk, jaki się na świecie wyprawia. A przy tym jest na emigracji.

Kiedy mieszkałem z rodzicami w Polsce, ile razy ktoś z nas wyjeżdżał nawet tylko na tydzień, ojciec żądał, żebyśmy wszyscy razem usiedli na kanapie. On nauczył się tego od swojego ojca, a tamten od swojego. Chodziło o to, żeby czas przytrzymać. Coś się skończyło, a zaczyna coś nowego, czego nie znamy. Ale na razie jesteśmy razem. Mnie śmieszyła ta próba robienia porządku. Zwłaszcza że mało pomagała, bo moi dwaj dziadkowie i obie babki zginęli w straszliwym bałaganie. Ale po przyjeździe do Nowego Jorku dookoła mnie wszystko się tak zaplątało, a i czas przeszły przestał liczyć w ogóle, że coś z pomysłu ojca zrozumiałem.

W sztuce *Polowanie na karaluchy* bohaterka emigrantka mówi, że w Ameryce „straciła wszystko poza akcentem". W Nowym Jorku w jednej chwili przestał istnieć Głowacki playboy, środowiskowy pisarz, przewrotny felietonista i ozdoba przyjęć. Narodził się za to przestraszony, źle mówiący po angielsku nieznany pisarz bez pieniędzy. Emigracja to panika, grunt się pali pod nogami i robi się mnóstwo rzeczy za szybko, bez namysłu i sensu. Na emigracji prosiłem o przysługę ludzi, których nigdy w życiu nie powinienem prosić. Oni oczywiście odmawiali, a ja czasem to sobie przypominam, tak jak teraz, kiedy to piszę. I czerwienieję ze wstydu, bo wiem, że oni to też pamiętają. Krótko mówiąc, skacze się w to nowe życie z kołyszącego się pokładu może i tonącego statku. Nie jestem pewien, czy kiedy Lord Jim skoczył z „Patny", to się przedtem długo zastanawiał. Może zaczął żałować już w powietrzu, a może skoczył w szoku i momentu skoku nie pamiętał w ogóle. A konsekwencje rosły, rosły, aż go dopadły. Kosiński nieźle się o Amerykę zaczepił, dobrze ożenił, coś tam wydał, ale niezbyt ważnego. No i wyszedł wreszcie *Malowany ptak*, i albo to mógł być sukces, albo nic. Owszem, dostał parę dobrych recenzji, ale dobrych recenzji to się w Ameryce co roku kilka tysięcy ukazuje. Wreszcie do recenzji najważniejszej, bo w „New York Times Book Review", dostał książkę największy autorytet od holokaustu – Elie Wiesel. Wiesel przeczytał i napisał chłodno, ale jeszcze do gazety nie wysłał. A Kosiński się o tym dowiedział.

Ciekaw jestem, czy się długo wahał, zanim zdecydował, że trzeba Wiesela odwiedzić i go przekonać, że ta przerażająca historia czarnowłosego chłopca, ni to Żyda, ni to Cygana, w czasie wojny tułającego się samotnie wśród nienawistnego jasnowłosego plemienia prymitywnych zboczeńców i sadystów, to właściwie całkiem wierna kopia jego własnych losów. Książka się przez to nie zrobiła nic a nic lepsza ani gorsza, ale Kosiński wiedział, co robi. Tak jak Edyp Sfinksa, tak on rozwiązał zagadkę Wiesela. Bo Wiesel recenzję chłodną podarł i napisał nową entuzjastyczną, oficjalnie mianując Kosińskiego świadkiem, a jego książkę świadectwem holokaustu. I to był początek wielkiej kariery Kosińskiego.

Tyle że jak wiadomo, autobiografia to to akurat nie była, bo Jerzy Kosiński spędził całą okupację z rodzicami, ukrywany przez polskich chłopów we wsi Dąbrowa.

Jerzy Kosiński miał setki usprawiedliwień lepszych i gorszych. W końcu jego prawdziwa historia to też był koszmar, tyle że trochę inny. Mniejszy może. Jeżeli koszmar warto mierzyć centymetrem. Dzięki tej, powiedzmy, niedokładności stał się sławny i bogaty. Ale także tylko dzięki temu dobrą książkę o strasznych czasach przeczytało parę milionów ludzi. Oczywiście nie przesadzajmy. Kiedy Kosiński przyszedł do Wiesela, ziemia mu się tak bardzo znów pod stopami nie paliła i fale go nie zalewały. Ale przekonał siebie, że za piekło, które przeszedł, coś mu się należy. A na świecie dookoła widział nic tylko jedno wielkie kłamstwo na kłamstwie i cwaniactwo na cwaniactwie.

Ale jednak go to własne męczyło, że a nuż wyjdzie na jaw, i dlatego w dziesiątkach esejów i wywiadów przekonywał, że autobiografizm w powieści jest w ogóle niemożliwy. Męczyło go to kłamstwo, ale nie na tyle, żeby nie dodawać do niego nowych.

Tylko znów, czy naprawdę pretensje o to nie są śmieszne? Przecież na ogół się przyjęło, że rodzice uczą dzieci mówić prawdę. Kosińskiego od samego początku uczyli kłamać, żeby ewentualnie przeżył. Plątał się w tym okropnie. Żydowskim dzieciom z podwórka, które go znały, tak że lepiej nie można, jako Lewinkopfa, wmawiał, że się nazywa Kosiński. Córkę chłopów, którzy go ukrywali, straszył, że jest Lewinkopfem.

Z tymi rodzicami, co to uczą mówić prawdę, to też wielka przesada. Niedawno w Nowym Jorku mali chłopcy i malutkie dziewczynki, płacząc, opowiadały na zmianę z rodzicami o śmierci najmłodszego braciszka, który zginął pod gruzami World Trade Center. Wzruszona komisja przyznająca po jedenastym września odszkodowania sypnęła dolarami. A potem się okazało, że tego braciszka w ogóle nie było. Po tragedii w World Trade Center zaroiło się w Nowym Jorku od kobiet, mężczyzn i dzieci, co to niby w wybuchu zginęły, a potem się okazało, że niekoniecznie.

Po prostu świat idzie naprzód. Papież wygłasza przepiękne apele i oklaskuje nadwiślańskich hiphopowców. A my już się całkowicie przyzwyczailiśmy do obozów w południowej Ameryce, gdzie się na przeszczepy hoduje odkupione od rodziców dzieci. I do tego, że w Pekinie lekarze podkradają więźniom organy zaraz po wykonaniu na nich wyroku śmierci. I że te niekompletne trupy są dalej w ruchu, bo wybitny artysta z Niemiec montuje z nich dzieła sztuki i zarabia miliony. Wiemy, że wietnamska mafia kontrolująca norweski rynek heroinowy przemyca narkotyki w ciałach zabijanych w tym celu noworodków. Najpierw się je zakupuje, jeszcze żywe, od prostytutek w Paryżu i Hamburgu. Tuż przed odlotem zabija i wszywa heroinę. A potem podróżująca legalnie z malutkim dzieckiem, co to wygląda jakby spało, niby-matka mówi na granicy, że dziecko chore jest. Więc ma przyśpieszoną odprawę. A w Oslo się tę heroinę wypruwa, a dziecko wyrzuca. Więc o co w ogóle chodzi?

Kiedy nowojorski tygodnik „Village Voice" przygotował ogromny artykuł, który Kosińskiego zniszczył, oskarżając go o serię kłamstw, głównie o to, że sam nie pisze swoich książek, a ten drobiazg wykonują za niego wynajęci redaktorzy i tłumacze, Kosiński zagrał znowu zgodnie z systemem, który znał, że lepiej nie można, i który do tej pory działał bez zarzutu. Zapytał mianowicie dziennikarzy prowadzących to, co się ostatnio nazywa w Polsce dziennikarskim śledztwem, czy może na spotkanie z nimi przyjść z psychologiem, który prowadzi badania nad zachowaniem ofiar holokaustu w sytuacjach stresowych. I kiedy dziennikarze ku jego wielkiemu zdziwieniu się nie wzruszyli i nie zrezygnowali z ataku, wpadł we wściekłość i krzyknął, że nie tylko każde słowo i zdanie, ale każda kropka i przecinek w jego książkach są jego, i tylko jego. A tego to już się w żaden sposób nie dawało obronić. I Kosiński się już po tym kłamstwie do końca nie podniósł. No bo jakie są dopuszczalne granice pomocy redaktorów, to tego tak do końca nie wiadomo. Ale wiadomo, że Kosiński zdecydował się pisać w języku, który znał, owszem, dobrze, ale pomocy potrzebował.

W lutym 1982 roku, na parę miesięcy przed napaścią „Village Voice", żona jednego z szefów „New York Timesa" napisała kilkudziesięciostronicowe cover story o Jerzym. Lepiej być nie mogło. Przepełniony miłością i podziwem tekst kreował Kosińskiego na wielką gwiazdę literatury. Na okładce magazynu „New York Timesa" Kosiński stał na tle stajni, goły od pasa w górę, w białych bryczesach i wysokich czarnych butach do końskiej jazdy. W dłoni ściskał uzdę.

Wielki buntownik poezji amerykańskiej Allen Ginsberg powiedział mi, że w czasach, kiedy wyjazd na Kubę był w Stanach kompletnie zabroniony, poleciał do Hawany. Przyjęto go jak bohatera. Entuzjazm, telewizja, bankiety, wiece. Aż raz nie wytrzymał i palnął publicznie, że kiedy był w college'u, wszyscy jego koledzy marzyli, żeby się przespać z Marilyn Monroe, ale on zawsze marzył, żeby iść do łóżka z Fidelem. Zrobił się skandal. Tego samego dnia spakowano go i z oburzeniem odesłano do Stanów.

Kosińskiego z tym zdjęciem na okładce też poniosło. I jestem ciekaw, czy dając je, długo się zastanawiał. No, niby było wiadomo, że jego pasją jest gra w polo, ale znana też była jego druga pasja, sado-masochizm. A to zdjęcie na okładce czcigodnego magazynu rozwścieczyło dodatkowo lewaków z „Village Voice". Czyli może gdyby nie ono, toby się wszystko dało wyciszyć? Kosiński by żył i może odbierał Pulitzera? Czyli niekoniecznie jeżeli „A" to „B", tylko i wyłącznie.

Ale może jednak tak? Może wszystko było nieuniknione? I to był po prostu ciąg dalszy żartu bogów? Bo były ostrzeżenia, że żart trwa. W kilka lat po wydaniu powieści *Kroki*, za którą Kosiński dostał najbardziej prestiżową amerykańską nagrodę literacką National Book Award, młody pisarz z Los Angeles przepisał *Kroki* na maszynie, podpisał swoim nazwiskiem i wysłał do kilkunastu agentów i wydawnictw, między innymi do tego, które Kosińskiego wydało. Nikt książki nie rozpoznał, wszyscy ją odrzucili, niektórzy radząc pisarzowi, żeby dał sobie spokój z pisaniem.

Wiadomo, że w naszych czasach okładki książek mają znaczenie wielkie, może i większe niż to, co jest w środku. Na okładce *Malowanego ptaka* jest kawałek obrazu Boscha. Ptakopodobny demon niesie na plecach wór, z którego wystaje głowa dziecka. Ta okładka była pomysłem Kosińskiego i to był pomysł wielki. Bo tysiące młodych Amerykanów czuło się jak to dziecko, które ciemne siły, politycy na przykład, niosą nie wiadomo gdzie i po co.

Tyle że w następnych książkach Kosińskiego to skrzywdzone dziecko jakoś bardzo szybko dorosło. I się zamieniło w tajemniczego agenta albo błędnego rycerza w kostiumie do gry w polo czy młodego znarkotyzowanego miliardera przynoszącego winnym i niewinnym śmierć, ból i rozkosz, coraz częściej w opisywanych ze znawstwem dekoracjach sado-maso. I powstawało coraz więcej wątpliwości, czy zaciśnięta pięść, którą bohater pokazuje światu, ma jeszcze jakiś związek z holokaustem, czy już nie. Czy to gest obronny, zemsta za krzywdy, czy może jednak już tylko fisting, czyli wyższy stopień wtajemniczenia seksualnego – kiedy to wkłada się partnerowi nakremowaną zaciśniętą w pięść rękę w odbyt, aż po łokieć, co jest symbolem brania i oddania ostatecznego, bo wyprostowanie palców oznacza przebicie jelit i śmierć. I jest to cały rytuał wykonywany niejako publicznie, bo ten spektakl ogląda krąg milczących widzów.

Arthur Miller bardzo chciał napisać tragedię współczesną. Miała nią być sztuka o emigrantach, czyli *Widok z mostu*. Ale też matematycznego porządku w tej sztuce nie ma. Bo jej bohater, emigrant włoski, zginąć może, ale nie musi, czyli że był w niej tragizm, a nie było tragedii.

No, ale czasy się porobiły takie, że teraz jeżeli „A" to „C", a jeżeli „C" to „X". I teraz to już tylko nam pozostaje albo się powiesić, albo śmiać do łez.

Wygląda dziwnie, że piszę tyle o Kosińskim, który nic a nic nie jest moim ulubionym pisarzem. Ale zaraz, spokojnie. Był emigrantem i czy to się komu podoba, czy nie, miał największy z polskich pisarzy sukces. Więc mu najpierw jak każdy uczciwy Polak zazdrościłem. To po pierwsze. Do tego sam się w życiu całkiem sporo naudawałem i ciekawiło mnie, jak on te coraz bardziej przylegające maski przymierza. I w którym momencie się zmienił w konika, na którym jedzie kreacja, pogania batem i galopuje, uciekając przed czasem przeszłym i teraźniejszym. I czy ma rację Auden, że jak się raz zacznie uciekać, to potem nie ma już ucieczki od ucieczki.

Cały czas mnie męczyło, gdzie się u Kosińskiego kalkulacja kończy, a prawda zaczyna i czy takie miejsce można znaleźć. Z bardzo bliska oglądałem wiatrak, na którego skrzydłach świetnie sobie radził, dając długie kroki, więc kiedy i dlaczego się poślizgnął? Bo przecież szło tak dobrze.

No i wreszcie czy ten upadek i straszny koniec był w jego historię wpisany z góry, czy nie był? Więc tragedia czy tylko tragizm? Tragikomedia czy tragifarsa? Żart bogów? Związek między „A" i „B"? Jego rozbicie i nowe połączenie?

A teraz, uwaga, uwaga, rozbieram się do naga, jak śpiewał mój znajomy Dziki Bolek z Pragi. Otóż z powodu tych wszystkich wątpliwości parę lat temu zacząłem o Kosińskim pisać dla teatru. Nie jestem pewien, czy zrobiłem to z powodu tak zwanych uczuć wyższych, czy kalkulacji, że to dobry temat i skok na kasę. I czy to w ogóle można rozdzielić? Może myślałem, że pisząc o nim, dowiem się więcej o sobie. Bo jak się pisze o kimś, to się i tak zawsze pisze o sobie.

Z tym skokiem na kasę to zresztą gwarancji nie ma. W Nowym Jorku już jedną sztukę o Kosińskim napisano. Była kiepska i od razu padła. Ten, co ją napisał, wszystko powyjaśniał. Ile, jak i dlaczego kłamał. Ja w tej mojej sztuce nieskończonej niczego wyjaśniać nie chcę. Bo myślę, że Jerzy Kosiński jest o wiele ciekawszy niewyjaśniony, tak jak my wszyscy.

No, na przykład kiedyś zaprosił mnie do siebie na Pięćdziesiątą Siódmą ulicę. Jego żony Kiki nie było, a on zaczął przy mnie sprawdzać na sekretarce wiadomości. Pierwsza była od uniwersytetu w Yale, zaczynała się jakoś tak: „Dear Mr. Kozinski, on behalf of literature department we would like to invite you..." Druga była od kobiety. „Jerzy, you motherfucker don't try to fuck with me. Or you'll be fucking sorry". Potem Spertus College of Judaica błagał, żeby swoją obecnością uświetnił jakąś uroczystość, a na końcu krzyczała i groziła jakaś kobieta z hiszpańskim akcentem.

Nieźle, pomyślałem, ale zaraz naszły mnie wątpliwości, czy to aby nie był przygotowany dla mnie, czyli nowego znajomego, zestaw specjalny. No bo właśnie z Kosińskim nigdy nie było pewności, co, jak i po co. Na przykład nie całkiem jestem pewien, dlaczego krążył nocami po nowojorskich szpitalach i czytał śmiertelnie chorym kawałki swoich książek. Nie jestem też pewien, czy gdybym umierał, chciałbym, żeby przy moim łóżku pojawił się Jerzy Kosiński z *Pasją* czy *Krokami* pod pachą. Tak czy inaczej, jeżeli skończę tę sztukę, będzie się pewnie zaczynała „Dear Mr. Kozinski, on behalf of literature department..."

Za to zupełnie jest pewne, że gdyby nie on, za szczyt zepsucia nowojorskiego dalej bym uważał Piramidy i nigdy nie poznał Manhattanu od samego dołu.

Ja nie myślę o takich eleganckich klubach jak Hellfire czy Plato's Retreat, gdzie w labirynty korytarzy wchodziły kobiety, które lubiły być gwałcone przez nieznajomych, czy eleganckich klubach sado-maso, gdzie zaraz za drzwiami wielcy biznesmeni z Wall Street i drobni sprzedawcy z New Jersey odpoczywali od swoich żon, dzieci albo wahań giełdy. I cierpliwie czekali, zaparkowani równo jak taksówki, nago, na czworakach, z siodłami na grzbiecie, aż ktoś, poganiając szpicrutą, pojedzie na nich do baru. Chodzi mi o te miejsca bez nazwy, nad rzeką Hudson, w podziemiach opuszczonych fabryk, do których prowadziły tylko namalowane na murze czerwoną farbą strzałki. Miejsca, w których sposób, w jaki potraktowano Leopolda Blooma w nocnym miasteczku w *Ulissesie* Joyce'a, czy możliwości, jakie ofiarowywał burdel w *Balkonie* Geneta, to są wzruszające brakiem wyobraźni delikatne pieszczoty. Raz w jednym z takich lochów, w miejscu, które niektórzy nazywają ziemią obiecaną, a inni kazamatami gestapo, coś się zaczęło palić i zarządzono ewakuację. Przyjechała straż i na powierzchnię zaczęły wypełzać te niby-mary, ale przecież ludzie, poplamieni krwią, brzęcząc łańcuchami, w pieluszkach albo bez, w skórzanych stringach albo gumowych spodenkach. I ruszyły natychmiast w stronę strażaków, młodych chłopców ubranych w długie żółto-czarne gumowe płaszcze ochronne, które też były przecież kostiumami. I jeden ze strażaków, patrząc na sunących w jego stronę z uwodzicielskimi uśmiechami upiornych bliźnich, wytrzeszczył oczy i wyszeptał: Boże!

W tej sztuce niedokończonej napisałem taką scenę, ale teraz już nie jestem pewien, czybym ją chciał zobaczyć w teatrze. Tak czy inaczej, po wybuchu AIDS w tych klubach gra się głównie w ping-ponga.

I znów Bednarska. Parę dni temu przyjechałem z Nowego Jorku. Wiem już wszystko o tym, co w Polsce najważniejsze, jak skacze Małysz, co z Rywinem, że Rokita jest najlepszy, a Amerykanie nas kochają i zrobią dla nas wszystko... Za oknem pada, na biurku leży gruba biografia Jerzego Kosińskiego. Na okładce zdjęcie. Tym razem sama twarz. Burza czarnych włosów i groźne demoniczne oczy. Nie bardzo mogę wytrzymać ich spojrzenie. Mój przyjaciel z Nowego Jorku, Michał Kott, po śmierci Jerzego napisał w jednej z amerykańskich gazet, że gdyby miał obsadzać w filmie rolę diabła, wybrałby Kosińskiego. Ale moja przyjaciółka Olena, kompozytorka z Ukrainy, popatrzyła na okładkę i powiedziała, że w tych oczach jest tylko strach.

Matka

To jest kawałek najtrudniejszy. Znów siedzę przy oknie na Bednarskiej. Jest czerwiec 2004, niedziela, ale dla szkoły muzycznej nie ma świąt ani wakacji. Więc wsadzam korki w uszy i to trochę przytępia muzyczne piekło. Piszę ręcznie na parapecie, a obok stoi biurkowaty stolik, przy którym siadała, a może czasem jeszcze i teraz siada moja matka z maszyną marki Remington. Bardzo długo wszystko, co napisałem długopisem, dyktowałem matce, czyli była pierwszą osobą, która to czytała i oceniała. Rozmaici życzliwi znajomi wiedzieli, że matka jest redaktorką w wydawnictwie, więc opowiadali, że to niemożliwe, żebym to ja pisał. Bo jestem playboy i chodzę po Nowym Świecie w rozpiętej do pasa koszuli. I się zaklinali, że to matka wszystko za mnie robi. Dopiero kiedy zacząłem pisać rozmaite świństwa, zawahali się, no bo tego to już by pani Głowacka nie napisała. Musiałem też znaleźć sobie kogoś innego do przepisywania, bo matka coraz częściej mówiła: „Przykro mi, Janku, ale ja tego nie napiszę". Więc błagałem: „Napisz, mamusiu". Ale nic się nie dawało zrobić. „Przykro mi, ale nie". No i to było i śmieszne, ale i jakoś bolesne, drugie odcięcie od matki.

A dyktować lubiłem i lubię, bo to jest jak pierwsza próba w teatrze. Słyszy się oraz widzi reakcje i często od razu wymienia słowa na inne albo je ustawia w innych szeregach. Jeżeli jest aż tak, że się wstydzę coś podyktować, to znaczy, że złe i od razu wyrzucam.

Ale mieliśmy jeszcze przed sobą odcięcie trzecie i dla matki najgorsze, czyli mój odjazd do Ameryki. Jeszcze na początku w Warszawie była Ewa z Zuzią, ale potem też wyjechały do Nowego Jorku. A ojca już parę lat wcześniej wykończyła leczona papierosami astma. Matka koniecznie chciała do Nowego Jorku przyjechać i nam pomóc. Pisała smutne listy i w żaden sposób nie chciała zrozumieć, że nasz Manhattan to nie jest ten z filmów Woody'ego Allena. Że to nie o to chodzi, że jej nie chcemy, tylko te pierwsze lata to było zaciskanie zębów, odbierająca sen próba przetrwania i oszczędzanie na wszystkim, nawet na metrze. Matka nie przyjmowała do wiadomości ani tego, ani że kiepsko chodzi, bo ma kłopoty z kolanami, że ma osiemdziesiąt lat i miała wylew, malutki, ale jednak wylew. To wszystko się nie liczyło, chciała przyjechać, pomóc dzieciom i przywieźć książki po polsku dla Zuzi. Była twarda, wojna mogła odebrać jej rodziców i zrujnować, komunizm zamęczyć i upokorzyć, ale ani jedno, ani drugie nie dało jej rady. Przed wojną wiosłowała w AZS-ie i w czwórce ze sternikiem startowała w mistrzostwach Polski. Kiedy szykowałem się do matury, wypożyczała na przystani łódź hamburkę i woziła mnie po Wiśle. A potem wolniutkim krokiem ciągle chodziła na basen do Pałacu Kultury, gdzie nikt by jej nie wpuścił, gdyby nie była w zmowie z lekarką. Obie fałszowały jej datę urodzenia, a potem już sama przekupywała basenowych koniakiem albo czekoladą i wpuszczali ją z jakimiś tam zakładami pracy. Bo basen to była rzecz najważniejsza. Chodziło o to, żeby te kolana jeszcze bardziej nie sztywniały i mogły ją po Nowym Jorku nosić. W końcu napisała, że już dłużej nie może, i przyjechała. Przed wyjazdem sprzedała moje duże mieszkanie za pięć tysięcy dolarów. Błagałem, żeby tego nie robiła. Ale chciała koniecznie przywieźć nam jakieś pieniądze. Nie wierzyła, że wrócę, i przemyciła te dolary z Polski pod specjalnie wykonaną w tym celu za dwieście dolarów peruką.

Była tak szczęśliwa, że w samolocie niczego nie jadła, za to porobiła dla nas kanapki z szynką. Na szczęście na lotnisku nie było wtedy wywąchujących jedzenie psów. No i zamieszkała z nami, najpierw na Washington Heights, gdzie było nie najgorzej, bo winda i blisko parku. A potem w małym mieszkanku East Village, gdzie było lepiej, ale tylko nam. Oczywiście była szczęśliwa, że jest z nami i może czytać Zuzi, ale nie mogła zrozumieć, dlaczego tak się męczymy. Brakowało jej basenu, gimnastyki, pani Zosi, która sprzątała i gotowała. Powtarzała: „Dzieci, dlaczego nie wracacie?" Ja też nie zawsze do końca to rozumiałem. Była taka ankieta wśród polskich artystów w Nowym Jorku i Andrzej Czeczot odpowiedział: „Nie wracam, bo koledzy by się ze mnie wyśmiewali". Jasne, że to dowcip, ale nie do końca. Wiadomo, że dla zwyciężonych nie ma litości, więc ci, którzy wracają pokonani, radzą sobie tak, że zapominają o klęsce, a wymyślają sukcesy.

W East Village na dole Manhattanu matka nie czuła się dobrze. Mieszkaliśmy na czwartym piętrze bez windy i to było za wysoko. Znowu miała ten swój malutki wylew, który przed nami najpierw ukrywała, udając grypę, ale się w końcu przyznała, nazywając go pogardliwie ataczkiem. Downtown, czyli dół Manhattanu, to nie jest miejsce dla starych ludzi. To nie Brighton Beach, czyli spowolniona mała Odessa, gdzie staruszki Rosjanki wygrzewają się na słońcu, karmią mewy albo dreptą po drewnianej promenadzie wzdłuż oceanu. I osłaniając się czechowowskimi parasolkami, odprowadzają wzrokiem odpływające do Europy statki.

To tutaj mieszkał na początku swojej emigracji Isaac Singer, tak jak one patrzył z okna na ocean i znikające parowce. Skręcał się z tęsknoty za Nalewkami i marzył o powrocie, który byłby jego zgubą. Ale tak upływa życie na uporządkowanym przez rosyjską mafię Brighton Beach. Na Manhattanie idzie ostra gra i na starych ludzi patrzy się jak na chore zwierzęta w wilczym stadzie. Ktoś wyrwał mamie torebkę, ktoś groził nożem. Zuzia wolała bawić się ze swoimi koleżankami.

No i wróciła. Zresztą był już rok 1989 i mogliśmy ją często odwiedzać. Kiedy upadła na ulicy Dobrej i złamała nogę w biodrze, byłem na Tajwanie, a Ewa z Zuzią na Florydzie. Na początku nie wyglądało to groźnie. Opiekowali się nią rodzice Ewy i pani Zosia, twarda tak jak moja mama, kobieta z podkieleckiej wsi, która była jak rodzina. Ale potem mama miała ten swój ataczek i kiedy przyjechałem, było już bardzo źle. Niewiele widziałem smutniejszych widoków niż korytarz w szpitalu na Solcu. Pokornie i nieśmiało jęczeli chorzy, przypominając o swoim nieszczęściu i prawie do umierania na sali. Matka była w pokoju ośmioosobowym i nie chciała się przenieść do mniejszego, bo porobiła znajomości. Na mój przyjazd włożyła tę perukę. Spojrzałem na jej wychudłą twarz, zogromniałe oczy i już wiedziałem, że nic nie pomogę ani ja, ani cała pieprzona Ameryka. Matka złapała wiszący nad łóżkiem trapezik, na którym umierający wykonują swoje ostatnie akrobacje, i zdziwiła się, że już nie ma sił usiąść. Lekarz przyznał, że jest beznadziejnie, ale że ostatecznie można by popróbować jeszcze jednego lekarstwa. Tyle że jest go mało i w zasadzie daje się tylko chorym młodszym, którzy mają większe szanse. Zrozumiałem i zgodnie z instrukcją pani Zosi kupiłem koniak, przykleiłem taśmą do butelki parę setek dolarów, pięknie owinąłem i wręczyłem.

Ale nie pomogło ani to lekarstwo, ani zaprzyjaźnieni profesorowie, których dowoziłem na Solec. Matka wiedziała, że to koniec, martwiła się, że jestem mizerny, i prosiła panią Zosię, żeby mi coś zdrowego ugotowała. Wypytywała szczegółowo, jak poszedł *Kopciuch* w Tajpej, jak idzie Ewie, i powiedziała, że wie, że straciła miłość Zuzi, bo za wcześnie zaczęła jej czytać Prousta. Ale to dlatego, że chciała jej coś zostawić, a miała tak mało czasu. Potem się jeszcze przez chwilę uśmiechała tak jak dawniej, bo przyjechała przestraszona Zuzia. Dwa dni później powiedziała: „No to pa, Janku", a potem był jeszcze jeden atak i pani Zosia, która uważała umieranie za rzecz najnaturalniejszą na świecie, zaczęła radzić, żeby zdjąć mamie obrączkę teraz, bo łatwiej zejdzie, a jak się zostawi, to i tak ukradną.

Na pogrzebie zobaczyłem jej przyjaciela sprzed wojny, którego bardzo chciała odnaleźć, ucieszyłem się i rozejrzałem za nią.

Potem wróciłem na Bednarską, koło łóżka matki leżała niedokończona połówka jabłka. Pani Zosia przyniosła świeże bułeczki oraz obrączkę i zapytała, ile cały pogrzeb kosztował. Powiedziałem i wtedy uśmiechnęła się szczęśliwym uśmiechem, że jak tak, to już ma prawie całą sumę odłożoną. I coś chyba do mnie dotarło, tylko co z tego, jeżeli nigdy nie mogłem opowiedzieć mamie, że Zuzia na swoich amerykańskich studiach napisała po francusku pracę magisterską o Prouście.

KONIEC

Spis treści